Somos así
EN SUS MARCAS
Second Edition

James F. Funston
Alejandro Vargas Bonilla
Daphne Sherman

Contributing Writer
Rolando Castellanos

CONSULTANTS

Lourdes C. Adams
Niceville High School
Niceville, Florida

Sandra Martin Arnold
Palisades Charter High School
Palisades, California

Washington B. Collado
Broward County Public Schools
Ft. Lauderdale, Florida

Nancy S. Hernández
Simsbury High School
Simsbury, Connecticut

Paul J. Hoff
University of Wisconsin—Eau Claire
Eau Claire, Wisconsin

Emily S. Peel
Wethersfield High School
Wethersfield, Connecticut

Jane S. Stevens
Niceville High School
Niceville, Florida

EMC/Paradigm Publishing, Saint Paul, Minnesota

Credits

Assistant Editors
Amy Dorn-Fernández
Yuri M. Guerra Guerra

Editorial Consultants
Karin D. Fajardo
Christine Gensmer
Sharon O'Donnell
Steve Patterson
Isabel Picado
Rubi Borgia Pinger
Eliana Silva Premoli
David Thorstad
Michael A. Webb

Editorial Assistance
Glenndell Larry

Illustrators
Tune and Khet Insisiengmay

Photo Research
Jennifer Anderson

Design and Production
Joan D'Onofrio
Jennifer Wreisner

EMC/Paradigm World Language Consultants
Dana Cunningham
Robert Headrick
Sarah Vaillancourt

We have attempted to locate owners of copyright materials used in this book. If an error or omission has occurred, EMC/Paradigm Publishing will acknowledge the contribution in subsequent printings.

ISBN 0-8219-1954-7

© 2000 by EMC Corporation

All rights reserved. No part of this publication may be adapted, reproduced, stored in a retrieval system or transmitted in any form or by any means, electronic, mechanical, photocopying, recording, or otherwise without permission from the publisher.

Published by EMC/Paradigm Publishing
875 Montreal Way
St. Paul, Minnesota 55102
800-328-1452
www.emcp.com
E-mail: educate@emcp.com

Printed in the United States of America
2 3 4 5 6 7 8 9 10 X X X 05 04 03 02 01 00

About the Cover

Spangles and Spurs, the painting on the cover of *Somos así EN SUS MARCAS–A*, is an original acrylic by Kelly Stribling Sutherland. Reminiscent of the southwestern United States, where there are many Spanish speakers, the painting features a couple dancing on a star-filled night. Notice how the artist has collaged various fragments into her painting, for example, the man's belt buckle, the sleeves of the woman's blouse and the scarf around her neck. Can you spot other collaged fragments that Ms. Sutherland has added to her painting? Why do you think she did this? The man's belt buckle is made from a painting done in the classical style that shows a young boy and girl doing a dance from that period, perhaps the minuet. The artist, therefore, contrasts this couple from another time and culture with traditional Hispanic dancers. To reinforce "spurs" in the painting's title, Ms. Sutherland repeats the man's cowboy boots by collaging multicolored boots at the edge of the woman's skirt.

How many different kinds of flowers can you recognize in this painting? If you live in the Southwest, you will be able to identify an Indian paintbrush at the woman's waist. The state flower of Texas, the bluebonnet, is at the bottom of the painting. You can also pick out the sunflower on her hat and roses in the night sky. These flowers, along with other elements, combine to form a whimsical, romantic look at a couple who enjoys dancing together on a starry night.

Table of Contents

CAPÍTULO 1 ¡Mucho gusto! 1

Lección 1 2

Oportunidades El español y tu futuro 5
¡Mucho gusto! 6
Conexión cultural Los saludos 7
El alfabeto 8
¿Cómo se escribe? 8
Estrategia Para leer mejor: *punctuation* 8
Para ti Antes de escribir 9
Estrategia Para aprender mejor: *classroom expressions* 9
¿De dónde eres? 10
Algo más Los países 11
Los números del 0 al 20 12
Algo más Los cognados 12
Conexión cultural ONCE 14
¿Cuántos años tienes? 15
La despedida 15
Conexión cultural Las despedidas 15
Autoevaluación 15
¡La práctica hace al maestro! 16
Para ti Proverbios y dichos 16
Vocabulario 17
Estrategia Para aprender mejor: *learning vocabulary* 17
Para ti ¡Ojo! 17

Lección 2 18

Saludos 18
Para ti Expresiones adicionales 18
Algo más Para hablar de la salud 18
Estrategia Para aprender mejor: *learning from mistakes* 19
Buenos días 20
Algo más Informal o formal 20
Buenas tardes 22
Para ti Las abreviaturas 22
Conexión cultural Los saludos en el mundo hispano 22
Para ti ¿Cómo estás? 23
Despedidas 24
Conexión cultural Los apodos 24
Los números del 21 al 100 25
¿Qué hora es? 26
Algo más *A.M.* y *P.M.* 26
Algo más Expresiones de cortesía 27
Conexión cultural ¿*Perdón* o *con permiso*? 27
Autoevaluación 29

iv Table of Contents

Los pronombres personales 41
Algo más Los pronombres personales 42
Idioma El presente del verbo *ser* 44
Para ti EE.UU. y otras abreviaturas 45
Conexión cultural La influencia hispana 45
La estudiante nueva 47
Para ti Más palabras de la clase 47
Para ti En otras palabras 48
Idioma Los sustantivos 49
En la clase 51
Algo más El negativo 52
Idioma Los sustantivos plurales 53
Algo más Los artículos indefinidos 54
Oportunidades En el mercado 56
Estrategia Para leer mejor: *scanning* 56
Para ti Proverbios y dichos 57
Autoevaluación 57
¡La práctica hace al maestro! 58
Vocabulario 59

¡La práctica hace al maestro! 30
Vocabulario 31

A leer
Estrategia para leer: *using cognates* 32
Libros nuevos 32

A escribir
Estrategia para escribir: *using the dictionary* 34

Repaso 35

| CAPÍTULO 2 **El colegio** | 37 |

Lección 3 — 38
¿Cómo se llama? 38
Conexión cultural Se habla español en Estados Unidos 39

Lección 4 60
El horario 60
Algo más La palabra *de* 61
Conexión cultural El colegio 62
Para ti En otras palabras 62
Repaso rápido Los sustantivos 63
Idioma Los adjetivos 64
Para ti Los acentos y las mayúsculas 66
Idioma El presente de los verbos regulares que terminan en *-ar* 67
Algo más ¿A qué hora? 69
Conexión cultural Las calificaciones 70
Para ti El horario: un poco más 70
¿Dónde está? 71
Idioma El presente del verbo *estar* 72
La computadora 75
Para ti La tecnología 75
Para ti Los acentos y los plurales 76
El número de teléfono 76
Conexión cultural La buena comunicación 77
Algo más Palabras similares 78
Oportunidades La comunicación en español 79
Autoevaluación 79
¡La práctica hace al maestro! 80
Vocabulario 81
A leer
Estrategia para leer: *activating background knowledge* 82

Puentes y fronteras/*Bridges and Borders* (selecciones) 83
A escribir
Estrategia para escribir: *writing a dialog journal* 84
Repaso 85

CAPÍTULO 3   La ciudad 87

Lección 5 88
En la Ciudad de México 88
Conexión cultural México 89
Algo más Presentaciones 90
Algo más Las palabras *al* y *del* con títulos de cortesía 91
Conexión cultural Más cerca 93
Estrategia Para leer mejor: *increasing your vocabulary* 93
Vamos a la fiesta 95
Conexión cultural La Ciudad de México (el D.F.) 96
Repaso rápido Las palabras interrogativas 96

Idioma Las preguntas 97
¿Vas a la fiesta? 99
Idioma El presente del verbo *ir* 100
¿Adónde vamos? 101
Para ti Más palabras 102
¿Cómo vamos? 103
Para ti En otras palabras 103
Conexión cultural El transporte en México 104
Autoevaluación 105
¡La práctica hace al maestro! 106
Vocabulario 107

Lección 6 — 108
¡Vamos a ir al centro! 108
Conexión cultural ¡Vamos al centro! 109
Idioma El futuro con *ir a* + infinitivo 110
Oportunidades ¿Qué vas a ser? 112
Vamos a ir al restaurante 113
Conexión cultural La comida mexicana 114
Para ti Comparaciones 115
Para ti Proverbios y dichos 115
Idioma El presente de los verbos regulares que terminan en *-er* 116
Estrategia Para hablar mejor: *extend, accept or refuse an invitation or suggestion* 118
¿Qué hacemos? 119
Algo más Verbos con el *yo* irregular 120
Autoevaluación 121
¡La práctica hace al maestro! 122
Vocabulario 123

A leer
Estrategia para leer: *anticipating special vocabulary* 124
Frida Kahlo, una artista universal 124

A escribir
Estrategia para escribir: *combining images to build word pictures* 126
Repaso 127

Table of Contents vii

CAPÍTULO 4 Relaciones 129

Lección 7 130

En casa de mi abuela 130
Mi familia 131
Para ti Otros parientes 131
Conexión cultural Los apellidos 132
Idioma El presente de los verbos regulares que terminan en *-ir* 133
Algo más Los papás o los padres 134
Repaso rápido Los adjetivos 135
Algo más La palabra *todo* 135
Idioma Los adjetivos posesivos 137
Estrategia Para leer mejor: *reading words in context* 138
¿Cómo son Marité y sus hermanos? 139
Conexión cultural ¿Qué es la familia? 140
Para ti Más expresiones con *estar* 142
Algo más Para describir: *estar* 142
Para ti Proverbios y dichos 144
¡Qué divertido! 145
Algo más Exclamaciones 146
Conexión cultural Puerto Rico 147
Autoevaluación 149
¡La práctica hace al maestro! 150
Vocabulario 151

Lección 8 152

Mis amigos 152
Conexión cultural La República Dominicana 153
Estrategia Para hablar mejor: *using words in context* 154
Idioma El verbo *gustar* con *me*, *te* y *nos* 155
Conexión cultural El béisbol 156
¿Qué te gusta hacer? 157
Algo más ¿*Mirar* o *ver* (la) televisión? 158
Oportunidades El español en tu comunidad 158
Idioma El verbo *gustar* con *le* y *les* 159
Algo más Para aclarar o para dar énfasis 159
Para ti ¿Qué más te gusta hacer? 161
Algo más Para describir a las personas 162
¿Cómo son? 163
Para ti Más palabras para describir 164
Idioma *Ser* vs. *estar* 166
Autoevaluación 167
¡La práctica hace al maestro! 168
Vocabulario 169

A leer

Estrategia para leer: *skimming* 170
Los Martínez, una familia de beisbolistas 171

A escribir

Estrategia para escribir: *creating an outline* 172

Repaso 173

CAPÍTULO 5 La vida diaria 175

Lección 9 176
Un día en Puerto Limón 176
Para ti ¿Qué tipo de música te gusta? 177
Conexión cultural Costa Rica 178
Oportunidades ¡Trabajar y viajar! 179
Algo más Las exclamaciones: un poco más 179
Idioma El presente del verbo *tener* 180
Para ti Proverbios y dichos 182
Idioma El complemento directo 182
Repaso rápido El negativo 183
Estrategia Para aprender mejor: *avoiding interference with English* 185
Algo más La *a* personal 185
El horario de Mercedes 186
Algo más Los días de la semana hispana 187
Otra semana, ¡más actividades! 189
Conexión cultural Ticos y ticas 190
Repaso rápido *Gustar* 192
Autoevaluación 193
¡La práctica hace al maestro! 194
Vocabulario 195

Lección 10 196
La carta de Laura 196
Conexión cultural Nicaragua 197
Idioma El presente del verbo *venir* 199
Repaso rápido El presente para indicar el futuro 200
¿Cuál es la fecha? 202
Para ti El pretérito de *ser* 202
Algo más Para hablar de los días 203
Los meses del año 204
Para ti El tiempo 204
Conexión cultural Los días especiales 205
¡A mí tampoco! 207
Conexión cultural El día de tu santo 207
Para ti Más expresiones de buenos deseos y cortesía 208
Algo más ¿Cuánto te gusta? 209
Los números del 101 al 999.999 210
Algo más Los números: un poco más 210
Idioma Las fechas en español 212
Autoevaluación 213
¡La práctica hace al maestro! 214
Vocabulario 215

A leer
Estrategia para leer: *reading for details* 216
Hacer un viaje a Costa Rica 216

A escribir
Estrategia para escribir: *brainstorming* 218

Repaso 219

Appendices
Appendix A Grammar Review 220
Appendix B Numbers 221
Appendix C Verbs 222

Vocabulary
Spanish-English 223
English-Spanish 233

Index 239

Credits 240

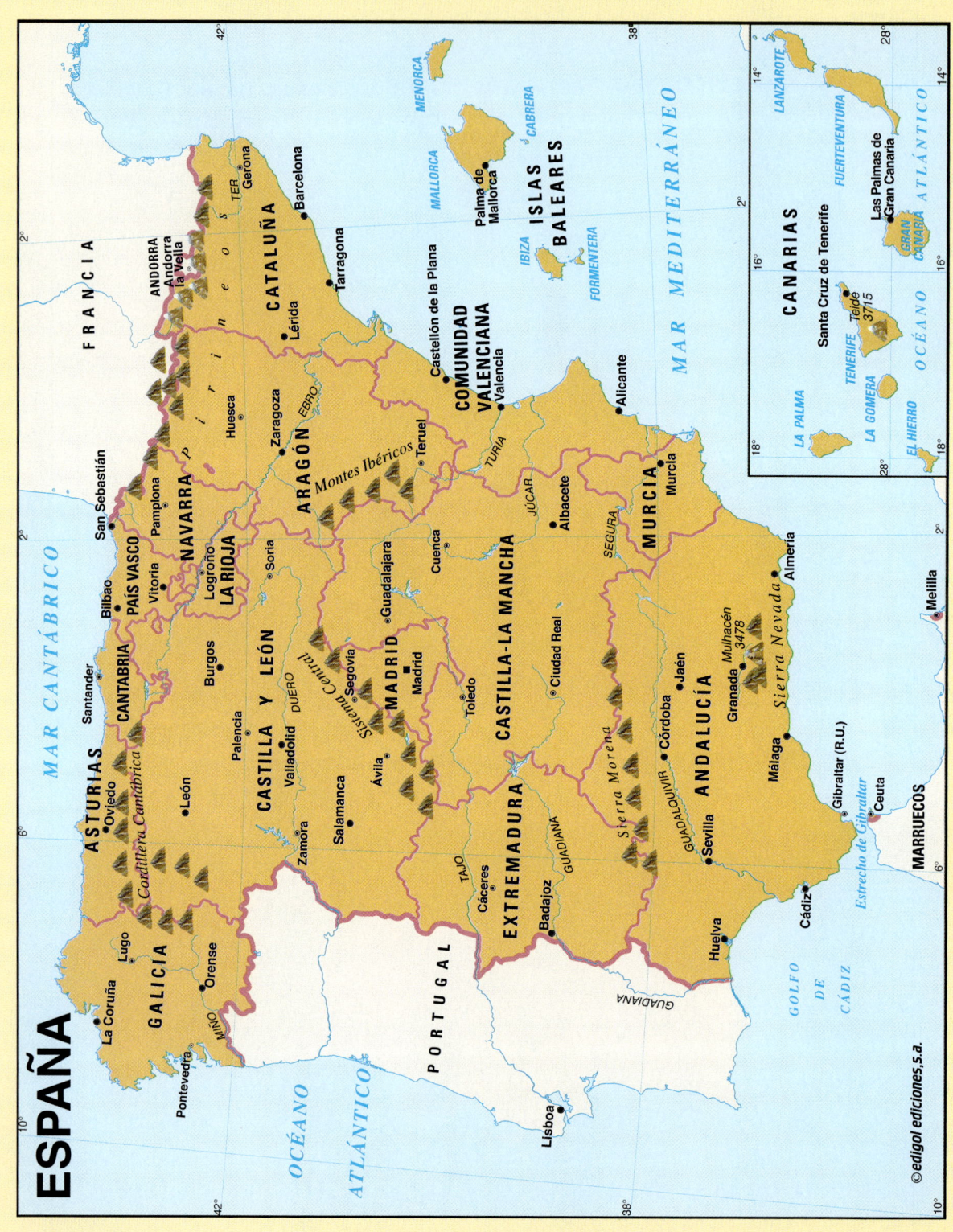

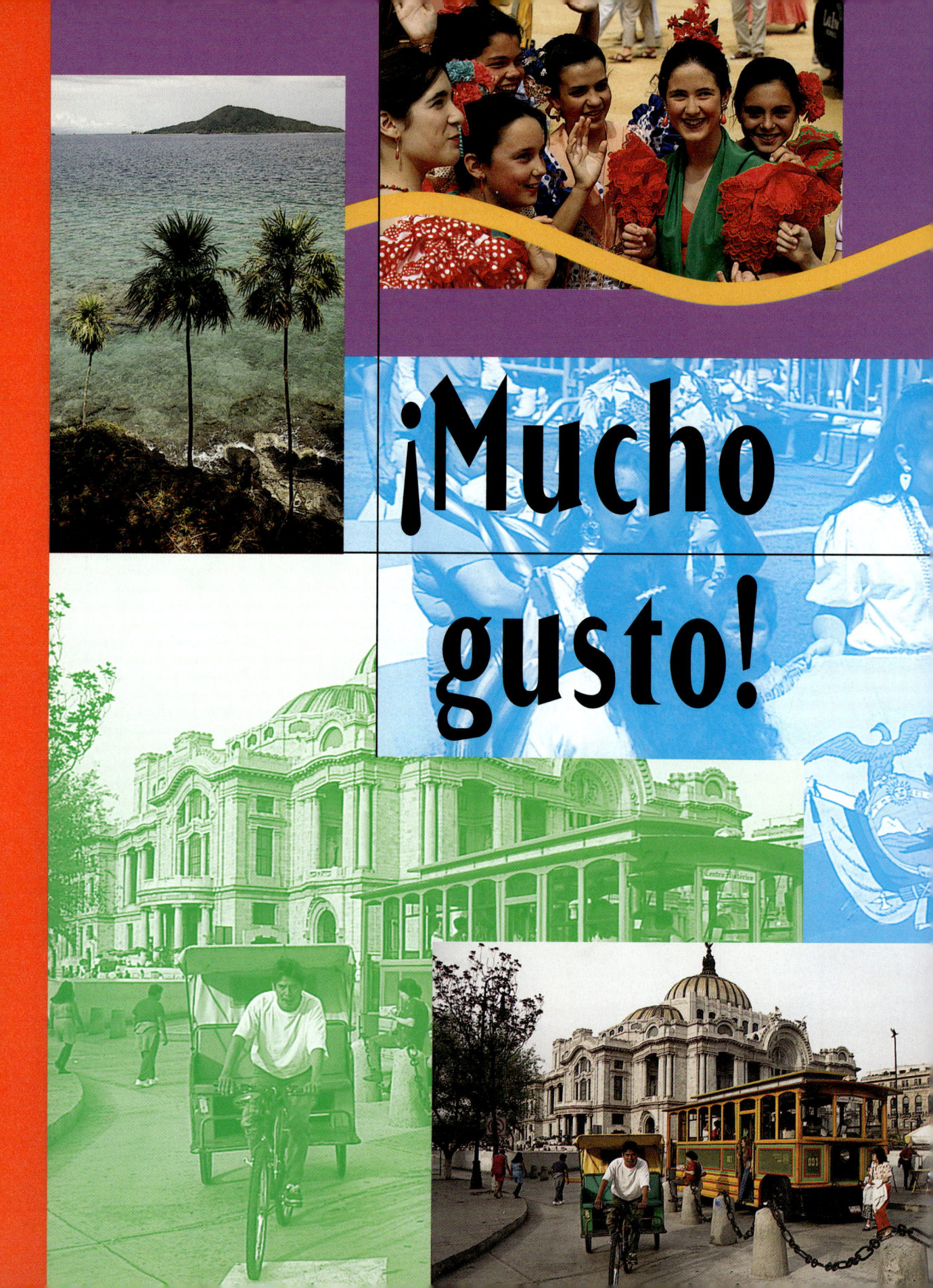

¡Mucho gusto!

Relaciones

repaso

Now that I have completed this chapter, I can...
- ✓ make introductions and express courtesy.
- ✓ talk about where to go.
- ✓ ask and respond to questions.
- ✓ discuss how to go somewhere.
- ✓ seek and provide personal information.
- ✓ talk about places in the city.
- ✓ talk about the future.
- ✓ order food and beverages.
- ✓ extend, accept and refuse invitations.

I can also...
- ✓ identify some things to do in Mexico.
- ✓ read new words in context and identify word families.
- ✓ read about Mexican art.
- ✓ identify places in the city.
- ✓ identify forms of transportation.
- ✓ name some professions.
- ✓ use pause words in conversation.
- ✓ talk about foods in Mexico.
- ✓ read in Spanish about Mexican artists.
- ✓ write a simple poem in Spanish.

Luis Miguel es un cantante mexicano muy famoso.

a escribir

Estrategia

Estrategia para escribir: *combining images to build word pictures*

Poems capture a part of your world in words. They make pictures out of your words that can be seen by the mind's eye. They can be about any theme and can appear in any form.

A stair poem is one in which the ideas build on each other following a stair pattern. Much like the Spanish built Mexico City on top of the original Aztec capital, you can construct a poem in the shape of stairs using your knowledge of Spanish, following these steps:

Step 1: State the main idea (usually composed of just one word).
Step 2: List three words that describe the topic. (Use adjectives or nouns.)
Step 3: Name a place or time connected with the topic.
Step 4: Summarize the main idea with a phrase that expresses your feelings about the topic.

Write a stair poem about any topic you choose, such as school, a class, a city, a person, etc. Follow the "steps" to build your poem. When you finish constructing your stair poem, add artwork or graphics to make it visually appealing.

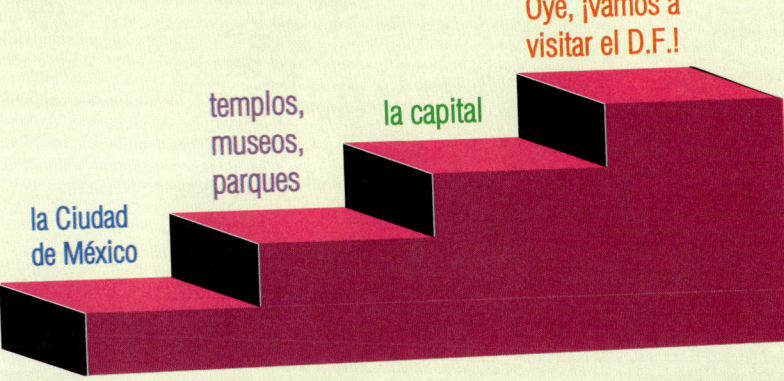

Autorretrato con chango, Frida Kahlo.

cuadro, *Sin esperanza (Without Hope)*, las bacterias simbolizan las **enfermedades** que Frida tuvo. El uso del color rojo expresa sus emociones y su gran dolor.

Un tema que Frida y Diego **tienen en común** es el **orgullo** de la cultura **indígena** de México. Frida **tenía raíces** indígenas y **adoptó** el estilo de la **ropa** y del **pelo** de una india para expresar su orgullo indígena. **Además,** sus autorretratos representan la cultura indígena **mediante** el uso de plantas, animales exóticos y colores de la naturaleza.

como *as, like* **más** *more* **que** *than* **su** *her* **esposo** *spouse* **comprendió** *understood*
Por ejemplo *For example* **trató** *dealt with* **naturaleza** *nature* **vida** *life* **tuvo** *had*
Después *After* **dolor** *pain* **enfermedades** *illnesses* **tienen en común** *have in common*
orgullo *pride* **indígena** *native* **tenía** *had* **raíces** *roots* **adoptó** *adopted* **ropa** *clothing*
pelo *hair* **Además** *In addition* **mediante** *by means of*

 **¿Qué comprendiste?**

1. ¿Por qué consideran muchos críticos el arte de Frida Kahlo más importante que el arte de su esposo?
2. ¿Qué aspectos de la industrialización pintó Frida?
3. ¿Por qué sufrió Frida mucho dolor físico?
4. ¿Qué simbolizan las bacterias en su cuadro *Sin esperanza* (*Without Hope*)?
5. ¿Por qué usa el color rojo?
6. ¿Qué adoptó para expresar su orgullo de los indígenas en su autorretrato?

Sin esperanza, Frida Kahlo.

 **Charlando**

1. ¿Qué cuadro de Frida Kahlo es tu favorito?
2. ¿Cuál de los temas universales de Frida Kahlo es tu favorito?

a leer

Estrategia

Preparación

Estrategia para leer: *anticipating special vocabulary*

To prepare yourself for reading about a specialized topic, it helps to anticipate words and expressions you may encounter. When you identify specialized vocabulary beforehand, it is easier to understand a related reading.

In this chapter, you have read about the Mexican Muralist movement and the famous muralist, Diego Rivera. To understand the upcoming reading about another contemporary Mexican artist, look at the following:

Selecciona las palabras de la columna I que van con las palabras en inglés de la columna II.

I	II
1. un cuadro/una pintura	A. a theme
2. un tema	B. an artistic work
3. un autorretrato	C. a style
4. una escena	D. a painting
5. un estilo	E. a self-portrait
6. una obra	F. a scene

Frida Kahlo, una artista universal

Muchos críticos del arte contemporáneo consideran que Frida Kahlo, **como** pintora, es **más** importante **que su esposo**, Diego Rivera, porque los cuadros de Kahlo expresan temas humanos y universales. Como Rivera, ella **comprendió** el impacto social de combinar el arte y la política, pero sus temas son más universales. **Por ejemplo,** ella **trató** los aspectos negativos de la industrialización, la contaminación del aire y de la **naturaleza.**

Otros temas en los cuadros de Frida son los problemas de la **vida.** Frida siempre **tuvo** problemas físicos. De muchacha, ella tuvo polio. A los dieciocho años, tuvo un accidente terrible de tráfico en la Ciudad de México. **Después** del accidente, sufrió mucho **dolor** porque tuvo muchas operaciones. En su

VOCABULARIO

En la ciudad
    la avenida
    la calle
    el centro
    la ciudad
    el edificio
    el museo
    la plaza
    el restaurante
    el teatro
    la tienda

En un restaurante
    el agua (mineral)
    la comida
    la ensalada
    los frijoles
    el jugo
    el menú
    el mesero, la mesera
    la naranja
    el pescado
    el pollo
    el refresco

Expresiones y otras palabras
    ahora
    bueno
    el cantante, la cantante
    ¡cómo no!
    el concierto
    de acuerdo
    favorito,-a
    grande
    hacer una pregunta
    hoy
    el momento
    mucho,-a
    oye
    pero
    pues
    siempre

Verbos
    comer
    comprender
    hacer
    ir a *(+ infinitive)*
    leer
    preguntar
    saber
    tomar
    ¡vamos a *(+ infinitive)*!
    ver

¡Vamos a comer tacos! (Plaza Gertrudis Bocanegra, Patzcuaro, México)

El Teatro Juárez está en la ciudad de Guanajuato, México.

¡La práctica hace al maestro!

A Comunicación

In groups of four, play the part of tourists who just got off a bus in Mexico City. The group is undecided as to what to do next! Introduce yourself to the others and say what your occupation is. Make suggestions for an afternoon activity or a place to go for lunch. Ask the others if they know the addresses or phone numbers of some places of interest. Continue the conversation until everyone has a plan for the afternoon.

B Conexión con la tecnología

Working in pairs or in groups of three, search the Internet to find a map and a restaurant guide for Mexico City. Then select one of the following activities:

1. Find out everything you can about a restaurant in Mexico City (name of the restaurant, address, location on the map, menu selection and prices, etc.).
2. Research Mexican food and then describe a dish that sounds good to you (ingredients, appearance, preparation and state/region of Mexico the dish is from).
3. Using the map of Mexico City, locate major landmarks *(el Zócalo, el Palacio Nacional, la Catedral, el Palacio de Bellas Artes, la Zona Rosa, el parque de Chapultepec, etc.).*

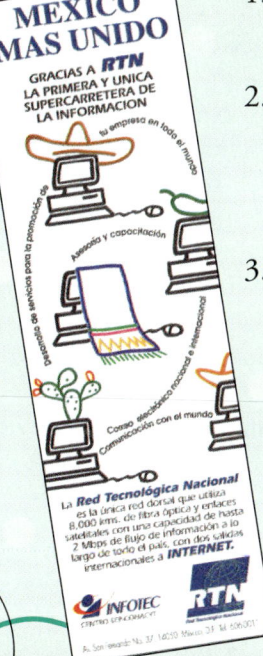

El restaurante La Misión está en Cozumel, México.

19 ¿Y tú?

Imagine you have a cousin, Roberto, who lives in Mexico City. Working with a partner, read the following statements about Roberto and his friends. Tell your partner that you do the same things as Roberto, and then ask what your partner does. Each response should be different.

> A: Roberto siempre lee la revista *Hoy en la ciudad*.
> B: Pues, yo también leo *Hoy en la ciudad*. ¿Y tú?
> A: No, yo leo el periódico.

1. Roberto y Tomás hacen muchas preguntas en la clase de historia.
2. Roberto comprende español.
3. Roberto va a un colegio grande en el centro.
4. Roberto siempre pregunta *"¿Cómo está Ud.?"*
5. Los domingos Roberto y Teresa hacen enchiladas de pollo.
6. Roberto sabe mucho de computación.

20 Cruzando fronteras

Imagine you were just elected mayor *(el alcalde/la alcaldesa)* of a city in Mexico. Your first duty is to create a plan for a new park and business district to be located in the heart of the city. As a good mayor, you want the new area to have a balance of business, culture and green space. How would you design one of the new neighborhoods? What would you name the streets and avenues? The buildings? What sort of transportation services the area? Draw a proposed plan of your project and write a brief paragraph to give an overview of what you included.

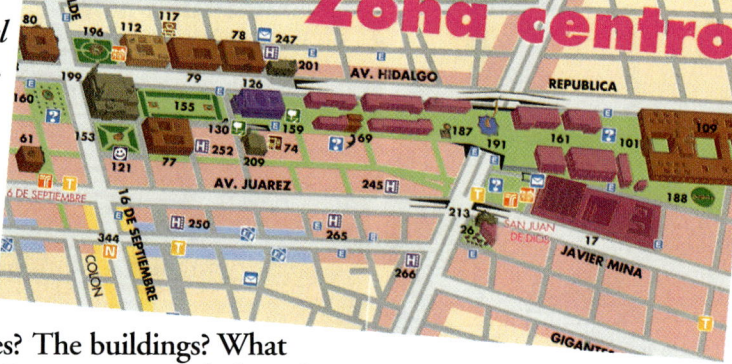

Autoevaluación. As a review and self-check, respond to the following:

1. Imagine you are in Mexico City. In Spanish, tell what buildings and places you might see.
2. How would you say in Spanish that you are going to go to a concert tomorrow?
3. Tell a friend what you are going to do this week: go to school at 8:00 A.M. on Monday, study in the library on Tuesday, go to the movie theater on Wednesday, go to eat in your favorite restaurant on Thursday, go downtown on Friday, walk in the park on Saturday, go to the museum on Sunday.
4. Name three basic ingredients in Mexican foods. What two dishes can you name?
5. How would you invite a friend to eat at a restaurant downtown?
6. How would you tell your friend the address of the restaurant is 100 Muñoz Avenue?
7. How could you refuse an invitation politely, saying you are going to a movie theater, and suggest going tomorrow?

Algo más

Verbos con el *yo* irregular

You have just learned three more verbs that end in -*er*: *hacer* (to do, to make), *saber* (to know information) and *ver* (to see). These verbs follow the same pattern as *comer*, except they are irregular in the *yo* forms.

hacer → yo **hago**   saber → yo **sé**   ver → yo **veo**

In addition, the *vosotros* form of *ver* does not require an accent mark: *vosotros* **veis**.

Hago una pregunta.
Miguel *hace* la comida.
Veo la calle Independencia.
¿*Veis* vosotros la Ciudad de México en el mapa?
No *sé* qué voy a hacer. ¿*Saben* Uds.?

No sé qué voy a hacer. ¿Quieren ir al cine?

18 ¿Qué pasa?

Describe what the people in each illustration do, see or know with a complete sentence in Spanish.

1. Enrique

2. la señora Jiménez

3. los Téllez

4. Laura

5. Sara y Daniel

6. ellos

7. Carlos

¿Qué hacemos?

ROGELIO: Oye, el D.F. es una ciudad muy grande. Mariana, ¿sabes dónde estamos?
MARIANA: No, no sé, pero voy a **preguntar** º a la señora de la tienda, **¿de acuerdo?**º
ROGELIO: Bueno, y yo voy a **hacer unas preguntas** en el restaurante cerca de la plaza.
ESTEBAN: Un **momento, veo**º un edificio grande. Es el Palacio de Bellas Artes, ¿no?
MARIANA: Sí… ¡fantástico! **Ahora,**º sabemos dónde estamos.
ESTEBAN: Sí, estamos cerca de la Alameda Central, ¡pero estamos lejos de Chapultepec!

preguntar *to ask* **de acuerdo** *agreed* **veo** *I see* **Ahora** *Now*

El Palacio de Bellas Artes, México, D.F.

 **¿Qué comprendiste?**

Completa las oraciones de una manera lógica.

1. Los muchachos están en....
2. Mariana va a preguntar....
3. Esteban ve un....
4. El edificio es....
5. Ahora, saben....
6. Los chicos están cerca..., pero están....

 **Charlando**

1. ¿Qué ves en el centro de tu ciudad?
2. ¿Haces una pregunta cuando necesitas información?
3. Si no comprendes una palabra, ¿qué haces?
4. En tu clase de español, ¿quién hace muchas preguntas?
5. ¿Qué sabes de México, D.F.? ¿Qué hay en la ciudad?

Estrategia

Para hablar mejor: *extend, accept or refuse an invitation or suggestion*

Although the word *vamos* may be used by itself, you can use the phrase *vamos a* with an infinitive or the name of a place to make a suggestion or extend an invitation to do some activity. The question *¿Por qué no vamos a…?* can also be used.

¡Vamos!	Let's go!
¡Vamos a tomar el autobús!	Let's take the bus!
¿Por qué no vamos a comer pescado?	Why don't we go eat fish?
¡Vamos a un concierto hoy!	Let's go to a concert today!

You can use several familiar phrases to either accept or turn down an invitation. If refusing an invitation, it is more polite to give a reason or suggest another time or place. Also, in many Spanish-speaking countries, it is generally assumed that the person extending the invitation will pay for everyone.

—¿Por qué no vamos al museo hoy?
—Con mucho gusto. Gracias.

—¡Vamos al restaurante Los Tres Caballeros mañana!
—Lo siento, pero mañana voy al dentista. ¿Por qué no vamos el viernes?
—Bueno, vamos el viernes.

14 Una invitación

Working in pairs, take turns inviting your partner to go with you to the following places or do the following things. Your partner will either accept or turn down your offer. If an invitation is refused, either give a reason for refusing or suggest a different activity.

 estudiar en la biblioteca
A: ¿Por qué no vamos a estudiar en la biblioteca?
B: Sí. ¡Vamos!/Lo siento, pero voy al dentista. ¿Vamos mañana?
A: Bueno, vamos mañana.

1. comer en tu restaurante favorito
2. Museo Nacional de Antropología
3. caminar en la Plaza de la Constitución
4. concierto de rock
5. teatro
6. tienda grande de la avenida San Miguel

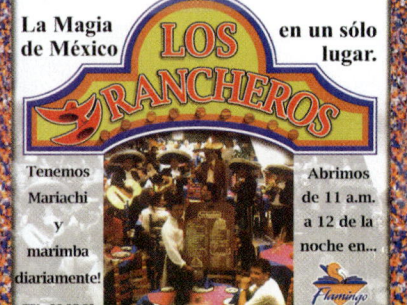

15 Por teléfono

Working in pairs, create a telephone dialog in which one person invites the other out to a restaurant. Each one should make suggestions about where to go, what to do before or after the meal and even how to get there. Discuss what time you will leave. Continue the phone call until the plans are set. Be creative.

 ## ¡Yo también!

You and your friends have a lot in common. Read each statement and say that you or another friend does the same thing. Add an expression such as *pues* or *bueno* before your comments. Follow the model.

 Víctor come tacos en el restaurante Mexicali. (Sandra y Mercedes)
Pues, Sandra y Mercedes comen tacos en el restaurante Mexicali también.

1. Paco toma agua mineral. (tú)
2. El señor Ugarte lee la revista *Hoy en la ciudad*. (nosotros)
3. La profesora comprende el arte de Frida Kahlo. (yo)
4. Comemos pollo y frijoles en el centro hoy. (los García)
5. Leo periódicos en español y comprendo mucho. (Alberto)

 ## Unos cambios

Imagine you and a friend decide it is time to make some changes in your daily routines. Working in pairs, make a statement using the group of words listed. Your partner should then say how this is going to change tomorrow. Follow the model. Then switch roles.

 nosotros: siempre/ir al centro/metro
A: Nosotros siempre vamos al centro en metro.
B: Bueno, mañana vamos a ir al centro en taxi.

1. nosotros: siempre/comer/ensalada
2. yo: siempre/tomar/jugo de naranja
3. tú y yo: siempre/comer/cafetería de la escuela
4. nosotros: siempre/leer/periódico *El Diario*
5. tú: siempre/ir al teatro/calle San Rafael

Son buenas.

Nosotras siempre tomamos refrescos.

El presente de los verbos regulares que terminan en -er

To form the present tense of a regular *-er* verb, such as *comer* (to eat), begin by removing the *-er* ending.

Then attach endings that correspond to each of the subject pronouns.

comer			
yo	com**o**	nosotros / nosotras	com**emos**
tú	com**es**	vosotros / vosotras	com**éis**
Ud. / él / ella	com**e**	Uds. / ellos / ellas	com**en**

Other regular *-er* verbs you have already seen include *comprender* and *leer*.

Mi profesora **comprende** inglés y español.
¿Qué **leemos**? ¿La lección 6?

11 ¿Qué hacen?

Tell what the following people are doing according to the illustrations using the verbs *comer*, *comprender* and *leer*.

Don Javier

 Don Javier come pollo.

1. Catalina

2. los muchachos

3. Gloria y Lupe

4. la mesera

5. el Sr. Velasco

9 Charlando

1. ¿Tomas agua mineral?
2. ¿Cómo se llama tu refresco favorito?
3. ¿Cuál es tu comida favorita?
4. Tienes cincuenta dólares. ¿Vas a un restaurante, a una tienda o a un concierto?

En el restaurante
Los Tres Caballeros

Imagine you and a friend are having lunch at *el restaurante Los Tres Caballeros*. Read the menu, and ask each other what you are going to have to eat and drink. When you decide, your server will take down the order. Role-play the scene in groups of three. Then switch roles.

A: *(Student B)*, ¿qué vas a comer?
B: Voy a comer…y quiero tomar…. ¿Y tú?
A: No sé…. Pues, voy a comer….
C: Buenos días, señoritas (señores). ¿Qué van a comer Uds. hoy?

Comparaciones
Natural conversation does not always consist of well-phrased sentences. People often use words to fill gaps or pauses in conversation, or interjections to introduce a new thought. Just as in English, several words may be used in Spanish to make your speech sound more natural. Here are a few you should begin to include in your conversations:

bueno	okay, well
este	well, so
mira	look, hey
oye	hey, listen
pues	thus, well, so, then
es que…	well, it's just that…

A la mejor cocinera se le queman los frijoles.

Proverbios y dichos
Every day presents a new challenge, a new question or a problem to be solved. As you know, you will not always do well when you try something for the first time. Do not get discouraged! Mistakes are part of the learning process, whether it means making an error while practicing Spanish or getting lost in a strange city. Remember, everyone makes mistakes—*A la mejor cocinera se le queman los frijoles.* (Even the best cook can burn the beans.)

Capítulo 3   115

Conexión Cultural

La comida mexicana

Are you familiar with dishes such as *enchiladas, tacos, tamales, quesadillas* and *burritos?* Mexican cuisine consists of much more, however, and Mexican spices give even familiar foods a more exciting, distinctive taste.

Van a comer tortillas.

The indigenous people of Mexico enjoyed foods such as tomatoes, bell peppers, chile peppers, avocados, chocolate and turkey. But, the most common ingredients in recipes today include beans *(frijoles)* or rice *(arroz)* combined with spices, vegetables, meats or fish. Corn also is a main ingredient in the Mexican diet. The corn *tortilla,* a thin pancake made of cornmeal, is used in *tacos, quesadillas, enchiladas* and other dishes.

Each region of Mexico has its own particular type of food and regional specialties abound. One of the most popular dishes is *el mole,* a thick, spicy, dark brown sauce of various chiles, sesame seeds, chocolate, herbs and spices. Served over chicken *(pollo)* or turkey *(pavo),* it is called *mole poblano.*

¿Quieres un taco?

In Mexico City, eating out is a favorite pastime. Restaurants, cafés and food stands are everywhere. To eat well at reasonable prices, you should imitate the Mexicans and make your main meal a big, late lunch. You can eat crispy chicken in a *rostícería,* order standard Mexican cuisine such as *tacos* or *enchiladas* at a *taquería,* or try fruit shakes, sodas, ice cream or fruit salads at a juice *(jugo)* shop. Other choices range from inexpensive coffee houses and pastry shops to international Chinese, Japanese, French and North American restaurants.

When traveling in Mexico, just as when you travel to any new place, you may wish to check with the hotel or establishment where you are staying to determine that the tap water is safe to drink. Bottled mineral water *(agua mineral)* is widely available. In addition, you may wish to order sodas without ice *(sin hielo)* and do not eat the corn husks of *tamales.*

Contesta las siguientes preguntas.

1. What foods originated from the indigenous cultures of Mexico?
2. What are the three basic ingredients of the Mexican diet?
3. What is *mole?* What is *mole poblano?*
4. Where would you go in Mexico City if you would like to eat *tacos* and *enchiladas?*

¿Hay jugo de naranja?

Lección 6

Vamos a ir al restaurante

JULIA: ¿Por qué no vamos a **comer°** en el restaurante Los Tres Caballeros?
MARÍA: **Pues,°** **¡cómo no!°** ¡Vamos!

En el restaurante...
MESERO: Aquí está el **menú**.
JULIA: Gracias. **Oye,°** María, ¿qué vas a comer?
MARÍA: **Bueno,°** **siempre°** como pollo en mole, **pero°** **hoy°** voy a comer **pescado**.
JULIA: Yo voy a comer una **ensalada** verde. También quiero un **refresco**, por favor.
MARÍA: Y yo voy a **tomar** un **jugo de naranja**.

comer *to eat* **Pues** *Well* **¡cómo no!** *of course!* **Oye** *Hey* **Bueno** *Well* **siempre** *always* **pero** *but* **hoy** *today*

 **¿Qué comprendiste?**

Answer the following statements with *sí* or *no*. If the statement is not true, correct it to make it true.

1. Julia y María van a comer en el restaurante Los Tres Caballeros.
2. María siempre come pescado.
3. Hoy María va a comer el pescado del día.
4. Las muchachas van a tomar agua mineral.
5. El mesero va a comer una ensalada verde.

Capítulo 3 113

7 ¿Al centro?

Working in groups of three, talk about going downtown tomorrow. Ask each other where you are going to go and how you are going to get there. Use a variety of expressions and as many new words as you can. Answer in complete sentences.

A: ¿Adónde vamos a ir mañana?
B: Vamos al centro.
C: Voy a ir al museo.
B: ¿Cómo vas a ir al museo?
C: Voy a ir al museo en bicicleta.

¿Qué vas a ser?

When there is a lot of competition for jobs, knowing how to read, write and speak a world language can be very useful. This is especially true in cities with bilingual populations. Choose one of the following professions and give at least two reasons why knowing Spanish would be helpful in securing a job.

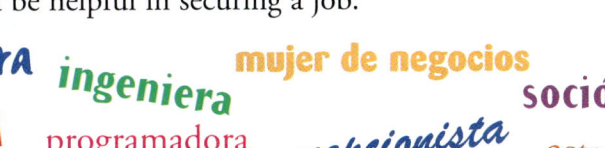

banquera   ingeniera   mujer de negocios   sociólogo
ARTISTA   programadora   recepcionista   astronauta   mecánico
fotógrafo   diplomática   política   científico   sicóloga
agente de viajes   intérprete

Chances are you may work with Spanish-speaking customers or coworkers. How can understanding the differences between the two cultures assist you? What are some work-related problems that may be avoided if each understands the other's culture?

PROGRAMADOR (A)

Requerimos Tecnólogo en Sistemas, 25 a 35 años. Conocimientos de Clipper 5.2, Fox, Btrieve, mantenimiento de computadoras. Experiencia mínima de 2 años.
Presentarse lunes 23 y martes 24 en Versalles 829 y Av. Pérez Guerrero, Edf. Torres Profesionales, Of. 307   086258

INGENIERO AGRONOMO

Importante empresa florícola ubicada en Cayambe, requiere contratar profesionales sin experiencia en la actividad florícola, dispuesto a residir en la zona y cumplir trabajos de campo con responsabilidad. La empresa ofrece: excelente paquete de remuneraciones, estabilidad, buen ambiente de trabajo y capacitación permanente. Enviar currículum casilla 1716294.
(085250)

«Ser astronauta es mi sueño, lo intentaré a la primera oportunidad»

Lección 6

5 ¿Adónde van en la ciudad?

Today is another busy day in the city. Combine words and expressions from the three columns to form complete sentences telling where and when these people are going to go. Add words and make the necessary changes.

   Nosotros vamos a ir al teatro al mediodía.

I	II	III
don Fernando	teatro	9:00 P.M.
Claudia Pérez	museo	mañana
Esteban y Clara Bonilla	cine	al mediodía
yo	plaza	un día
los muchachos del colegio	edificio nuevo	el sábado
la señora Albán	concierto	a las cinco
tú	tienda	
nosotros	centro	
	restaurante	

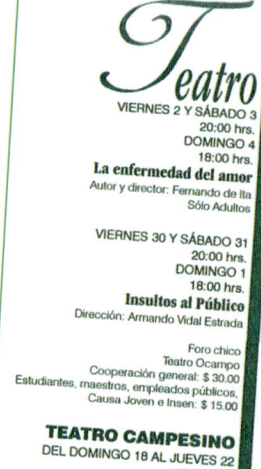

6 ¿Adónde voy en la Ciudad de México?

Imagine you have completed high school. You enroll at *la UNAM*, the national university of Mexico. One of your new classmates has prepared this list to help you find your way around the city. With a partner, take turns asking and answering the following questions. When you finish, ask each other two original questions.

1. ¿Dónde está el restaurante con "el mejor mole de la ciudad"?
2. ¿Cuántos museos hay en Chapultepec? ¿Cómo vas a ir a los museos?
3. ¿Qué museo de arte está en Chapultepec?
4. Tomas un taxi a la calle 16 de septiembre. ¿De qué vas a estar cerca?
5. ¿Dónde está el Palacio de Bellas Artes? ¿Cómo vas a ir allí?
6. Quiero ir al Museo de Arte Moderno. ¿Sabes el número de teléfono del museo?

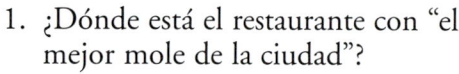
La Universidad Nacional Autónoma de México.

Adónde ir en D.F.

Restaurantes:
El Jorullo (¡el mejor mole de la ciudad!)
Avenida de la Libertad, n° 100   525 59 05
Cafetería Reforma, Paseo de la Reforma n° 80   705 15 15

En Chapultepec (ir en metro):
Museo Nacional de Antropología
Museo Nacional de Historia (en el Castillo)
Casa del Lago—parque de atracciones

Teatro: Palacio de Bellas Artes (Centro Histórico)
en la Alameda Central y la avenida Juárez
(camiones n° 16 o 52)
                          información 683 48 05

Museo de Arte Moderno
Reforma (en Chapultepec)
                                  776 83 41

El Zócalo—la calle 16 de septiembre (cerca de calle Seminario)

En la ciudad

Name the place that is shown in each of the following illustrations.

 Es un restaurante.

1. 2. 3. 4.

5. 6. 7. 8.

IDIOMA

El futuro con *ir a* + infinitivo

You have practiced using the present tense to express what is occurring. To refer to what **is going to** happen, Spanish often uses the present tense of *ir,* followed by *a* and an infinitive *(infinitivo).*

| subject | + | *ir* | + | *a* | + | infinitive |

Carolina va a ser dentista. Carolina is going to be a dentist.
Nosotros vamos a estudiar We are going to study tomorrow,
mañana, ¿verdad? aren't we?

¿Adónde van a ir?

It appears that everyone is going in a different direction tomorrow. Reconfirm where the following people are going to go by writing complete sentences and adding a question word. You may add or change the form of words, as necessary.

 Silvia/banco
Silvia va a ir al banco, ¿verdad?

1. Fernando/fiesta
2. tú/escuela a estudiar
3. doña Angelina/dentista
4. las chicas/concierto de rock
5. nosotros/tiendas de la calle Juárez
6. Uds./museo de historia
7. Julia y Rogelio/teatro
8. Ricardo/restaurante Las Estrellas
9. Ud./oficina
10. tú y yo/*(choose a place)*

¿Vas a ser dentista?

2 Charlando

1. ¿Quién es tu cantante favorito/a? ¿Vas a conciertos?
2. ¿Vas a ir a México? ¿A qué ciudad? ¿Cuándo vas a ir?
3. ¿Cómo se llama tu ciudad? ¿Tienes una ciudad favorita?
4. ¿Dónde está tu restaurante favorito?
5. ¿Qué vas a hacer el sábado?

Conexión Cultural

¡Vamos al centro!

As the capital of Mexico, Mexico City has a cosmopolitan atmosphere and is at the center of the country's politics, economy and culture. If you visit downtown Mexico City, you can see Aztec ruins, beautiful parks, many museums and art galleries, as well as beautiful colonial buildings.

However, as the largest North American city it is also faced with twentieth-century problems. Early Spanish colonists constructed Mexico City on top of the original Aztec capital, Tenochtitlán, which had been built on an island in the middle of Lake Texcoco. Consequently, parts of the city are now sinking because of this soft land, and this creates problems providing fresh drinking water to millions of residents. In addition, downtown streets are crowded, noisy and frequently congested with traffic jams, causing air pollution problems. As in Los Angeles, for example, the pollution is trapped by the surrounding mountains and made worse by factories, cars and buses. In recent years, the Mexican government has taken measures to improve this situation.

Yet, *el D.F.* continues to flourish. If you visit the capital, notice the large number of Mexicans who also are touring the museums, art galleries, parks and historical sites. This is proof of the pride that Mexicans feel for their culture and history. Similarly, because family is valued above all else, it is common to see children accompanying their parents and learning about the heritage of Mexico City, which began over 12,000 years ago.

En el centro de México, D.F.

Contesta las siguientes preguntas.
1. What is there to see in downtown Mexico City?
2. Why are parts of Mexico City sinking?
3. Why is the air polluted?
4. What do the Mexican people value most?
5. How can you tell that the Mexican people are proud of their heritage?

Capítulo 3 109

Lección 6

¡Vamos a ir al centro!

MARIANA: ¿Qué voy a **hacer**° en el **centro**?°
Voy a las **tiendas** de la **calle** Constitución, ¡claro!

ESTEBAN: Voy a tomar el autobús a la **ciudad**, y voy a ir al **museo**.

JULIA: Voy al centro con mi amiga María en metro. Vamos a ir a un **restaurante** y al **concierto** de mi **cantante**° favorito, ¡Luis Miguel!

ROGELIO: Hay **muchos edificios grandes** en el centro—**teatros**, museos, tiendas. No sé qué voy a hacer…¿**leer** ° una revista en el parque?

hacer *to do*   **centro** *downtown*   **cantante** *singer*   **leer** *to read*

 **¿Qué comprendiste?**

1. ¿Quiénes van a ir al centro?
2. ¿Cuántos edificios hay en el centro? ¿Cuáles son?
3. ¿Qué van a hacer Julia y María?
4. ¿Quién es Luis Miguel?
5. Esteban va a la ciudad en metro, ¿verdad? Y, ¿qué va a hacer él?

VOCABULARIO

Gente
don, doña
el muchacho, la muchacha

Palabras interrogativas
¿adónde?
¿cuándo?
¿por qué?
¿quiénes?

Transporte
a caballo
a pie
el autobús
el avión
el barco
la bicicleta
el caballo
el camión
el carro
en carro
en *(means of transportation)*
el metro
la moto(cicleta)
el taxi
el transporte
el tren

Lugares en la ciudad
el banco
la biblioteca
la cafetería
el cine
el dentista, la dentista
la escuela
el hotel
el médico, la médica
la oficina
el parque

Expresiones y otras palabras
al
cerca (de)
¡claro!
del
El gusto es mío.
encantado,-a
fantástico,-a
la fiesta
le/les/te presento a
lejos (de)
porque
el problema
simpático,-a
también
Tanto gusto.
¿verdad?

Verbos
caminar
ir
presento
quiero
sabes
tomar
¡vamos!

Quiero ir en taxi.

Cozumel, México.

¡La práctica hace al maestro!

A Comunicación

In groups of three or four, take turns playing the parts of several people making vacation travel plans. One of you should be the travel agent *(un/a agente de viajes)* who is making some arrangements for a group of tourists, played by your classmates. First, greet each other and introduce yourselves. Next, the travel agent asks where each person (couple, family, etc.) wants to go. Finally, the agent tells the tourists how (and when) they can arrive at their desired destinations. Add details and ask additional questions if possible. Be sure each student in the group plays the role of the travel agent at least once.

A (agente): Buenos días, señora.
B: Buenos días. Me llamo Graciela Barrera.
A: Mucho gusto. ¿Adónde va Ud.?
B: Voy a (Quiero ir a) Guadalajara (el lunes).
A: Claro (Sí, Fantástico). Ud. toma el camión a Guadalajara el lunes a las dos y media.
B: Perdón, no quiero ir en camión. ¿Voy en tren?

B Conexión con la tecnología

Using the Internet, search for a Web site of one of the Mexican airlines serving the United States. Find flight schedules to and from various destinations, including Mexico City. Next, search for a list of hotels, addresses and rates. Using the information you have found on the Internet and information you have learned in this chapter, plan an itinerary for a trip to the *Distrito Federal*. Include in your travel plans several sites along with why each interests you (i.e., *el Palacio Nacional*—to see Diego Rivera's artwork in person).

23 Quiero ir a....

Imagine you are browsing through the magazine *El México Desconocido,* which gives tour and travel information. With a partner, look over these ads for transportation and answer the following questions.

¡TAXI YA!
Con servicio a toda la ciudad de México
- Conveniente
- Rápido
- Cómodo
- Y listo... ¡YA!
Llamar 24 horas... 577 36 79

1. Uds. están en México, D.F., y necesitan estar en Morelia el jueves. ¿Cómo van Uds. a Morelia?
2. Los muchachos del Club Atlético van de Tampico a Guanajuato en camión. ¿A qué hora van?
3. La señora Alarcón no camina bien y necesita tomar un taxi. ¿Hay servicio de taxi en el D.F.? ¿Cómo se llama la compañía *(company)* de taxis? ¿Sabes el teléfono?
4. ¿A qué hora vamos de Guadalajara a Veracruz en camión?
5. Don Alfonso va de Monterrey a Nuevo Laredo en avión con la Aerolínea Yucatecas, ¿verdad? ¿Hay un problema? ¿Cuál es?
6. ¿Cómo es el servicio de *¡Taxi Ya!*?
7. El señor Chacón necesita ir de Veracruz a Guanajuato el domingo. ¿Cómo va él?
8. ¿Adónde vas en avión? ¿En camión? ¿En taxi?

CAMIONES TRANSMEX
Reservaciones, 965 99 88   Información, 965 43 21
HORARIO: LUNES A VIERNES

de: a:	DF	Guadalajara	Guanajuato	Morelia	Tampico	Veracruz
DF		6:40, 9:25	7:05, 11:20	7:35, 10:00	8:00, 11:00	8:15
Guadalajara	7:20, 10:05		7:55, 12:00	8:20, 11:05	8:35, 10:40	9:25
Guanajuato	7:05, 9:15	7:35, 11:25		8:25, 11:50	8:00	No hay servicio.
Morelia	8:20, 10:00	6:40, 8:00	6:30, 7:55		7:50, 11:10	9:00, 12:00
Tampico	7:35	7:05, 9:15	8:00, 10:50	8:35, 11:25		7:20, 10:00
Veracruz	7:55, 9:00	8:20, 10:00	No hay servicio.	7:35, 10:20	7:05, 11:40	

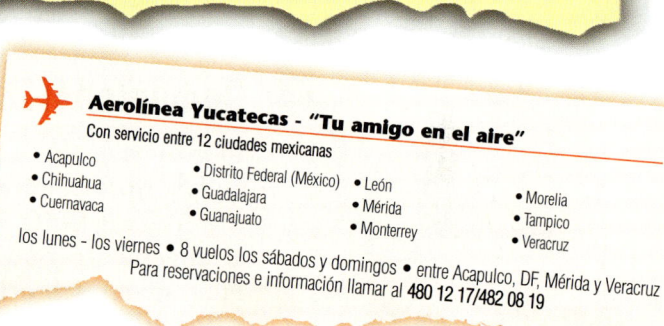

Aerolínea Yucatecas - "Tu amigo en el aire"
Con servicio entre 12 ciudades mexicanas
- Acapulco
- Chihuahua
- Cuernavaca
- Distrito Federal (México)
- Guadalajara
- Guanajuato
- León
- Mérida
- Monterrey
- Morelia
- Tampico
- Veracruz

los lunes - los viernes • 8 vuelos los sábados y domingos • entre Acapulco, DF, Mérida y Veracruz
Para reservaciones e información llamar al 480 12 17/482 08 19

Autoevaluación. As a review and self-check, respond to the following:

1. You are introduced to several new people. How would you respond in Spanish?
2. You wish to introduce the following people to your Spanish teacher: a classmate named Ramón, doña María and three of your friends. What would you say in Spanish?
3. Your friend is having a party on Saturday and you need to know some details. How would you ask your friend in Spanish what time the party is and who is going?
4. Another friend calls you to ask if you are going to the party Saturday. How would you answer?
5. How would you confirm that your friends are going to the park near the library?
6. There is a new girl in your neighborhood who speaks Spanish and does not know her way around the city. Tell her if the following places are near or far and what means of transportation you use to go to each place: *la escuela, la biblioteca, el cine, el parque.*
7. Imagine you are staying with friends in Mexico City and need to arrange for a taxi to take you to the airport the next day. How would you politely say that you need to take a taxi tomorrow and ask for the name and telephone number of the taxi service?
8. If you were able to travel to Mexico, what would you like to see and do?

Conexión Cultural

El transporte en México

As in most big cities, owning a car and driving in Mexico can present several challenges. Furthermore, cars are expensive to purchase and maintain since taxes are steep. In addition, parking in the city is usually hard to find and is expensive when available. For these reasons, most people in Mexico prefer to use the excellent, inexpensive public transportation that is available.

Taxis are abundant and are a preferred means of transportation in cities. In Mexico City, fares are controlled by the government and are relatively inexpensive compared to the United States. The government also requires that taxi drivers be licensed and that each taxi operate with a working meter and a driver's picture identification placed in a visible location inside the cab.

Hay muchos carros en México, D.F.

The buses and trains in Mexico are very clean and also reasonably priced. The best public transportation bargain in Mexico City is undoubtedly its subway system *(el metro),* which allows a rider to travel from one area of the city to another with a single ticket. For this reason, the *metro* can be a little overcrowded during rush hours.

Ellas van en taxi.

22 ¿Cómo vamos?

Indicate how the following people are going to arrive at their destination, according to the letter clue that corresponds to the illustrations on page 103.

Yolanda y Pedro/biblioteca (F)
Yolanda y Pedro van a la biblioteca a pie.

1. Luz y yo/escuela (A)
2. Paco/Veracruz (G)
3. Teresa y Luisa/cine (B)
4. tú/oficina (E)
5. nosotros/fiesta (K)
6. Uds./banco (D)
7. Mercedes/cafetería (C)
8. Ud./Zócalo (H)
9. yo/Isla Mujeres (I)
10. Andrés y Martín/parque (J)

Lección 5

¿Cómo vamos?

 A. en carro

 B. en autobús

 C. en bicicleta

 D. en moto(cicleta)

 E. en tren

 F. a pie

 G. en avión

 H. en metro

 I. en barco

 J. a caballo

 K. en taxi

 L. en camión

¿En barco?

¿En avión?

PARAti
En otras palabras

el carro	el coche, el automóvil, el auto, la máquina
el autobús	el bus, el camión, el colectivo, la guagua, el micro, el ómnibus
el metro	el subterráneo (el subte)
el barco	el buque, la nave

Capítulo 3   103

20 Y tú, ¿adónde vas en Morelia?

Más palabras
el café	café
el hospital	hospital
la iglesia	church
la oficina de correos	post office
el restaurante	restaurant
el supermercado	supermarket

Working with a partner, take turns asking and answering questions to find out where these tourists are going. You may answer either affirmatively or negatively. Follow the model.

el Cine Rex/tú
A: ¿Adónde vas? Al Cine Rex, ¿no?
B: Sí, voy al Cine Rex./No, no voy al Cine Rex.

1. la biblioteca/Laura
2. la cafetería/Uds.
3. el parque/los muchachos
4. el Hotel San Lorenzo/nosotros
5. el banco/tú
6. la dentista/don Enrique

21 ¿Adónde vamos?

Imagine you are a guest at the Hotel San Gabriel in Mexico City. Look at this information card that was left in your room. Working with a partner, answer the following questions. When you finish, ask each other two original questions.

1. ¿Sabes la dirección del Hotel San Gabriel?
2. ¿La Cafetería Don Chang está cerca o lejos del hotel?
3. ¿Cuántos restaurantes hay cerca del hotel? ¿Vas al Restaurante La Azteca?
4. ¿Dónde está la Oficina de Turismo?
5. Necesitas transporte. ¿Cuál es el número de teléfono?
6. ¿Cómo se llama el banco? ¿Y el cine?
7. La Azteca es un restaurante fantástico. ¿Van Uds. allí?
8. ¿Adónde van Uds. mañana?

Hotel San Gabriel
Avenida de la Defensa, 23
MÉXICO, DF
294 87 86 / 294 87 42

DIRECCIONES Y TELÉFONOS DE URGENCIA Y DE INTERÉS

URGENCIA	TELÉFONO
POLICIA	091
MÉDICO	297 33 33

INTERÉS
Recepcionista	97
Autobús	256 29 39
Taxi	299 43 01
Restaurante La Azteca	357 55 02
Calle Ponce, 75	
Cafetería Don Chang	291 77 86
Avenida de la Defensa, 99	
Banco Nacional	356 19 61
Calle Once, 50	
Oficina de Turismo	354 00 01
Avenida de la Defensa, 98	
Cine Máximo	459 78 03
Calle 23 y Calle Ponce	
Metro—Información y horario	290 10 16

PARA MÁS INFORMACIÓN, FAVOR LLAMAR
AL/A LA RECEPCIONISTA AL 97.

¿Adónde vamos?

19 ¿Adónde van?

Indicate where in Morelia the following people are going, according to the letter clue that corresponds to the preceding illustrations.

 Paco (D)
Paco va a la biblioteca.

1. Carlota y yo (I)
2. don Pablo (J)
3. Ud. (H)
4. tú (E)
5. Isabel y Pepe (B)
6. la señora Cabos (F)
7. las muchachas (C)
8. yo (A)

IDIOMA

El presente del verbo *ir*
The verb *ir* (to go) is irregular in the present tense.

ir			
yo	voy	nosotros / nosotras	vamos
tú	vas	vosotros / vosotras	vais
Ud. / él / ella	va	Uds. / ellos / ellas	van

The verb *ir* is generally followed by the preposition *a* (or the contraction *al*) and a destination.

¿Por qué no vamos **a** la fiesta?   Why don't we go to the party?

Yo no voy **a** la fiesta porque   I'm not going to the party
voy **al** parque con Ana.   because I'm going to the park
                                            with Ana.

18 ¡Vamos!

¿Adónde van en México? Completa las siguientes oraciones con la forma correcta de *ir*.

 Nosotros no <u>vamos</u> a Tampico tampoco.

1. El señor y la señora Del Valle <u>(1)</u> a Cuernavaca.
2. Tú no <u>(2)</u> a Cuernavaca con ellos.
3. Elisa y Natalia <u>(3)</u> al Museo Nacional de Antropología.
4. Felipe no <u>(4)</u> al parque mañana.
5. Él <u>(5)</u> a la fiesta en el Zócalo.
6. Anita y tú <u>(6)</u> en carro al D.F., ¿verdad?
7. ¡Claro! Anita y yo <u>(7)</u> con Jorge al Castillo de Chapultepec.
8. Yo no <u>(8)</u> a Morelia; yo <u>(9)</u> a *(give a location)*.

¿Por qué no vamos al museo?

Lección 5

¿Vas a la fiesta?

ELISA: Bueno.
TOMÁS: Aló. Soy yo, Tomás. **Voy** a una fiesta mañana en el Zócalo con Felipe y Natalia. ¿Por qué no vas con nosotros?
ELISA: ¿Está el Zócalo **cerca de** aquí?
TOMÁS: No, está **lejos de** aquí. Tú vas, **¿verdad?**
ELISA: No, no voy.
TOMÁS: ¡Ay! ¿Por qué?
ELISA: No voy **porque°** no tengo **transporte.**
TOMÁS: Mmm... no hay **problema.** Mi amiga Marisa va **en carro**... ¡y tú vas con ella!
ELISA: ¡Fantástico!

porque *because*

16 ¿Qué comprendiste?

1. ¿Con quién habla Tomás?
2. ¿Va Tomás a una fiesta?
3. El Zócalo está cerca, ¿verdad?
4. ¿Con quiénes va Tomás?
5. ¿Elisa va con ellos también?
6. Marisa va a la fiesta en camión, ¿no?
7. En fin *(In the end)* Elisa va a la fiesta, ¿verdad?

17 Charlando

1. ¿Vas a fiestas?
2. ¿Con quiénes vas?
3. ¿Vas en carro? ¿Caminas?
4. ¿Vas en tu carro o en el carro de tu amigo/a?

Capítulo 3   99

12 ¿Sí o no?

Working with a partner, take turns reading aloud the questions you formed in the previous activity. Remember to answer each question with *Sí* or *No*.

A: ¿Es María la amiga de Paloma?
B: Sí, María es la amiga de Paloma./No, María no es la amiga de Paloma.

13 ¿Preguntas?

Complete the following sentences with a question word.

1. ¿De (1) es ella?
2. ¿(2) es ella? ¿Simpática?
3. ¿(3) se llama Ud.?
4. ¿(4) hay una fiesta fantástica?
5. ¿(5) va a la fiesta?
6. ¿(6) no vamos a la fiesta?
7. ¿A (7) hora es la fiesta?
8. ¿(8) es tu número de teléfono?
9. ¿(9) quiere decir la palabra *muchacha*?

14 ¿Cuántas preguntas?

Read the following answers. Then make as many different information questions as you can for each statement, using the appropriate interrogative words. Try to make at least two logical questions for each answer.

El señor Lazarillo camina en el parque de Chapultepec.
¿Quién camina en el parque de Chapultepec? ¿Dónde está el señor Lazarillo?

1. Mañana hay una fiesta fantástica en el Zócalo.
2. El Paseo de la Reforma está en México.
3. Antonio, Enrique y Gustavo estudian en un colegio en León.
4. Doña Rosa necesita el horario de camiones.

15 ¿Qué sabes de México?

Prepare five questions in Spanish about Mexico. Use as many different question words and verbs as you can, and refer to the *Conexión cultural* notes and dialogs in this lesson for information. Then working with a partner, take turns asking and answering each question.

Lección 5

IDIOMA

Las preguntas

There are several ways to ask a question in Spanish. One way is to place the subject after the verb.

Mario está en la fiesta. → ¿*Está Mario* en la fiesta?
    1   2   2   1

Sometimes the written question marks and the rising tone of the speaker's voice may indicate the difference between a statement and a question.

Hay una fiesta en el parque. → ¿*Hay una fiesta en el parque?*

Another way to ask a question is to add a tag word such as ¿*no?* or ¿*verdad?* to the end of a sentence, much as you might add **right?**, **don't you?**, **isn't she?**, etc., in English.

Ella va a la fiesta, ¿no?   She is going to the party, **isn't she?**

Vas a la fiesta, ¿verdad?   You are going to the party, **right?**

When forming information questions with interrogative words (¿*cómo?, ¿cuál?, ¿cuáles?*, and so forth), the verb precedes the subject, just as in English (¿*Cuándo es la fiesta?*). The interrogative words may be used alone or in combination with various prepositions (¿*De dónde* es Ud.? ¿*A qué* hora termina?).

Vas a la fiesta, ¿verdad?

Note: Question words require a written accent mark, whether they are used in questions or in statements where a question is implied.

No sé dónde está.   I don't know where it is. (Where is it?)

11 ¿Cuál es la pregunta?

Change the following statements to questions by placing the subjects after the verbs.

 María es la amiga de Paloma.
¿Es María la amiga de Paloma?

1. Antonio es de Mérida.
2. Sara camina al Paseo de la Reforma.
3. Los muchachos hablan español con la señora Jiménez.
4. Hernán y Lorenzo estudian biología en Acapulco.
5. El señor Peña toma el camión a León.
6. La estudiante nueva es muy simpática.

¿Es ella de México?

Conexión Cultural

La Ciudad de México (el D.F.)

If you are a tourist you may say you are visiting Mexico City, although according to Mexicans you are in *el D.F. (Distrito Federal)*, *la Ciudad de México* or just in *México*. To refer to their country, the Mexican people also use *México, La República* or *los Estados Unidos Mexicanos*.

You will want to start your sightseeing in the center of the city—the *Zócalo*—or main plaza. This was also the center of the ancient Aztec capital *Tenochtitlán* and there you can view the excavation of the *templo mayor* (main temple). Turn to the left and you are on the wide, elegant *Paseo de la Reforma*. This street was built by the emperor Maximilian to join his palace at Chapultepec with the National Palace on the *Zócalo*. Chapultepec is now a huge park where you can enjoy *el zoológico* (zoo), *las atracciones* (amusement center) or *el Castillo* (castle) *del emperador Maximiliano*. Transportation inside the park is limited to walking and biking, so many people come just to enjoy the outdoors. The park also includes the world-famous *Museo Nacional de Antropología*, which contains three miles of exhibits of art, architecture and culture of the ancient civilizations that existed in Mexico before Spanish colonization.

El Zócalo, México, D.F.

Repaso rápido

Las palabras interrogativas

You are already familiar with several words used for asking information questions:

¿*Cómo* estás?	**How** are you?
¿*Cuál* es tu mochila?	**Which (one)** is your backpack?
¿*Cuáles* son?	**Which (ones)** are they?
¿*Cuándo* es la fiesta?	**When** is the party?
¿*Cuánto* es?	**How much** is it?
¿*Cuántos* hay?	**How many** are there?
¿*Dónde* está ella?	**Where** is she?
¿*Por qué* está él allí?	**Why** is he there?
¿*Qué* es?	**What** is it?
¿*Quién* es de México?	**Who** is from México?
¿*Quiénes* son ellos?	**Who** are they?

¿Dónde está el Museo Nacional de Antropología, por favor?

Lección 5

Vamos a la fiesta

NATALIA:	**Sabes**,° hay una **fiesta fantástica** en el **Zócalo**.° **¿Vas tú?°**
TOMÁS:	**¿Cuándo** es la fiesta?
NATALIA:	Es mañana, a las nueve de la noche.
FELIPE:	Sí, ¿por qué no **vamos?°**
TOMÁS:	**¡Claro!° ¡Vamos!°** Y...Elisa **va también**,° ¿no? Es una **muchacha simpática°** y...
NATALIA:	No sé. ¿Tienes el número de teléfono de ella?
TOMÁS:	No, ¿cuál es?
NATALIA:	Es el 5 92-73-69.

Sabes *You know* **Zócalo** *main plaza* **¿Vas tú?** *Are you going?* **(no) vamos** *(don't) we go* **¡Claro!** *Of course!* **¡Vamos!** *Let's go!* **también** *too, also* **simpática** *nice*

9 ¿Qué comprendiste?

1. ¿Dónde hay una fiesta?
2. ¿Cómo se llama la amiga de Natalia? Y, ¿cómo es la muchacha?
3. ¿Cuándo hay una fiesta? ¿A qué hora es?
4. ¿Va Tomás al Zócalo?
5. ¿Cuál es el número de teléfono de Elisa?
6. ¿Sabes el número de Felipe?

10 Charlando

1. ¿Eres tú simpático/a? ¿Y tu amigo/a?
2. ¿Hay una fiesta mañana?
3. ¿Sabes a qué hora es la fiesta?
4. En tu opinión, ¿cuál es tu día favorito para una fiesta? ¿El lunes?

7 Comparaciones

Scan the following paragraph. Make a list of all new words that are similar to Spanish words you already know. In a separate column, list the cognates you recognize. Does this help you understand the article?

Una visita a México es una experiencia fantástica y memorable. En la Ciudad de México hay muchos monumentos impresionantes e históricos. Hay museos de arte con pinturas de artistas famosos como Frida Kahlo y Diego Rivera. No muy lejos están el Zócalo con la gran Catedral y el parque de Chapultepec donde caminan los estudiantes para visitar el castillo de Chapultepec, ver las atracciones o ver el zoológico. El turista típico debe hacer una excursión a las pirámides pre-colombinas de Teotihuacán y también pasar unos días en los pueblos que están cerca de la capital. Los mexicanos son muy amigables y también muy habladores. Hay muchos mexicanos que practican el inglés con los visitantes. Para unas vacaciones estupendas, ¡vamos a México!

CONEXIONES 8 Cruzando fronteras

Read about the artist Diego Rivera and then answer the questions that follow.

Sueño de una tarde dominical en la Alameda Central, Diego Rivera.

El arte y la política

Los artistas contemporáneos de México pintan murales en las **paredes** públicas para representar los ideales de la revolución mexicana. El muralista **más** famoso es Diego Rivera. Rivera usa **su** imaginación, creatividad y talento para combinar el arte y la **política**. En las paredes del Palacio Nacional en el Zócalo, los turistas y el público **pueden** admirar una serie de murales de Rivera que representa **toda** la historia de México. En una sección, Rivera glorifica el **pasado** de los aztecas. En otra sección representa los ideales y los líderes de la revolución. Rivera termina con una sección del futuro dónde la gente usa la tecnología para controlar las **fuerzas** de la **naturaleza**. La naturaleza es un elemento importante en el arte de Rivera. Sus colores representan los colores de la naturaleza—el verde, el azul, el amarillo, el blanco y el negro. También la influencia del **cubismo** es evidente por el uso de muchas formas geométricas. En todos sus murales, Rivera repite la filosofía de la revolución—los **ricos** no son más importantes que la gente común.

paredes *walls* **más** *most* **su** *his* **política** *politics* **pueden** *they can* **toda** *all* **pasado** *past* **fuerzas** *forces* **la naturaleza** *nature* **cubismo** *cubist style of art* **ricos** *rich*

1. ¿Qué representan los murales en las paredes públicas de México?
2. ¿Qué combina Diego Rivera en sus murales?
3. ¿Dónde está el mural de la historia de México?
4. ¿Qué glorifica Rivera en una sección del mural?
5. ¿Qué usa la gente del futuro para controlar la naturaleza?
6. ¿Cuáles son dos características del arte de Rivera?
7. ¿Cuál es la filosofía de la revolución mexicana?

Conexión Cultural

Más cerca

When talking to others, waiting in line or sitting in a public place, many Spanish-speaking people stand and sit much closer to one another than most people in the United States. This difference in the concept of personal space can cause some people from the United States to feel uncomfortable and respond by moving away a little. However, moving away from someone who is talking to you may be considered an insult in Spanish-speaking cultures. An awareness of this cultural difference will help you avoid offending others and will allow you to communicate more effectively in Spanish.

Cinco de mayo

Imagine you are attending a *Cinco de mayo* party at the home of the exchange program director. In groups of three or four, play the roles of various party guests and practice introducing one another in Spanish. Have a conversation with the other guests: ask how they are, if they speak Spanish and English and so on. Exchange phone numbers with at least one other person. Remember to use appropriate greetings, gestures and responses in your conversations.

Estrategia

Para leer mejor: *increasing your vocabulary*

When reading or learning new vocabulary in Spanish, you can figure out the meaning of a new word by relating it to your knowledge of other words that are spelled similarly. Such groups of similar words are called "word families." All the "members" of a word family share a common, easily recognizable root. For example, you have now learned the noun *estudiante* and the verb *estudiar*, which belong to the same word family. Imagine you encounter the adjective form *estudioso* in a reading. What do you think it means? Recognizing word families can help you expand your Spanish vocabulary and can make learning new words easier.

Capítulo 3

4 ¿Quiénes?

After a busy afternoon of touring Chapultepec, you attend a reception for new exchange students, teachers and chaperones. Complete the introductions with the appropriate word choices from the following list.

| del | te | les | a la |
| al | le | a | de |

   Ernesto y Mario, <u>les</u> presento <u>al</u> señor Herrera.

1. Profesor Rivera, (1) presento a doña Lucía.
2. Sr. y Sra. Barrera, (2) presento (3) profesora (4) biología.
3. Ana, (5) presento (6) don Sergio y (7) Juan.
4. Marta y Pedro, (8) presento (9) amigo (10) profesor Martínez.
5. Ay, perdón, Cristina, (11) presento a mi amigo Felipe.
6. José y Yolanda, (12) presento a Julia y a Claudia.
7. Daniel, (13) presento (14) señor Carlos Ramírez.

5 ¡Bienvenidos a México!

Imagine you and two classmates go to the airport to greet several friends and family members who have decided to visit Mexico City (and you!) before the exchange program ends. Introduce everyone by forming sentences from the following groups of words. Add words and use the contractions *al* and *del* where necessary.

   Pilar/presento a/el amigo de/el señor Reyes, don Jaime
Pilar, te presento al amigo del señor Reyes, don Jaime.

1. Pablo/presento a/el profesor de español, el señor Peña
2. Laura y Pedro/presento a/Jaime
3. Sra. Álvarez/presento a/la señora Fuentes
4. Miguel y Julio/presento a/el amigo de/el profesor Ardila, el señor Lagos
5. Sr. y Sra. Castillo/presento a/la amiga de Cecilia, Rosa
6. Marisa/presento a/mi amigo, Alfonso Rivera
7. doña Inés y don Miguel/presento a/la profesora de/la clase de español, la señorita Alba
8. Sr. y Sra. Vélez/presento a/el profesor de música de/el colegio, el señor Sánchez

3 En el parque de Chapultepec

Imagine you are a high school exchange student in Mexico City and you are spending the afternoon with friends at Chapultepec Park. In groups of three, role-play the following situations. Follow the model. When you finish, switch roles.

A: Hola *(student B)*.
B: *(Greet student A)*, te presento a *(student C)*.
A: *(Greet student C.)*
C: *(Respond appropriately.)*
A: *(Ask how student C is.)*
C: *(Respond appropriately.)*

1. Your friend Guillermo meets your friend Sandra for the first time.
2. You are listening to the mariachis with your friend Eduardo when one of his teachers, la señorita Muñoz, stops to talk with him.
3. Your classmate Mario sees one of his neighbors, la señora Blanca, whom you do not know.
4. Two other students from the exchange program are also at the park.
5. The mother of one of your friends, la señora Fernández, runs into you and your friend Guillermo at the museum.

Algo más

Las palabras *al* y *del* con títulos de cortesía

When talking with a person directly, you have learned to use several titles of respect: *señorita, señora, señor, profesora, profesor.* When talking about someone, titles of respect are preceded by a definite article: *la, el, las, los.*

but: *Mucho gusto, señor Peña.*
El señor Peña es mi profesor.

The titles *don* (masculine) and *doña* (feminine), which are used with first names to denote respect when talking to adults you know very well, are exceptions since they do not require a definite article: **Don Roberto, le presento a doña Elena.**

Note: When the definite article *el* follows *a* or *de,* the two words combine to form *al* or *del.*

| *a + el = al* | *de + el = del* |

*Elisa y Felipe, les presento **al** señor Peña.*
*Es la clase **del** profesor Ortiz.*
*Te presento **al** amigo **del** estudiante nuevo.*

El señor López es mi profesor.

Algo más

Presentaciones

Follow these guidelines when you wish to introduce people:

te (to one person, informal) *Isabel, te presento a Ana.*
 Miguel, te presento a Carmen y a David.

le (to one person, formal) *Sra. Díaz, le presento a Juan.*
 Sr. Castillo, le presento a Paula y a Laura.

les (to two or more people, informal and formal) *Pilar y Sara, les presento a María.*
 Sr. y Sra. Gómez, les presento a Raúl y a Javier.

When you are introduced to someone, there are several ways you can respond in Spanish. For example: *Mucho gusto. Tanto gusto. El gusto es mío.* Also, males can respond with *Encantado,* while females can respond with *Encantada.*

A presentar

Completa los diálogos de una manera lógica.

LUISA: Jorge, te (1) a Inés y a Iván. Jorge es el estudiante nuevo de Cuernavaca.
JORGE: ¡(2) gusto! Me llamo Jorge Bonilla.
INÉS: (3).
IVÁN: ¿(4) estás?
JORGE: Bien, gracias.

SRA. GUZMÁN: Sra. Campos, (5) presento a Emilio, mi amigo de Guanajuato.
SRA. CAMPOS: (6), Emilio.
EMILIO: El (7) es mío, Sra. Campos.

JULIO: Sr. y Sra. Pérez, (8) presento (9) mi amiga Pilar.
SR. PÉREZ: Tanto (10), Pilar.
SRA. PÉREZ: Encantada, Pilar.
PILAR: Mucho (11). ¿Cómo (12) Uds.?
SR. PÉREZ: Muy (13), gracias.

Le presento a mis amigos Ana y Roberto.

Lección 5

Conexión Cultural

México

Mexico is the southernmost country of North America. It shares borders with the United States, Guatemala and Belize, and lies between the Gulf of Mexico and the Pacific Ocean. The country's climate, beauty and location make it one of the most popular travel destinations for people from all over the world.

Mexico is also a land of extreme contrasts and rich history. For example, in the *Plaza de las Tres Culturas* in Mexico City, visitors will see an Aztec temple and a colonial church beside a modern building. Much of the country's history is reflected in the exhibits of one of the world's best museums of anthropology, which is located in the capital.

The people of Mexico reflect the country's history as well—part indigenous and part European. While the majority of the population reflects this mix of indigenous and Spanish heritage, some states like Chiapas, Guerrero and Oaxaca have a large population that has descended directly from the Mayans, Nahuas, Aztecs and other indigenous groups. In addition, immigrants have come in waves from throughout the world to populate this multicultural and multiethnic country.

Since Mexico lies between two large bodies of water, its coastlines feature beautiful cities and islands such as Acapulco, Veracruz, Zihuatanejo, Puerto Vallarta and Cancún. These popular tourist sites offer a variety of attractions to see and visit.

Look at the following list of things to do in Mexico. If you were planning a vacation to Mexico, which of the activities would you like to experience?

How much do you know about Mexico? Take this culture quiz, indicating whether each statement is true *(verdad)* or false *(falso)*. Then look in the reading to see if your answers are correct.

1. Mexico is located in North America.
2. Mexico shares a border with the United States, Honduras and Belize.
3. You can go to a beach in Mexico on either the Gulf of Mexico or the Pacific Ocean.
4. Most of the Mexican people are a mixture of European and indigenous descent.
5. There are no people left today who have descended directly from the Mayans.

Plaza de las Tres Culturas, México.

- Ecotouring to see exotic animals
- Mountain biking in Chihuahua
- Visiting sacred Mayan ruins
- Shopping in the *Zona Rosa* in Mexico City
- Surfing in Puerto Vallarta
- Visiting Chapultepec Park

El parque de Chapultepec.

Lección 5

En la Ciudad de México

Tanto gusto. Mucho gusto. **Encantado.** Mucho gusto. **Por qué** *Why* **caminamos** *we walk* **tomamos** *take* **camión** *bus (Mexico)* **Quiero** *I want* **¡Vamos!** *Let's go!*

¿Qué comprendiste?

¿Sí o no?

1. Ellos están en el parque de Chapultepec.
2. *Encantado* quiere decir *¿Cómo estás?*
3. Los chicos toman el camión.
4. ¿Hay un parque en tu ciudad *(city)*?
5. ¿Caminas al parque?

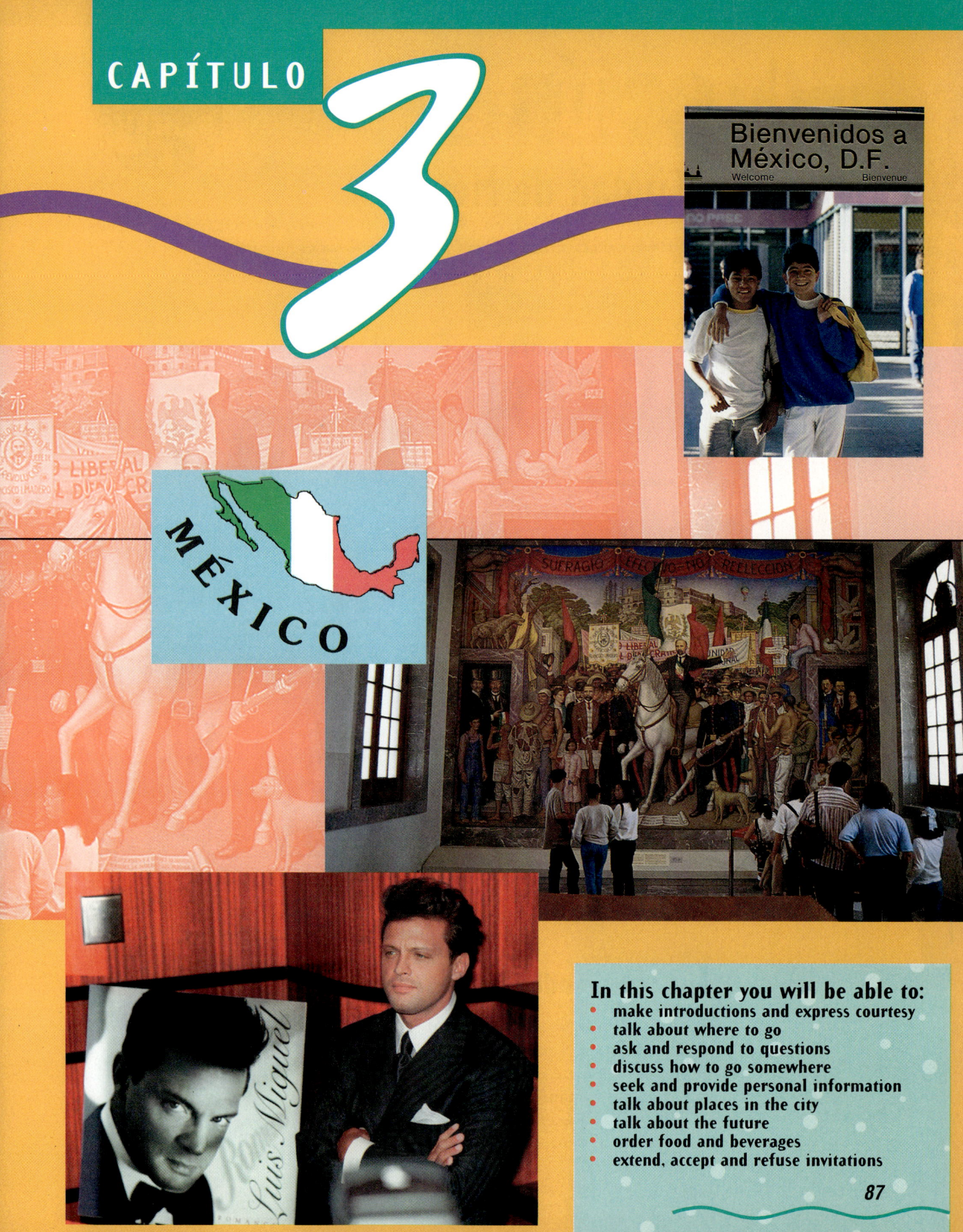

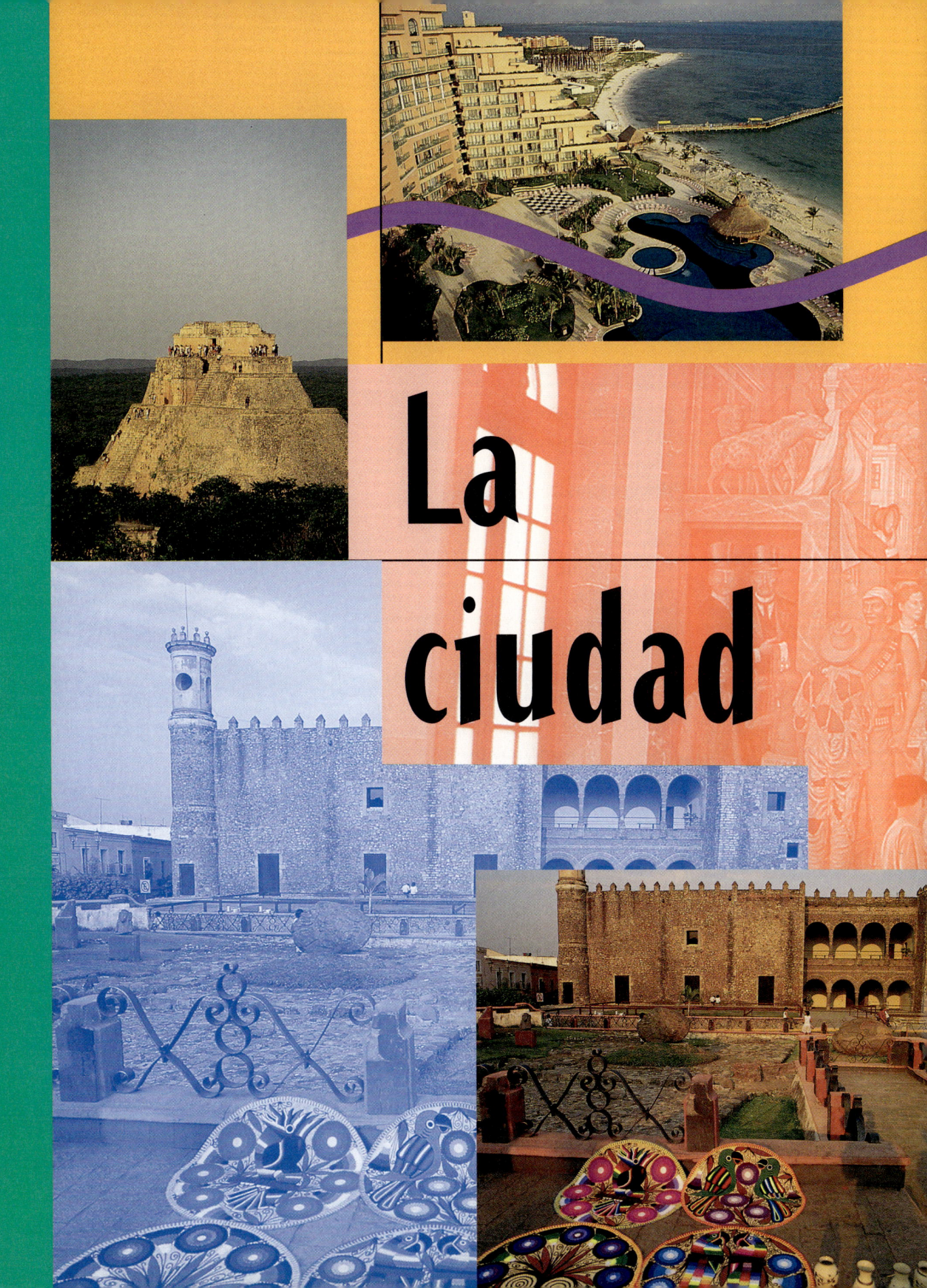

La ciudad

repaso

Now that I have completed this chapter, I can...
- ✓ ask for and give names.
- ✓ ask for and state place of origin.
- ✓ identify classroom objects.
- ✓ discuss school schedules and daily activities.
- ✓ ask for and provide information.
- ✓ describe classroom objects.
- ✓ state location.
- ✓ make a telephone call.

I can also...
- ✓ recognize places in the United States where Spanish is spoken.
- ✓ recognize Hispanic influences in the United States.
- ✓ identify some well-known people who speak Spanish.
- ✓ name some ways learning Spanish can enhance career opportunities.
- ✓ scan an article in Spanish for cognates.
- ✓ compare Hispanic and American school systems and grading scales.
- ✓ talk about technology.
- ✓ read a poem in Spanish.
- ✓ write in Spanish.

Hay una computadora y una impresora en mi clase.

a escribir

Estrategia

Estrategia para escribir: *writing a dialog journal*

A journal is a written means of recording your experiences, wishes, dreams and other thoughts. In addition, whether you write in a spiral notebook, a composition book or a looseleaf binder, keeping a journal offers a way for you as a student writer to respond personally to what you are reading or learning in class. You may even choose to create an electronic journal using a computer. Regardless of the format you may choose, writing down your thoughts regularly and expressing yourself freely in a dialog journal can increase your motivation to write as you look back and reflect upon where you have been and as you consider where you are going. Communicating your thoughts and feelings through journal writing allows you and your teacher to get to know each other more rapidly on a deeper, more personal level.

Choose one of the topics below and write at least a paragraph to your teacher to express how you feel about it.

1. How will learning Spanish benefit you personally?
2. How is the Hispanic culture evident in your community? What aspects of this culture would you like to learn more about?
3. If you could interview a famous Spanish-speaking person, whom would you choose and why?
4. If you were an exchange student attending a school in a Hispanic country, what would you like about the Hispanic school? What would you dislike?
5. Imagine you are a Mexican immigrant who has just entered the United States to live. What is going through your mind?

Puentes y fronteras/Bridges and Borders (selecciones)
por Gina Valdés

Hay tantísimas fronteras
que dividen a la gente,
pero por cada frontera
existe también un puente.

. . .

Entre las dos Californias
quiero construir un puente,
para que cuando tú quieras
te pases del sur al norte,
caminando libremente
no como liebre del monte.

*There are so many borders
that divide people,
but for every border
there is also a bridge.*

. . .

*Between the two Californias
I want to build a bridge,
so whenever you wish
you can cross from south to north,
walking freely
not like a wild rabbit.*

¿Qué comprendiste?

1. What are the "two Californias" the poet talks about in the second selection?
2. Whom is the author referring to that would cross the border "like a wild rabbit" *(como liebre del monte)*?
3. Which words rhyme in the two poems?

Charlando

1. Why do you think the author uses the old style of *coplas* to express her modern poetry?
2. Besides the physical border, in what other ways are the Mexican and American cultures divided?
3. Themes found in poetry are based upon human experiences. What themes are depicted in these poems?

Mural en la frontera entre México y EE.UU.

a leer

Estrategia

Preparación

Estrategia para leer: *activating background knowledge*
Background knowledge is what you already know about a topic. Using your background knowledge when you read will prepare you for the type of information and vocabulary that will likely appear in the reading.

In this chapter, you have become more aware of several ways the Hispanic culture is evident in the United States. Do you know that the Hispanic culture also enriches American literature? For example, Chicano literature is commonly taught in states where there are large populations of immigrants with Hispanic ancestry and even elsewhere in colleges and universities across the United States. The themes of Chicano literature reflect the difficulties faced by Hispanics as they adjust to life in the United States.

For example, in her bilingual book of Chicano poetry, *Puentes y fronteras/Bridges and Borders,* Gina Valdés patterns her poems after one of the oldest styles of Spanish poetry, called a *copla*. The *coplas* were popular in medieval Spain (13th century) because they were composed of short lines of poetry that were easily memorized. Minstrels often sang *coplas* to villagers they encountered in their travels. This established an oral tradition that passed stories and information from one person to another for centuries.

Contesta las siguientes preguntas como preparación para la lectura.
1. What are some difficulties Hispanic immigrants might face when they come to the United States?
2. What key words in the following poems do you think most likely reflect some of the issues found in Chicano literature?
3. Where in the United States do you think courses on Chicano literature might be offered?

VOCABULARIO

Clases
- el almuerzo
- el arte
- la biología
- la clase
- el colegio
- la computación
- el español
- la historia
- el horario
- el inglés
- las matemáticas
- la música

Tecnología
- la computadora
- el disco compacto
- el diskette
- la impresora (láser)
- la pantalla

- el ratón *(pl.* los ratones*)*
- el teclado

Días
- el día
- el domingo
- el jueves
- el lunes
- el martes
- el miércoles
- el sábado
- el viernes

Por teléfono
- aló
- ¿cuál? *(pl.* ¿cuáles?*)*
- la dirección (de correo electrónico)
- el número de teléfono/de fax/ de teléfono celular/ equivocado
- el teléfono

Colores
- amarillo,-a
- azul
- blanco,-a

- el color
- gris
- negro,-a
- rojo,-a
- verde

Verbos
- estar
- estudiar
- hablar
- hay
- necesitar
- terminar

Expresiones y otras palabras
- a
- a la(s)...
- allí
- ¿a qué hora?
- ¿Cómo?
- ¿cuánto,-a? *(pl.* ¿cuántos,-as?*)*
- en
- ¡mira!
- o
- sobre
- tampoco
- tu

Austin, Texas.

Estudiamos el mapa en la clase de geografía.

¡La práctica hace al maestro!

 Comunicación

Imagine it is time to select your classes for next year. Make up a schedule of six classes and a lunch period. Each class should begin on the hour (from 8:00 A.M. to 2:00 P.M.). Then working in groups of three, have several telephone conversations with your two friends to discuss your schedules. Find out who has math, if all of you have the same lunch period, how many books each of you will need and so forth. After your conversation you may want to make some changes to create the "ideal" class schedule.

 Conexión con la tecnología

Imagine you are attending high school in a Spanish-speaking country and you wish to send a copy of your class schedule to your key pal in a different country. Create your class schedule based on what you have learned about the different systems of education. If you wish, refer to the list of additional classes in the *Para ti* from this lesson. Use a word processor and include tabs and columns. To make it more interesting, add color and computer-generated artwork or designs. Be prepared to discuss your schedule in class.

 El colegio se llama....
Tengo la clase de... a las dos y media.

JEFFERSON HIGH SCHOOL

Mi horario de clases

HORA	LUNES	MARTES	MIÉRCOLES	JUEVES	VIERNES
8:05-9:00	historia	historia	historia	historia	historia
9:10-10:05	biología	biología	biología	biología	biología

La comunicación en español

Why is it so important that Spanish be taught in U.S. schools? First, the Hispanic population is the fastest growing of any minority group in the United States. As we begin the new millennium, the Spanish-speaking population will become the largest minority with more than thirty million people. Secondly, people who speak Spanish will make up a larger part of the workforce and the consumer market. Knowing how to speak Spanish may make it easier for you to find a job. Why? Because your employer will know that you can work with other employees and with potential customers who may not speak English fluently. Being bilingual may be the advantage you need to compete in the job market of the 21st century.

San Francisco, California.

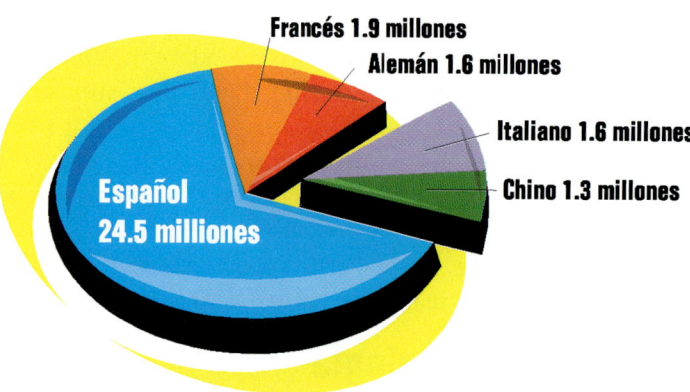

IDIOMAS EXTRANJEROS MÁS HABLADOS EN ESTADOS UNIDOS

Autoevaluación. As a review and self-check, respond to the following:
1. How would you ask someone what time Spanish class meets?
2. How would you tell a friend in Spanish that math class ends at 9:15 A.M.?
3. How would you say in Spanish that you study history on Saturdays?
4. Name at least two differences between American high schools and those in Spanish-speaking countries.
5. Describe several objects around you by what color they are.
6. How would you ask a friend where the computer disks are?
7. How would you ask for someone's telephone number? Fax number? E-mail address?
8. If you incorrectly dialed a phone number, what might the person on the other end say to you in Spanish?
9. Do you think it is important to learn Spanish in school? Why?

Capítulo 2

27 ¡El número equivocado!

Working in pairs, take turns placing a phone call with the wrong number. Use the model below as a guide.

> José: 7-64-86-79 / 7-46-68-97
> A: *(Answer with a Spanish phone greeting.)*
> B: Aló, soy *(give your name)*. Por favor, ¿está José?
> A: ¿Cómo?
> B: José. ¿Es el 7-64-86-79?
> A: No. Tienes el número equivocado. Es el 7-46-68-97.
> B: ¡Ay, perdón!

1. Alejandro: 4-58-94-66 / 4-85-94-66
2. Fernando: 9-44-87-15 / 9-44-78-15
3. Raquel: 7-83-58-99 / 7-83-85-99
4. Verónica: 6-32-22-04 / 6-32-22-40
5. *(Give the name of a famous person you want to speak to and invent a phone number.)*

Algo más

Palabras similares

Some of the words you have learned are so similar they may be confusing. Look carefully at the difference in spelling for the following pairs of words:

nueve	nine		*nuevo*	new
tú	you		*tu*	your (informal, singular)
¡ay!	oh!		*hay*	there is, there are
cuatro	four		*cuarto*	fifteen minutes, quarter of an hour

28 ¿Cuál es tu número de teléfono?

In groups of four students, take turns asking for your classmates' phone numbers, fax numbers, e-mail addresses and so on. (You may invent any of the information you wish.)

¿Cuál es tu dirección de correo electrónico?

Conexión Cultural

La buena comunicación

Throughout the Spanish-speaking world people communicate by telephone, fax and computer. Telephone greetings vary greatly. For example, Spaniards answer the phone with *Diga* or *Dígame* (Tell me). In Mexico the usual telephone greeting is *Bueno* (Well or Okay), while Cubans say *Oigo* (I'm listening). In Colombia you may hear *A ver* (Let's see). However, *Aló* (Hello) is known internationally. If you dial a phone number incorrectly, most likely you will hear *Tienes el número equivocado* (You have the wrong number).

Technology affects our lives every day and communication across thousands of miles occurs in seconds. The following expressions can help you use technology to communicate with people throughout the Spanish-speaking world.

¡Aló!

¿Cuál es tu...	What is your...
número de teléfono?	telephone number?
número de fax?	fax number?
número de teléfono celular?	cellular phone number?
dirección de Internet?	Internet address?
dirección de correo electrónico?	e-mail address?

26 ¿Cuál es el número de…?

With a partner, ask for and give the telephone or fax numbers for each of the following people.

Enrique: (teléfono) 3-75-08-64
  A: ¿Cuál es el número de teléfono de Enrique?
  B: El número de teléfono de Enrique es el tres, setenta y cinco, cero ocho, sesenta y cuatro.

1. Elena: (teléfono) 2-52-98-16
2. Esteban Ochoa: (fax) 6-17-89-26
3. Ernesto: (teléfono celular) 4-31-72-99
4. la profesora Mercedes Martínez: (fax) 7-44-63-14
5. Teresa: (teléfono celular) 5-78-87-11
6. Información: (teléfono) (800) 555-1212
7. tu amigo/a: (teléfono)?
8. ¿Y tu número?

¿Cuál es el número de teléfono?

25 ¿Cuántos hay?

Working with a partner, take inventory of the classroom items that are in the supply room. Ask questions and give appropriate answers, according to the information below. Follow the models.

sacapuntas/3
- **A:** ¿Cuántos sacapuntas hay?
- **B:** Hay tres sacapuntas.

revista/nuevo/25
- **A:** ¿Cuántas revistas nuevas hay?
- **B:** Hay veinticinco revistas nuevas.

1. computadora/4
2. libro de español/62
3. lápiz/rojo/35
4. mapa de Estados Unidos/2
5. ratón/nuevo/6
6. impresora láser/1
7. diskette/24
8. pizarra/verde/1
9. tiza/blanca/90
10. cesto de papeles/negro/3

Los acentos y los plurales
Notice the change in the word *ratón* when it becomes plural: *ratones*. The accent on the *o* "disappears." Words ending in *-ón, -ión, -és* and *-án* lose the accent when the plural ending *-es* is attached: *ratón → ratones; dirección → direcciones.*

El número de teléfono

Lección 4

22 ¡Te toca a ti!

Here's your chance to be creative! Write three more questions (and the answers!) about the previous illustration. Use any of the verbs, vocabulary items and expressions you have learned so far. Then with a partner, ask and answer each other's questions.

A: ¿Cómo se llama la chica?
B: Se llama Lupe García.

23 En contexto

Working with a partner, follow these suggestions to create a dialog in Spanish.

A: *(Ask where something or someone is. Be sure to use* por favor.*)*
B: *(Say where the object or person is.)*
A: *(Thank student* B.*)*
B: *(Say "You are welcome.")*

La computadora

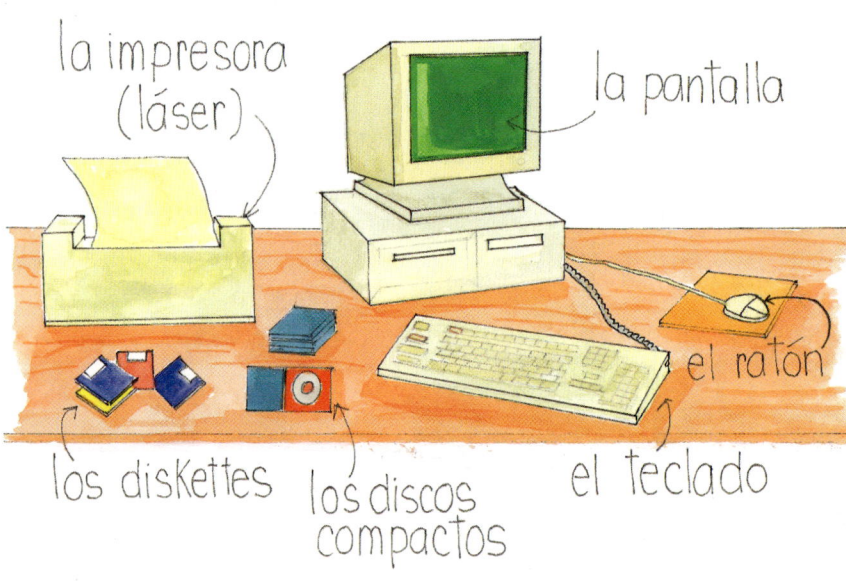

La tecnología

la almohadilla (para el ratón)	mouse pad
el archivo	file
los audífonos	headphones
el disco duro	hard drive
el hardware	hardware
la Internet/la Red	Internet
el micrófono	microphone
el módem	modem
el monitor	monitor
navegar por Internet/ la Red	to surf the Web
los parlantes	speakers
el reproductor de CD-ROM	CD-ROM drive
el sitio en el Web	Web site
el software	software
el Web/la Red	World Wide Web

24 La computadora

Mira la ilustración y contesta las siguientes preguntas en español.

1. ¿Dónde está la computadora?
2. ¿Hay un ratón?
3. ¿Necesitas dos teclados?
4. ¿Cuántos diskettes hay en el escritorio?
5. ¿Dónde está el papel?
6. ¿De qué color es la pantalla?
7. ¿Necesitas un libro de computación?

Capítulo 2   75

CONEXIONES

20 Cruzando fronteras

Jorge is studying for a geography quiz on the Americas. Help him out by indicating where each of the following Spanish-speaking cities is located.

   Quito/Ecuador
   Quito está en Ecuador.

   Ponce y San Juan/Puerto Rico
   Ponce y San Juan están en Puerto Rico.

1. Guadalajara y Monterrey/México
2. Caracas/Venezuela
3. La Habana/Cuba
4. Santiago/Chile
5. Buenos Aires y Rosario/Argentina
6. San José/Costa Rica
7. Miami y San Antonio/Estados Unidos
8. San Salvador/El Salvador
9. La Paz y Sucre/Bolivia

Guadalajara está en México.

21 ¿Dónde está?

Mira la ilustración y contesta las siguientes preguntas en español.

   ¿Dónde está el profesor García?
   Está en la clase.

1. ¿Dónde está el mapa de México?
2. ¿Dónde está la revista *Teen*?
3. ¿Dónde están las sillas?
4. ¿Dónde está el periódico?
5. ¿Dónde están los libros de historia?
6. ¿Dónde está el reloj?
7. ¿Dónde está Lupe García?
8. ¿Dónde están los libros rojos?
9. ¿Dónde está el colegio La Salle?
10. ¿Dónde está Acapulco?

Lección 4

 **Ciudades en EE.UU.**

Claudia is sending several e-mail messages to friends and relatives around the United States. Indicate where she and her acquaintances are located according to the illustration.

   Alicia está en San Antonio.

1. Miguel
2. mi tía *(aunt)* Diana
3. Alberto y Felipe
4. Rosa y Teresa
5. Marité, Cindy y yo
6. Y tú, ¿dónde estás?

 **Correo electrónico**

Complete Claudia's e-mail message to Miguel with the appropriate words before she sends him the message.

estoy	termina	estamos
terminan	necesito	estás

A: Miguel
De: Claudia

¡Hola!
Mis amigos y yo (1) en la clase de español. ¿Cómo (2) tú? Yo (3) muy bien.
La clase (4) en cinco minutos y yo (5) hablar con la profesora.
Hasta pronto.
Claudia

Capítulo 2

¿Qué comprendiste?

1. ¿Con quién habla Luis?
2. ¿Qué necesita Luis?
3. ¿Está el libro de español sobre el escritorio? ¿En la mochila?
4. ¿Dónde está el libro de español?
5. ¿De qué color es el libro de español?

Charlando

1. ¿Dónde está tu libro de español? ¿De qué color es?
2. ¿Qué libros tienes en tu mochila?
3. ¿Cuántos cuadernos tienes?
4. ¿Hay una computadora en tu clase?
5. ¿Dónde está tu colegio?

No sé dónde está

Trabajando en parejas, haz el papel de uno de los estudiantes del diálogo anterior.

El presente del verbo *estar*

The verb *estar* (to be) is irregular in the present tense. You already have seen several forms of this verb in the preceding dialog.

estar					
yo	**estoy**	*I am*	nosotros nosotras	**estamos**	*we are*
tú	**estás**	*you are*	vosotros vosotras	**estáis**	*you are*
Ud. él ella	**está**	*you are* *he (it) is* *she (it) is*	Uds. ellos ellas	**están**	*they are*

Estar indicates location.

    *¿Dónde **están** los estudiantes?*
    ***Están** en la clase.*

Estar also indicates a state of being or condition at a given moment.

    *¿Cómo **estás**?*
    ***Estoy** muy bien, gracias.*

 **Las calificaciones**

Read the comments below. Then assign each student an appropriate grade, using the scale from the *Conexión cultural* reading.

 Chela scores 100 on every math test.
¡Diez! Es superior en matemáticas.

Paquito didn't turn in two English assignments.
Cinco. Necesita mejorar en inglés.

1. Marta is an average student in history.
2. The average of Alina's quizzes in Spanish is 84.
3. Esteban likes to draw. His artwork is good, but he does not pay attention to the instructor.
4. Ana is a good singer and enjoys music class.
5. Bill is a computer genius. He aces every assignment!
6. Claudia does okay in biology, but she does not study enough.

¿Dónde está?

LUIS: ¡Ay! ¿Dónde **está°** mi libro de español?
PILAR: ¿Está en el escritorio? ¿O en el cesto de papeles?
LUIS: No...no está en mi mochila **tampoco.°** No sé dónde está.
SILVIA: Hay un libro azul **sobre°** la **computadora**. ¿Es tu libro?
PILAR: **¡Mira!° Allí°** está.
LUIS: Muchas gracias, Silvia....Y, ¿dónde **están°** los cuadernos?

está *is* **tampoco** *either, neither* **sobre** *on, over* **¡Mira!** *Look!* **Allí** *There* **están** *are*

13 El horario de clases de Graciela

Graciela is a new student at Jefferson High School. She just got her new class schedule and notices that her morning classes are the most difficult. Look at Graciela's schedule and complete the sentences below with the appropriate information.

JEFFERSON HIGH SCHOOL
Graciela Sáenz
Horario de clases

HORA	LUNES	MARTES	MIÉRCOLES	JUEVES	VIERNES
8:05-9:00	historia	historia	historia	historia	historia
9:10 - 10:05	biología	biología	biología	biología	biología
10:05-11:05	matemáticas	matemáticas	matemáticas	matemáticas	matemáticas
11:15-12:05	computación	computación	computación	computación	computación
12:15-12:50	almuerzo	almuerzo	almuerzo	almuerzo	almuerzo
1:00-1:50	español	español	español	español	español
2:00-2:50	música	arte	música	arte	música

1. Graciela es una estudiante (1) en el Colegio Jefferson.
2. Hay seis (2) en el horario de Graciela.
3. La clase de (3) es a las once y cuarto.
4. (4) termina a las nueve de la mañana.
5. Ella estudia (5) a las nueve y diez de la mañana.
6. No hay clase de (6) los viernes.
7. El almuerzo (7) a la una menos diez de la tarde.

Conexión Cultural

Las calificaciones

In many Spanish-speaking countries, *las calificaciones* (report card grades) are based on a numerical scale such as 1-10 and not the letters *A-F* as in the United States. These numbers also may have descriptive categories along with the scale at the bottom of the report that explain their values. In general, *cinco* or *seis* is the minimum passing grade, while *un/una estudiante de diez* (an *A* student) is a very difficult distinction to achieve.

If you were a student in Mexico or the Dominican Republic and your report card contained the grades *EX* and *MB* would you be pleased? Would the parents of a student from Chile or Honduras be happy with a *B*? Look at this grading scale found at the bottom of a report card and determine what grades they would relate to at your school.

PARA ti

El horario: un poco más
el álgebra	*algebra*
las asignaturas	*subjects*
alemán	*German*
ciencias naturales	*earth sciences*
economía	*economics*
educación física	*physical education*
física	*physics*
francés	*French*
geografía	*geography*
geometría	*geometry*
literatura	*literature*
química	*chemistry*

ESCALA:
10 Superior (S)
9 Excelente (EX)
8 Muy Bueno/Muy Buena (MB)
7-6 Bueno/Buena (B)
5 Necesita Mejorar (NM)
4-0 Deficiente (D)

Somos superiores, ¿no?

Algo más

¿A qué hora?

To find out at what time something will begin or occur use the question *¿A qué hora es...?* Answer using *Es a la/las....*

¿A qué hora es la clase de español? When (At what time) is Spanish class?
Es a las diez. It is at ten o'clock.

To talk about what time something ends use the question *¿A qué hora termina…?*, and the answer *Termina a la/las....*

Y, ¿a qué hora termina la clase? And (at) what time does the class end?
Termina a las once menos cuarto. It ends at a quarter to eleven.

12 Horario de televisión

Answer the following questions, based on the schedule for TV Doce.

1. ¿A qué hora es El fantasma?
2. ¿A qué hora termina Los picapiedras?
3. ¿Qué hay a las cinco de la tarde?
4. ¿A qué hora es Canción de amor?
5. ¿Cinema Nocturno 1 termina a las once y media de la noche?
6. En tu opinión, ¿es Cañaveral de Pasiones una telenovela *(soap opera)*? ¿Y Canción de amor?
7. ¿Cómo se dice Cinema Nocturno en inglés?

	TV DOCE
12:00	LOS PICAPIEDRAS
12:30	CHESPIRITO
1:00	TELE EN VIVO
1:30	Lazos de Amor
2:30	Canción de Amor
3:30	BRAVESTARR
4:00	EXO SQUAD
4:30	Caballeros del Zodiaco
5:00	Luz Clarita
6:00	EL FANTASMA
6:25	TELE EN VIVO
7:00	Pacific BLUE
8:00	Cañaveral de Pasiones
9:00	Sentimientos Ajenos
10:00	Medias de Seda
11:00	TELE 2 (Reprissa)
11:30	CINEMA NOCTURNO I
1:30	CINEMA NOCTURNO II

¿A qué hora es el programa?

9 Buscar el infinitivo

Find the infinitives that end with *-ar* in this back-to-school poem.

10 ¿Quién estudia...?

Complete these sentences with the correct present-tense form of the verb *estudiar* to say what the following people study, when they study or where they study.

 Nosotros <u>estudiamos</u> historia.

1. Silvia (1) música.
2. Uds. (2) los sábados y los domingos.
3. Raúl y Roberto (3) con el estudiante nuevo.
4. Nosotras (4) computación.
5. Rosita (5) matemáticas.
6. ¿ (6) tú español?
7. Yo (7) en el Colegio Santa María.
8. Ellas (8) biología con la profesora Alba.

11 ¿Qué hacen ellos?

Create five logical sentences using words from the three columns. Try not to use any item from columns I and III more than once. When you finish, create two completely original sentences using *-ar* verbs and any vocabulary you have learned so far.

I	II	III
1. Mercedes	terminar	inglés y español
2. Roberto y yo	estudiar	un lápiz rojo
3. ellas	necesitar	a las dos y media
4. la clase de español	hablar	unos cuadernos nuevos
5. los estudiantes		los lunes y los jueves
6. tú		arte y computación
7. el profesor Ortiz		con Marisa y Paco
8. yo		el libro de Isabel Allende

Estudiamos mucho en el colegio.

El presente de los verbos regulares que terminan en -ar

Verbs are words that express action (to go) or a state of being (to be). The form of the verbs found in Spanish dictionaries is called an **infinitive**. In English, an infinitive generally occurs with the word **to** (to study, to eat, to live). Spanish infinitives end with *-ar, -er* or *-ir*.

Many verbs in Spanish are considered regular because their various forms follow a predictable pattern. To form the present tense of a regular *-ar* verb, such as *estudiar* (to study), remove the *-ar* ending.

Then attach the endings that correspond to each of the subject pronouns.

estudiar			
yo	estudi**o**	nosotros / nosotras	estudi**amos**
tú	estudi**as**	vosotros / vosotras	estudi**áis**
Ud. / él / ella	estudi**a**	Uds. / ellos / ellas	estudi**an**

Present-tense Spanish verbs can have several English equivalents. For example, the following Spanish expression may convey three different ideas in English.

Estudio español.
I study Spanish.
I do study Spanish.
I am studying Spanish.

Other useful *-ar* verbs that follow the same pattern are: ***hablar*** (to speak), ***necesitar*** (to need) and ***terminar*** (to end [terminate], to finish).

¿Qué estudias tú?

7 ¿De qué color es...?

With a partner, look at the following illustrations. Take turns asking each other what color these objects are. Use the adjectives of color listed below, and make sure every adjective agrees with the noun it is describing.

los colores

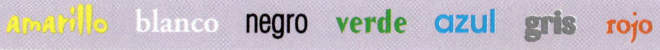

amarillo   blanco   negro   verde   azul   gris   rojo

A: ¿De qué color es el papel?
B: El papel es amarillo.

1. 2. 3. 4. 5. 6.

8 ¿De qué color es tu día?

This chart is part of a weekly newspaper horoscope. Imagine that it pertains to your sign, and answer the questions.

1. ¿Cuántas categorías hay?
2. ¿Qué quiere decir el color amarillo? ¿El color azul? ¿El color negro?
3. ¿Es el lunes un día excelente para la salud *(for health)*? ¿Para el romance?
4. ¿Qué día es fatal para el dinero? ¿Qué día es superior?
5. ¿El domingo es un día excelente en qué categorías?
6. En general, ¿de qué color es la profesión?
7. ¿Tienes energía física el martes? ¿Y el sábado?
8. En tu opinión, ¿qué día es el mejor *(best)*?

PARA ti

Los acentos y las mayúsculas
Take a second look at the horoscope chart. You will notice that the words *miércoles, sábado, profesión, energía* and *física* have no written accents. Why? Often when a word in Spanish is written in capital letters the accent marks are omitted. But remember, you must **always** use the written accents on words written in lowercase letters.

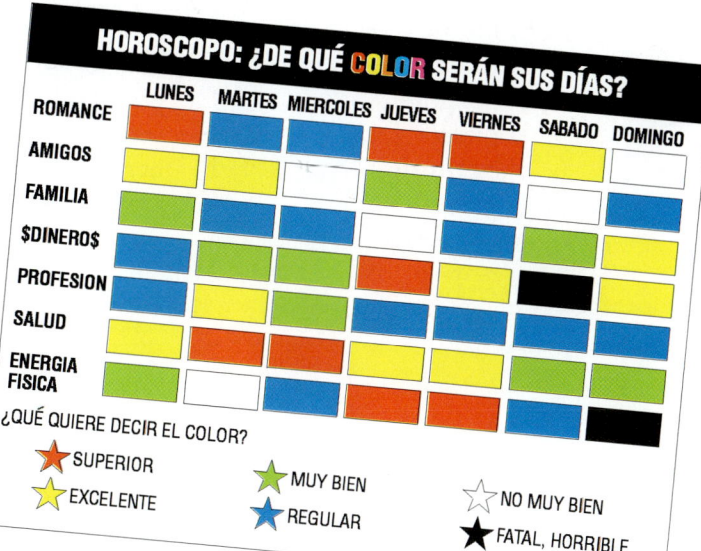

Lección 4

 **Contradicciones**

As your friend makes the following observations, you notice a few mistakes. Correct these descriptions by replacing the underlined words with the new words in parentheses. Remember to make all the nouns and adjectives agree, and to change the verb form when necessary.

 Es un bolígrafo <u>azul</u>. (verde)
No, es un bolígrafo verde.

<u>Claudia</u> es la estudiante nueva. (Ana y Marisa)
No, Ana y Marisa son las estudiantes nuevas.

1. Hay <u>un cuaderno</u> blanco allí en el escritorio. (una tiza)
2. Es una pizarra <u>verde</u>. (negro)
3. Tú tienes <u>el papel</u> amarillo. (las páginas)
4. <u>El chico</u> nuevo se llama María. (la profesora)
5. <u>El lápiz</u> rojo es de Luisa. (los borradores)
6. Hay <u>dos ventanas</u> nuevas en la clase. (una revista)

 **Los colores**

Describe the following classroom objects by combining words from the two columns and making the necessary changes.

 El periódico es blanco y negro.

1. la silla
2. el libro
3. la revista
4. el bolígrafo
5. la pizarra
6. el escritorio
7. la puerta
8. los lápices

A. rojo
B. azul
C. blanco
D. gris
E. verde
F. negro
G. amarillo

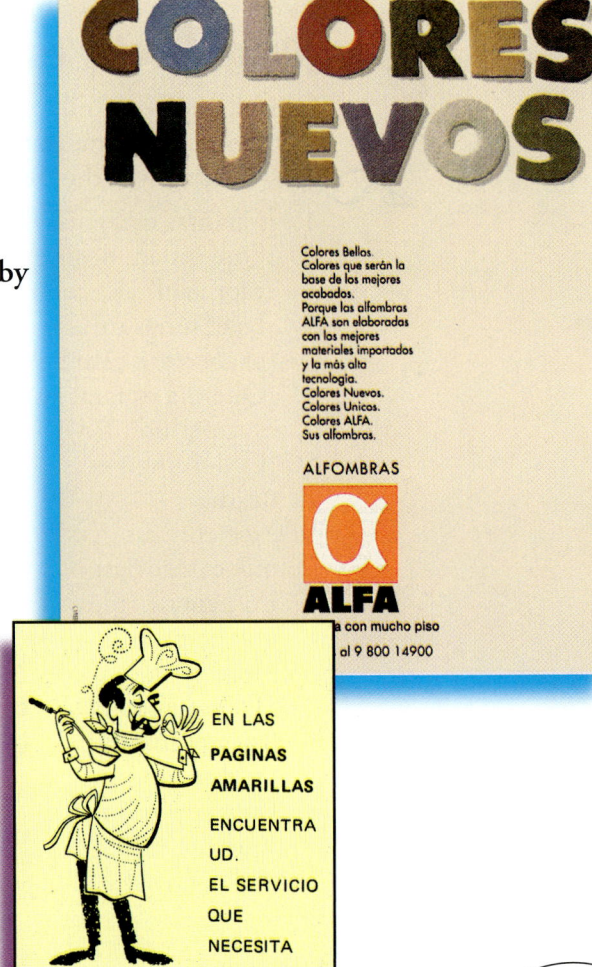

Capítulo 2   65

IDIOMA

Los adjetivos

In Spanish, adjectives must match the gender (masculine or feminine) and number (singular or plural) of the nouns they modify. Singular masculine adjectives usually end in *-o (rojo)*, singular feminine adjectives usually end in *-a (roja)* and either form can be made plural by adding *-s (rojos, rojas)*.

Hay un libro rojo.   There is one red book.
Hay una regla roja.   There is one red ruler.
Hay dos libros rojos.   There are two red books.
Hay dos reglas rojas.   There are two red rulers.

Adjectives that end in *-e* generally have only one singular form, which can be made plural by adding *-s*.

singular	plural
Hay un libro verde.	Hay dos libros verdes.
Hay una puerta verde.	Hay dos puertas verdes.

Adjectives that end with a consonant also usually have only one singular form, which can be made plural by adding *-es*.

singular	plural
Hay un libro azul.	Hay dos libros azules.
Hay una puerta azul.	Hay dos puertas azules.

As you can see, Spanish adjectives generally follow the nouns they modify. Adjectives of quantity such as numbers *(dos, tres)* and question-asking words are exceptions. They precede their nouns.

*Tengo **dos** cuadernos verdes.*   I have two green notebooks.
*¿**Cuántas** sillas hay?*   How many chairs are there?

Es un libro rojo.

Hay cuatro libros.

Lección 4

 **4 En el colegio**

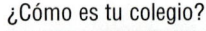
¿Cómo es tu colegio?

The following quotes are taken from a conversation between Claudia (an American student) and Jorge (a Spanish student). Based on what you have learned so far about the differences in the educational systems of the United States and the Spanish-speaking world, decide whether each quote was said by *Claudia, Jorge* or if it could have been said by both of them, *Claudia y Jorge.*

1. "We have a quiz almost every Friday in algebra."
2. "My friends and I have so many books to read!"
3. "There are 150 students in my history class."
4. "I have to go to a French Club meeting tomorrow."
5. "My best friend and I are going to study for our chemistry final tonight."
6. "I like to participate in class. It makes me feel smart!"
7. "Everything rides on this exam. It's either pass or take the class again next year."
8. "After band practice, I don't get home until almost six o'clock! When can I do my homework?"

Los sustantivos

Unlike English, all nouns in Spanish are either masculine or feminine. Masculine nouns usually end in *-o* and feminine nouns often end in *-a*. Both masculine and feminine nouns usually are made plural by adding *-s*.

	masculino	femenino
singular	*un libro*	*una regla*
plural	*unos libros*	*unas reglas*

Capítulo 2

Conexión Cultural

El colegio

After reading the dialog between Claudia and Jorge, in what ways do you think their school experience is different? One difference is that not all students in Spanish-speaking parts of the world attend secondary school *(el colegio)*. Some teenagers decide to continue studying at a trade school or a technical institution instead. Secondary schools in Spanish-speaking countries can be rigorous. Students do not have many extracurricular activities such as clubs and varsity sports in which to participate, nor do they have a wide selection of elective courses to choose from. Instead, all students must follow the same demanding curriculum that includes courses such as chemistry, physics, calculus and philosophy.

The atmosphere is often different inside the classrooms too. In Spain, for example, courses are usually taught through lectures and students do not participate in class as much as in the United States. Courses consist of a single unit of nine months with fewer tests, more projects and a comprehensive exam at the end of the year to determine whether the student passes or fails. In South America, however, quizzes and exams are more common, and a student's grade is based upon his or her efforts over the course of the entire class. Many students in Spanish-speaking countries attend private schools *(colegios)* that frequently are run by the Catholic Church. These *colegios* usually are not coeducational and may require students to wear a uniform.

What do you consider to be the advantages and disadvantages of each educational system?

PARA ti

En otras palabras
There are several words in Spanish that mean **school.** You have already learned *el colegio,* but here are a few additional words you might hear Spanish speakers use to talk about school: *la academia, la escuela, el instituto, el liceo, la secundaria.*

Unos estudiantes de Querétaro, México.

¿Qué comprendiste?

1. ¿De dónde es Claudia?
2. ¿Cómo se llama el colegio de Claudia?
3. ¿Cuántas clases hay en el horario de Claudia?
4. ¿A qué hora es el almuerzo de Claudia?
5. ¿A qué hora es el almuerzo de Jorge?
6. ¿Hay clase de arte los lunes?
7. ¿A qué hora terminan las clases en el colegio de Jorge?
8. ¿De qué color es el libro de computación? ¿El libro de español?

La palabra *de*

The word *de* (of, from) has several different uses in Spanish. For example, *de* may be used to talk about where someone is from *(¿De dónde eres?/Soy de...)* or to describe someone or something *(la clase de español)*. Several expressions use *de* *(de nada, de la mañana)*. In addition, *de* takes the place of the English apostrophe and the letter *s* (*'s*) to indicate possession or relationships.

*Es la mochila **de** Marta.*   It is Marta's backpack.
*Son los amigos **de** Sara y **de** Rodrigo.*   They are Sara and Rodrigo's friends.

 ## Charlando

1. ¿Cómo se llama tu colegio?
2. ¿Cuántas clases tienes los lunes?
3. ¿A qué hora tienes la clase de español?
4. ¿Tienes una clase de computación?
5. ¿Hay clase de biología en tu horario?

 ## ¡Aló!

Trabajando en parejas, haz el papel de una de las personas del diálogo anterior.

Estudiamos biología.

Capítulo 2

Lección 4

Contexto cultural
ESTADOS UNIDOS

El horario

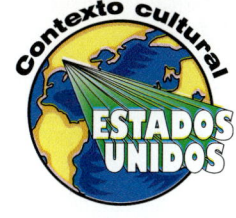

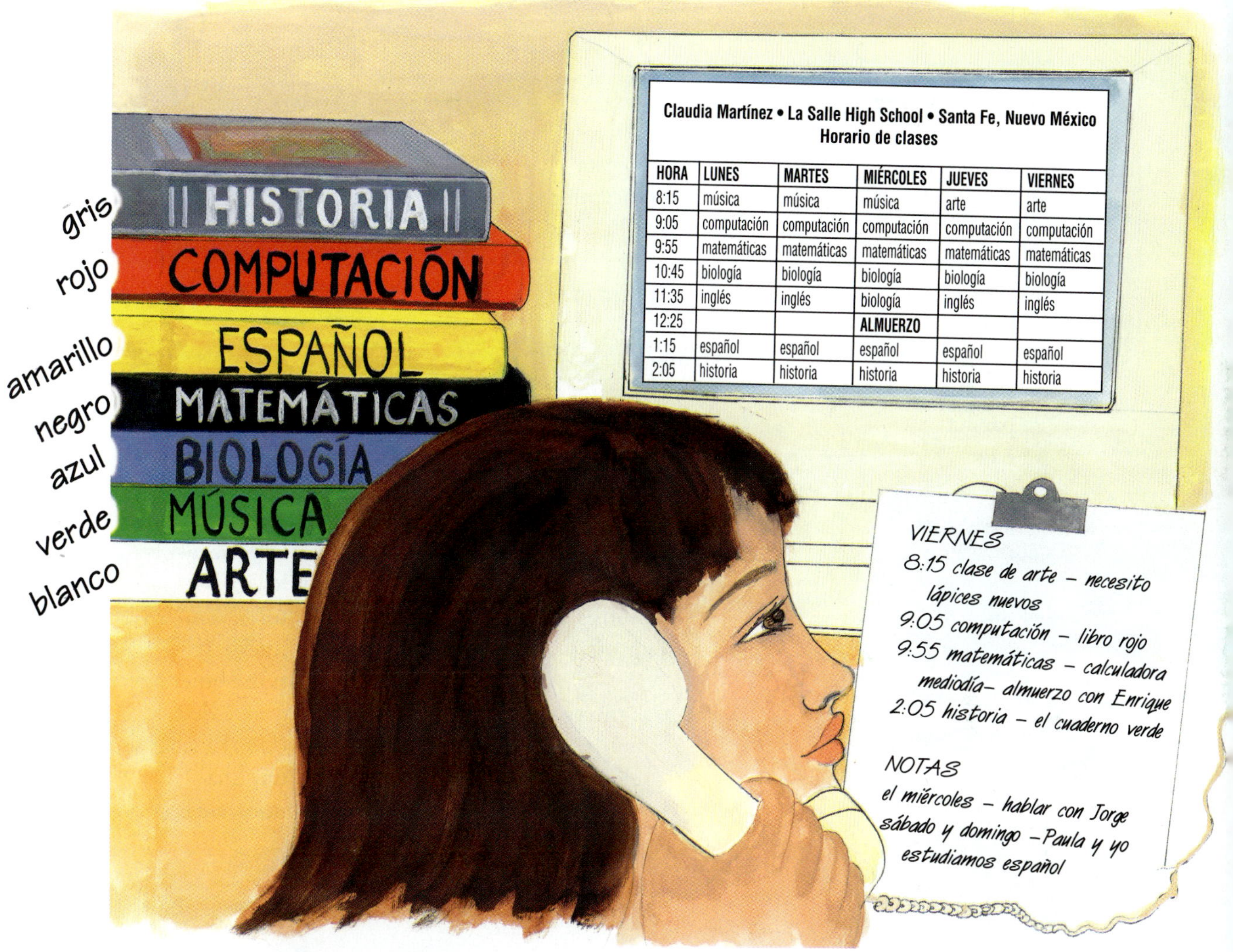
gris
rojo
amarillo
negro
azul
verde
blanco
HISTORIA
COMPUTACIÓN
ESPAÑOL
MATEMÁTICAS
BIOLOGÍA
MÚSICA
ARTE
Claudia Martínez • La Salle High School • Santa Fe, Nuevo México
Horario de clases

HORA	LUNES	MARTES	MIÉRCOLES	JUEVES	VIERNES
8:15	música	música	música	arte	arte
9:05	computación	computación	computación	computación	computación
9:55	matemáticas	matemáticas	matemáticas	matemáticas	matemáticas
10:45	biología	biología	biología	biología	biología
11:35	inglés	inglés	biología	inglés	inglés
12:25			ALMUERZO		
1:15	español	español	español	español	español
2:05	historia	historia	historia	historia	historia

VIERNES
8:15 clase de arte – necesito lápices nuevos
9:05 computación – libro rojo
9:55 matemáticas – calculadora
mediodía– almuerzo con Enrique
2:05 historia – el cuaderno verde
NOTAS
el miércoles – hablar con Jorge
sábado y domingo –Paula y yo estudiamos español

CLAUDIA:	**¡Aló!** ¿Jorge? Soy Claudia.
JORGE:	¿Perdón? **¿Cómo?**
CLAUDIA:	¡Jorge! Soy yo, Claudia.
JORGE:	Hola, Claudia. Tengo **tu horario** nuevo aquí **en la pantalla.º** ¿En tu **colegio,º cuántas** clases **hayº** en un **día?** ¿Seis?
CLAUDIA:	No, hay siete. Y **el almuerzoº** es a las doce y veinticinco.
JORGE:	¿A las doce y veinticinco? Aquí es a las dos.
CLAUDIA:	**¿A qué hora terminanº** las clases en tu colegio?
JORGE:	Terminan a las cinco **o** a las seis de la tarde.

la pantalla *(computer) screen* **colegio** *high school* **hay** *are there* **el almuerzo** *lunch* **terminan** *end*

VOCABULARIO

Objetos de la clase
- el bolígrafo
- el borrador
- el cesto de papeles
- el cuaderno
- el escritorio
- el lápiz
- el libro
- el mapa
- la mochila
- la página
- el papel
- la pared
- el periódico
- la pizarra
- la puerta
- el pupitre
- la regla
- el reloj
- la revista
- el sacapuntas
- la silla
- la tiza
- la ventana

Gente
- el amigo, la amiga
- el chico, la chica
- él
- ella
- ellas
- ellos
- el estudiante, la estudiante
- nosotros,-as
- el profesor, la profesora

Palabras interrogativas
- ¿qué?
- ¿quién?

Verbos
- comprendo
- se dice
- sé
- ser

Expresiones y otras palabras
- ay
- ¿Cómo se dice...?
- ¿Cómo se llama (Ud./él/ella)?
- ¿De dónde es (Ud./él/ella)?
- el, la
- la palabra
- los, las
- mi
- nuevo,-a
- ¿Qué quiere decir...?
- quiere decir
- (Ud./Él/Ella) se llama....
- un, una
- unos, unas

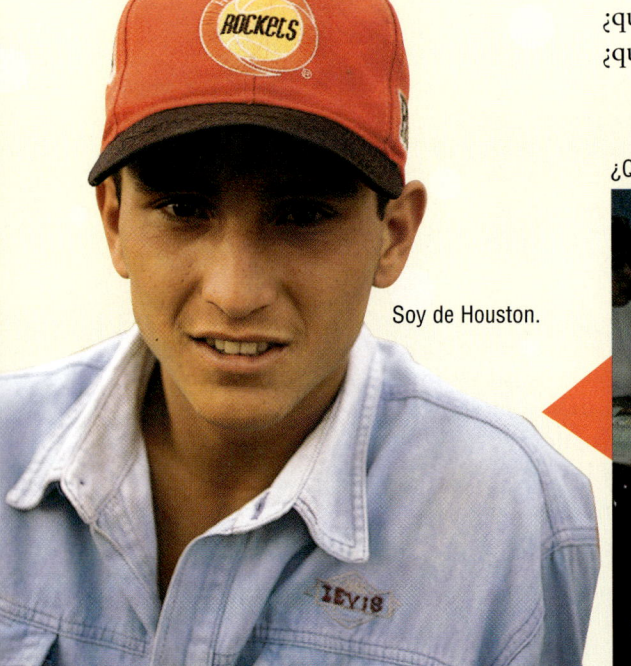

Soy de Houston.

¿Qué quiere decir...?

¡La práctica hace al maestro!

 ### Comunicación

Working in pairs, create a dialog using the expressions in this lesson. Follow these guidelines, being certain to change roles.

- **A:** *(Ask who the new student is.)*
- **B:** *(Ask "Who?" for clarification.)*
- **A:** *(Say "The student with..." and name a classroom object.)*
- **B:** *(Say the person's name and ask where he or she is from.)*
- **A:** *(Name the place or say you do not know.)*

 ### Conexión con la tecnología

Search the Internet for additional information about one of the famous Spanish speakers mentioned in this lesson. Where was the person born? Where does the person live now? Why is he or she famous? Prepare a short report about what you have learned about this person and share the information with your classmates.

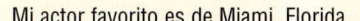

Mi actor favorito es de Miami, Florida.

Lección 3

28 A buscar trabajo

Read the following classified ads for different jobs around the United States and answer the questions below.

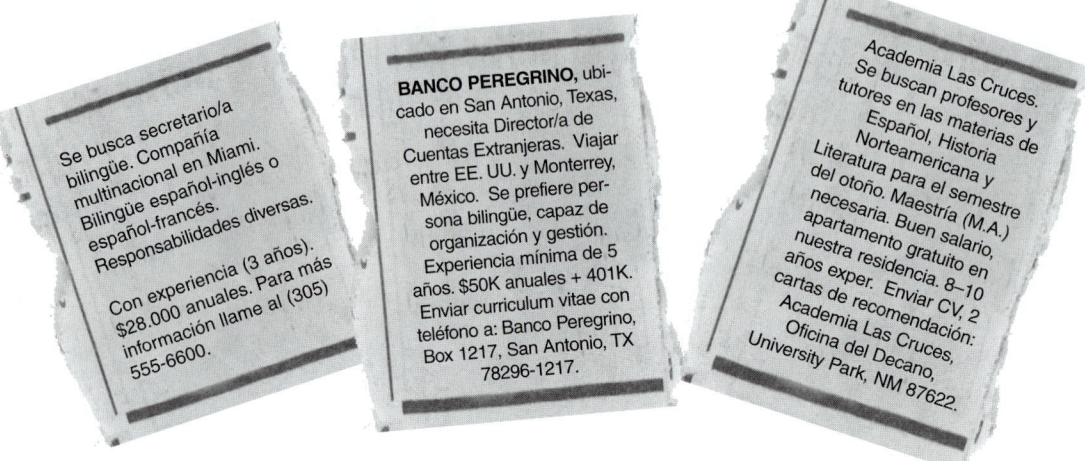

1. Where is the company located that is looking for a bilingual secretary?
2. What type of business do you think *Banco Peregrino* is?
3. Do these jobs require experience? How much?
4. How do you find out about the *secretario/a bilingüe* job? About the other two jobs?
5. Which job includes travel? To where?
6. Which job requires a college degree? Is this important for choosing the best candidate? Why?

Proverbios y dichos
It is important to know the culture of a foreign country with whom you wish to establish business relations. Foreign business people are much more willing to do business with someone who respects their culture as well as their language. When doing business with someone in Spanish, remember the following: *La cortesía mucho vale y poco cuesta.* (Courtesy is worth a lot and costs little.)

Autoevaluación. As a review and self-check, respond to the following:

1. Imagine you are at a party. What can you ask your host in Spanish to find out about the other guests and where they are from?
2. Name several cities in the United States where Spanish is spoken.
3. Identify at least two examples of Hispanic influences in the United States.
4. Name several Spanish-speaking celebrities and tell where each is from.
5. Describe your classroom by naming in Spanish as many items around you as possible.
6. What can you say in Spanish to tell a friend that you do not understand something?
7. Ask someone how to say "computer" in Spanish.
8. Describe what personal advantages learning Spanish can have.

La cortesía mucho vale y poco cuesta.

Capítulo 2

Oportunidades

En el mercado

What personal advantages can learning Spanish have for you? In the United States there are over thirty million people who use Spanish daily for business or pleasure. In fact, Spanish is the second language of the United States.

Do you prefer to do business with a salesperson who speaks your language and understands your culture's codes of conduct? The same is true for anyone who speaks Spanish. That is why many American companies today are searching for bilingual employees who can expand their market and increase sales to the growing population of Spanish speakers in the United States.

Many U.S. companies have branch offices and manufacturing plants in Spanish-speaking countries, or simply sell their products there. Learning Spanish could offer you a career advantage with such a company. In addition, learning about the culture, literature, art and music of the Spanish-speaking world will enrich your personal life in countless ways.

Yo comprendo español.

Estrategia

Para leer mejor: *scanning*

Scanning is a good way to get the main idea of a piece of writing before reading it closely. You can greatly increase your understanding of an advertisement or a brief news story by first scanning the text for cognates (words with similar spelling and meaning in two languages). Also, by scanning headings, boldface words, lists and so forth you are focusing on the important information that will help you get the gist of the text you are about to read.

Before doing activity 28, scan the three want-ads and jot down all the cognates you recognize. Can you understand the ads more easily now?

Es un periódico en español.

26 Un regalo

Imagine your class is having a gift exchange at school. Before unwrapping your package, you would like to guess what it is. Make your guesses based on the clues shown. Be sure to include either *unos* or *unas* in your guesses.

1. ¿Son (1)?   2. ¿Son (2)?   3. ¿Son (3)?   4. ¿Son (4)?   5. ¿Son (5)?   6. ¿Son (6)?

CONEXIONES 27 Cruzando fronteras

The store *Papel y Más* is having a big school supply sale. You have $25.00 to buy things for school. Look at this advertisement and create a shopping list of what you plan to buy and how much each item will cost. Write the prices next to the items on your list. Then add up the total cost of your purchases and write a complete sentence, giving the total in dollars *(dólares)* and cents *(centavos)*. Be careful not to spend more than you have!

```
una mochila "Carry-Rite"          $15.00
unos lápices "Point Perfect"       $1.79
unas reglas de plástico            $3.16
                                  $19.95
```

El total es diecinueve dólares con noventa y cinco centavos.

24 ¿Qué son?

Tell what you see in the following illustrations.

 Son dos estudiantes.

    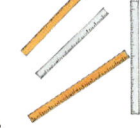 

1. 2. 3. 4. 5. 6.

Algo más

Los artículos indefinidos

You have already learned the definite articles *el, la, los* and *las*, which are used to designate a specific person or thing. Spanish nouns also can be preceded by indefinite articles (*artículos indefinidos*). Where definite articles generally mean **the**, indefinite articles can be translated as **a**, **an** (singular forms) or **some, a few** (plural forms) and refer to nonspecific people or things.

Singular forms of the indefinite articles are *un* (masculine) and *una* (feminine).

    el borrador → *un borrador*
    la página → *una página*

Note that *un* and *una* can also mean **one** when used before a singular noun. *Uno* (the number **one**) is never used before a noun.

    *dos cuadernos y **un** libro*   *tres chicos y **una** chica*

Plural forms of the indefinite articles are *unos* (masculine) and *unas* (feminine).

    los lápices → ***unos** lápices*
    las revistas → ***unas** revistas*

25 ¿Qué es?

Working with a classmate, take turns identifying people or objects in class using the expressions *¿Qué es?* and *Es un/una....* and adding any new words from this lesson. Point out where each person or object is located.

    A: *(Point to a pen.)* ¿Qué es?
    B: Es un bolígrafo.

Los sustantivos plurales

Most nouns in Spanish are made plural by adding -s. Plural masculine nouns often are used with the definite article *los;* plural feminine nouns often are accompanied by the definite article *las.*

masculino	femenino
el amigo → *los amigos* *el libro* → *los libros*	*la amiga* → *las amigas* *la revista* → *las revistas*

Las revistas.

When referring to males and females as a group or to masculine and feminine objects simultaneously, use the masculine form of the noun.

los chicos   the boys
              the boys and the girls

Make nouns that end with a consonant plural by adding -es.

el papel → *los papeles*   *la actividad* → *las actividades*
el reloj → *los relojes*   *la pared* → *las paredes*

Nouns that end in -z change the -z to -c in the plural.

el lápiz → *los lápices*

It sometimes may be necessary to add or remove an accent mark when making a noun plural.

el examen → *los exámenes*   *la nación* → *las naciones*

23 Inventario

Imagine your class is organizing a collection of supplies for a school that was destroyed in a natural disaster. Working in pairs, play the roles of two volunteers in charge of completing an inventory of what has been collected so far. First, each student prepares a list of four items, including appropriate definite articles. Next, one student reads the list aloud, one item at a time. The other student repeats each item for clarification and tells how many there are. Finally, the first student writes the number on the list. When you have finished counting four items, switch roles.

 A: *(Write the name of the item and say* "Las reglas."*)*
B: *(Say* "¿Las reglas? Sí, cuarenta y cinco." *Then write the number 45.)*

Capítulo 2

20 ¿Cómo se dice?

Working with a partner, use *En la clase* as a model to create your own dialog. Use your own names, change the italicized words and make any other changes you feel are appropriate.

Algo más

El negativo

Make a sentence negative in Spanish by placing *no* before the verb.

Comprendo.	*No comprendo.*
Sé.	*No sé.*
Alicia es de Arizona.	*Alicia **no** es de Arizona.*

21 Practicando el negativo

Show that you disagree with the following statements by making each sentence negative.

1. Soy de Colorado.
2. La profesora Cabos es de Nueva York.
3. Ella es de aquí.
4. Es la estudiante nueva.
5. Se llama Luz.

22 A crear

Talk about some classroom objects with a classmate using words from each column and adding some of your own such as ¿*cómo?*, ¿*qué?* and so on.

A: ¿Cómo se dice *clock*?
B: Se dice *reloj*.

A: ¿Qué quiere decir *mochila*?
B: Quiere decir *backpack*.

la ventana	se escribe
el lápiz	se dice
la silla	es
el pupitre	quiere decir

¿Qué quiere decir *mochila*?

Lección 3

 **Un estudiante nuevo**

Imagine a student from a Spanish-speaking country just moved to your community. Make a list of classroom items the new student will need to bring to school.

 **Señala....**

 Working with a partner, take turns telling one another to point at an object in the classroom. Use the phrase *Señala....* and add any of the classroom objects you have learned. Be sure to include the appropriate definite article with each item. Check to be sure your partner has pointed at the correct object before continuing.

 Señala la puerta.

En la clase

CRISTINA: Perdón, Sr. Cortés, **no comprendo una palabra**.
SR. CORTÉS: **¿Qué°** palabra es?
CRISTINA: **No sé qué quiere decir** la palabra *revista*.
SR. CORTÉS: La palabra *revista* **quiere decir** *magazine*.
CRISTINA: **Ay**, muchas gracias. Y, **¿cómo se dice** *newspaper*?
SR. CORTÉS: **Se dice** *periódico*.

Qué *What*

Capítulo 2   51

En las noticias

While looking at several magazines and newspapers in Spanish you run across the following headlines and titles. Can you identify any words that are nouns? Tell which nouns are masculine *(masculino)* and which are feminine *(femenino)*.

1.

2.

3. Así es el teléfono

4. SU SUERTE, EL AMOR, LA SALUD

5.

6. Que siga la diversión.

7. El periódico de todos los días

8.

 **En la clase**

 Working with a classmate, prepare a list in Spanish of as many classroom items as you can name in three minutes. Be sure to include the definite article with each item you name.

la pared
el libro

Los sustantivos

Nouns *(sustantivos)* refer to people, places, things or concepts. In Spanish, all nouns are either masculine or feminine. Nouns in Spanish that end in *-o* are generally masculine and are often used with the definite article *el* (the).

    -o   *el chico*   *el bolígrafo*

Spanish nouns that end in *-a, -ción, -sión* and *-dad* are generally feminine. They are often accompanied by the definite article *la* (the).

    -a   *la chica*   *la puerta*
    -ción   *la presentación*   *la pronunciación*
    -sión   *la revisión*   *la misión*
    -dad   *la posibilidad*   *la realidad*

The gender (masculine or feminine) of other Spanish nouns must be learned with the words themselves since they may not follow the above patterns.

    masculino: el día   *femenino: la noche*

Also, some nouns that refer to people have only one form and the gender of the person being referred to is determined by the definite article.

    masculino: el estudiante   *femenino: la estudiante*

 **Masculino o femenino**

Look at the following school-related words. Decide which are masculine and which are feminine. Then give the correct definite article that would be used with each of the objects.

 mochila
la

1. **pared**
2. **LIBRO**
3. **palabra**
4. **CUADERNO**
5. **papel**
6. **ventana**
7. **lección**
8. **periódico**
9. **mapa**
10. **actividad**

Capítulo 2   49

 **¿Qué comprendiste?**

¿Sí o no?

1. La chica es Lorenzo.
2. Silvia es de Bolivia.
3. El chico nuevo es Carlos.
4. Lorenzo es de Estados Unidos.
5. Lorenzo es el estudiante con la mochila.

 **Somos amigos**

Imagine you and a cousin are looking at some photographs of school friends. Working with a partner, take turns asking who the people in the photographs are. Answer by giving the person's name and then say he or she is your friend.

A: ¿Quién es la chica con el borrador y la tiza?
B: Se llama Marta y es mi amiga.

Marta

PARA ti

En otras palabras

As you would guess, the words and expressions that people use can vary according to where they are from. For example, here are some of the different words people may use to refer to some classroom items or people in Spanish.

el bolígrafo	*el boli, la pluma, el lapicero, el estilo*
el borrador	*la goma*
el cesto de papeles	*la papelera, la caneca, el basurero*
el escritorio	*el buró*
el estudiante	*el alumno, el compañero (de clase)*
la estudiante	*la alumna, la compañera (de clase)*
la mochila	*la bolsa, el bulto*
el sacapuntas	*el afilalápices, el cortalápices*

 1. Gerardo
 2. Graciela
 3. Julio

 4. Andrea
 5. Manuel
 6. Sara

 7. Víctor
 8. Yolanda

 9. Andrés
 10. Luisa

¿Quién es el chico con el libro?

La estudiante nueva

Más palabras de la clase
el tablero de anuncios	bulletin board
la computadora	computer
la pantalla	computer screen
el proyector	overhead projector
la grabadora	tape recorder
el globo	globe
la videocasetera	VCR
el televisor	television (set)

CARLOS: ¿Quién es **la chica**?
DIANA: Es la **estudiante nueva**° de México.
DAVID: Se llama Silvia y es **mi amiga**.°
CARLOS: Y, ¿quién es **el chico** con **la mochila**?
DIANA: Es el estudiante nuevo de Los Ángeles.
DAVID: Se llama Lorenzo y es mi amigo.

nueva (nuevo) *new* **amiga (amigo)** *friend*

Capítulo 2 — 47

10 Personas famosas

Working with a partner, match these famous Spanish-speaking people with their fields of expertise. Then try to name something specific they are famous for.

1. Isabel Allende, Gabriel García Márquez, Octavio Paz
2. Salvador Dalí, Pablo Picasso, Diego Rivera
3. Javier López, Roberto Durán, Nancy López
4. Antonio Banderas, Lorenzo Lamas, Rosie Pérez, Edward James Olmos
5. Gloria Estefan, Ricky Martín, Enrique Iglesias

A. atletas *(athletes)*
B. actores *(actors)*
C. escritores *(writers)*
D. cantantes *(singers)*
E. políticos *(politicians)*
F. pintores *(painters)*

CONEXIONES

11 Cruzando fronteras

Research the names that follow of famous Spanish-speaking people on the Internet or at the library to determine which ones are painters. Find out which country the artists are from and any additional information you can.

Sandra Cisneros   Carlos Vives   Fernando Botero
Tomás Rivera   FRIDA KAHLO   Jennifer López
Joan Miró   Felipe López   María Conchita Alonso
Miguel Induráin   Gloria Estefan   Oswaldo Guayasamín

12 ¿De dónde son estas personas famosas?

Imagine you and a friend are looking at magazines with pictures and stories about famous people. With a classmate, take turns asking and answering where several of these well-known people are from.

Daisy Fuentes/Cuba
A: ¿De dónde es Daisy Fuentes?
B: Ella es de Cuba.

1. Juan Luis Guerra/la República Dominicana
2. Antonio Banderas y Plácido Domingo/España
3. Salma Hayek/México
4. Rosie Pérez y Jimmy Smits/Estados Unidos
5. Isabel Allende/Chile
6. Edgar Rentería y Gabriel García Márquez/Colombia
7. Rubén Blades/Panamá
8. Gloria Estefan y Celia Cruz/Cuba

¿De dónde son Jimmy Smits y Daisy Fuentes?

9 ¿De dónde son?

Working with a partner, indicate where the following people are from, according to the illustration.

Roberto
A: ¿De dónde es Roberto?
B: Es de (los) Estados Unidos.

1. Silvia
2. Manuel
3. tú
4. Pilar y Luis
5. Lorenzo, tú y yo
6. la Srta. García
7. yo
8. el Sr. y la Sra. Vargas

Conexión cultural

La influencia hispana

The culture of the United States is visible throughout the Spanish-speaking world. American food chains, clothing manufacturers, automobile makers and entertainment and technology industries are exporting products to Hispanic countries in rapidly increasing numbers. In addition, American actors, athletes, musicians, politicians and other famous people are known internationally.

How much influence do the countries of the Spanish-speaking world have on life in the United States? For example, have you been to a Mexican or Spanish restaurant? Perhaps you have studied art by a famous Spanish-speaking artist. What other influences can you name in your own community or state?

PARA ti

EE.UU. y otras abreviaturas
You have already learned the term *Estados Unidos*. But do you know its abbreviation *(abreviatura)* in Spanish? It is *EE.UU.* As in English, some proper nouns are abbreviated in Spanish. Although most abbreviations will use only one letter, this Spanish abbreviation uses double letters because *Estados Unidos* is a plural noun.

San Antonio, Texas.

Novato, California.

Capítulo 2   45

IDIOMA

El presente del verbo *ser*

Ser is one of two verbs in Spanish that mean **to be**. It is probably the most commonly used verb in the language.

Ser is irregular, which means its six different forms do not follow the same predictable pattern that regular verbs do. The chart that follows shows all the present-tense forms of *ser*. You have already learned several of them.

ser					
yo	**soy**	*I am*	nosotros nosotras	**somos**	*we are*
tú	**eres**	*you are*	vosotros vosotras	**sois**	*you are*
Ud. él ella	**es**	*you are* *he (it) is* *she (it) is*	Uds. ellos ellas	**son**	*you are* *they are* *they are*

Soy de Colorado. I **am** from Colorado.
¿De dónde **eres** tú? Where **are** you from?
Carmen **es** de Atlanta. Carmen **is** from Atlanta.
¿De dónde **son** ellos? Where **are** they from?

Soy de San Diego, California.

Notice that even though the subjects *Ud.*, *él* and *ella* are different in meaning, they share the same verb form. Similarly, *Uds.*, *ellos* and *ellas* share the same verb form.

8 ¿De dónde?

Completa las siguientes oraciones de una manera lógica con la forma correcta de *ser*. (*Complete the following sentences logically with the correct form of* ser.)

1. Tommy y Paula (1) de San Francisco, California.
2. Lorenzo (2) de Los Ángeles, California.
3. Yo (3) de *(name of your city and state)*.
4. ¿Tú (4) de Denver, Colorado?
5. Nosotros (5) de Seattle, Washington.
6. Alfonso y Ramón (6) de Las Vegas, Nevada.
7. Yo (7) de Orlando, Florida.
8. Ellas (8) de Austin, Texas.
9. Tú (9) de San Diego, California.
10. Y Ud., ¿(10) de Boston, Massachusetts?

Carolina y Pilar son de Boston.

Lección 3

 ## ¿Quién habla español?

A group of diplomats from South America is visiting your school and you are reviewing with the principal a list of people who speak Spanish. Complete the following short dialogs.

  A: ¿Mary y Nicole?
   B: No, ellas no.

1. A: ¿Yo?
   B: Sí, (1) sí.

2. A: ¿La Srta. Roberts?
   B: No, (2) no.

3. A: ¿Robert y Cristina?
   B: Sí, (3) sí.

4. A: ¿Juan y Ud.?
   B: Sí, (4) sí.

5. A: ¿El profesor de historia?
   B: No, (5) no.

6. A: ¿Uds.?
   B: Sí, (6) sí.

7. A: ¿Sara y yo?
   B: Sí, (7) sí.

8. A: ¿Carlos y David?
   B: Sí, (8) sí.

9. A: ¿Tú y yo?
   B: Sí, (9) sí.

 ## En una fiesta

Imagine you are attending a Spanish Club dance and you are talking with your teacher, Sra. Rodríguez, about your classmates and the other faculty members. Look at the drawing and choose the appropriate subject pronoun.

  yo

Algo más

Los pronombres personales

Subject pronouns *(pronombres personales)* are not always necessary in Spanish. Their use is optional since the accompanying verb denotes the subject of a sentence.

Yo tengo dieciséis años. **I am** (have) sixteen (years old).
Él es de Los Ángeles. **He is** from Los Angeles.

The plural forms *nosotras, vosotras* and *ellas* refer only to females, while the subject pronouns *nosotros, vosotros* and *ellos* are used to refer either to males only or to a mixed group of both males and females.

Ellos son de Charleston. They (**the boys**) are from Charleston.

Ellas son de Orlando. They (**the girls**) are from Orlando.

but:

Ellos son de los Estados Unidos. They (**the boys and girls**) are from the United States.

Subject pronouns may be used with or without a verb. Sometimes subject pronouns are not needed if the subject is already known or if the verb form itself identifies the subject.

¿De dónde eres (tú)? Where are you from?
Soy de Colorado. I am from Colorado.
¿Y él? And him?
(Él) Es de Florida. He is from Florida.

Soy de Montana. Tengo dieciocho años.

Somos de Florida.

5 ¿De dónde es?

Working in pairs, practice asking for each other's name and where each of you is from *(Parte I)*. Then each of you must tell another pair of students what you found out *(Parte II)*. Follow the model below. Then change partners and start over again. Repeat the activity until you have met six or eight different people.

Parte I	Parte II
A: ¿Cómo te llamas?	Él/Ella se llama....
B: Me llamo.... ¿Y tú?	Es de....
A: Me llamo.... ¿De dónde eres?	
B: Soy de.... ¿Y tú?	
A: Soy de....	

Los pronombres personales

singular   plural

Capítulo 2

 Cruzando fronteras

Research the following words or geographical names that have come to the English language from the Hispanic culture, using a dictionary, encyclopedia or the Internet. Give a brief definition or the English equivalent for each word listed. Then locate each site on a map.

1. Río Grande
2. Boca Ratón
3. Colorado
4. Montaña
5. NEVADA
6. Los Ángeles
7. Alcatraz
8. FLORIDA
9. Amarillo

¿Alcatraz?

Conexión con la comunidad

Identify several places where Spanish is used in your community or state. Are you aware of any other Hispanic influences in your community?

 A completar

Complete the following short dialogs by choosing an appropriate answer from A for student A or from B for student B. The first one has been done for you. Some answers may be used more than once.

A		
eres	él	es
dónde	quién	te llamas

B		
me	es	él
ella	soy	se llama

1. **A:** ¿Cómo se llama <u>él</u>? **B:** <u>Se llama</u> Daniel.
2. **A:** ¿... es? **B:** ¿Ella?
   A: No, ...no. ¿Quién es él?
3. **A:** ¿De...es Nicolás? **B:** ...de Chicago.
4. **A:** Y, ¿cómo...tú? **B:** Yo...llamo Carmen.
5. **A:** ¿De dónde...? **B:** ...de San Antonio.
6. **A:** ¿Quién...él? **B:** ...se llama Juan.

Lección 3

Conexión Cultural

Se habla español en Estados Unidos

Many words in English have Spanish origins. For example, *Los Ángeles* is Spanish for "the Angels." Have you ever sat outside on a *patio* or taken a little *siesta* in your free time? If so, then you have enjoyed some of the rich Hispanic heritage that exists in the United States today. See if you can identify some other words that have been borrowed from the Hispanic culture.

rodeo   plaza   tomate   mosquito   chile   burro   adobe   chocolate

In reality, the Spanish already were exploring and settling parts of America years before the arrival of the pilgrims on the *Mayflower*. Thanks to these early settlers, many parts of the United States today reflect their rich Spanish colonial architecture, delicious foods and beautiful geographical names.

Today, Hispanics make up the second largest minority in the United States. Many American cities are becoming bilingual because of their large Spanish-speaking populations.

In these communities you will find Spanish television and radio stations, Spanish newspapers and magazines and bilingual signs in most public places. The Hispanic presence is increasing rapidly in the United States and influencing many aspects of the American culture and economy. Look around, you may find you know more Spanish than you ever realized!

Hispanic populations by state: California 26%, Arizona 19%, New Mexico 38%, Colorado 13%, Texas 25%, New York 12%, Florida 12%

Hispanic populations by city: Los Angeles, CA 33%, Santa Fe, NM 50%, San Antonio, TX 55%, New York, NY 16%, Miami, FL 33%

Capítulo 2

Lección 3

¿Cómo se llama?

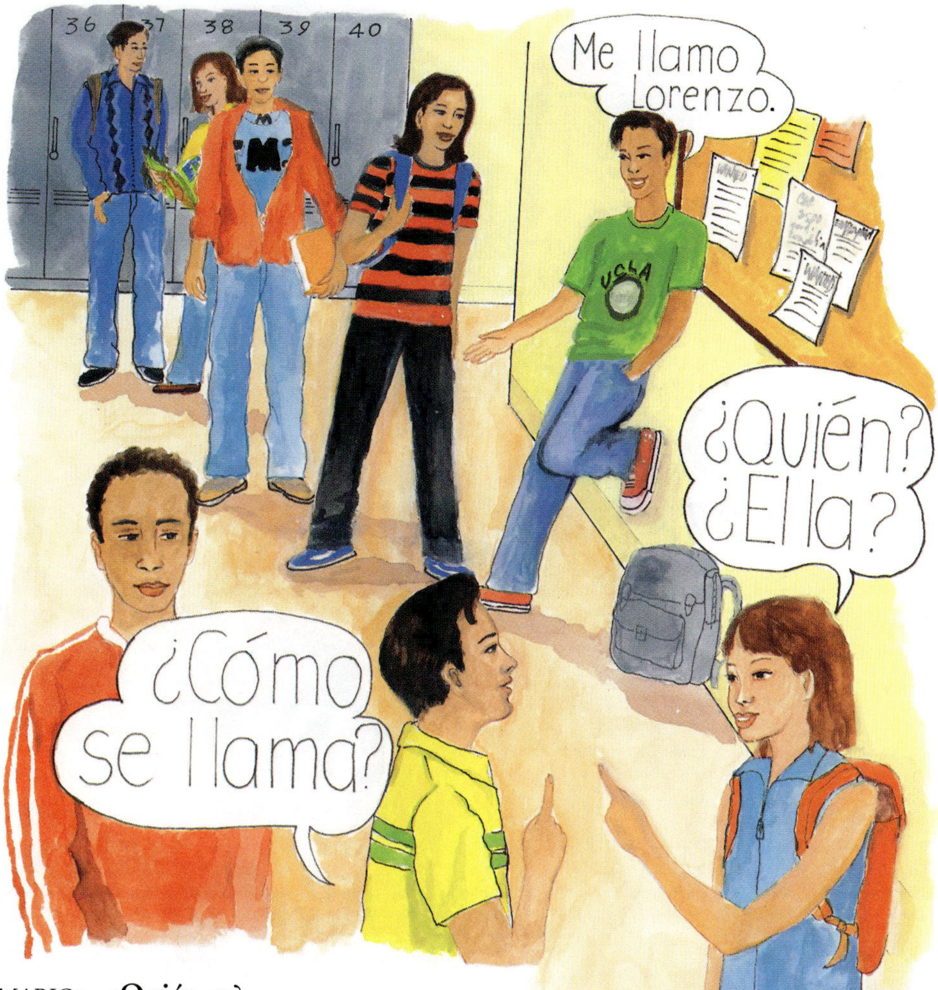

MARIO: ¿Quién es?
DIANA: ¿Ella?
MARIO: No, él. ¿Cómo se llama él?
DIANA: Se llama Lorenzo.
MARIO: ¿De dónde es?
DIANA: Es de Los Ángeles.

1 ¿Cómo se llama?

Trabajando en parejas, haz el papel de una de las personas del diálogo anterior.

CAPÍTULO 2

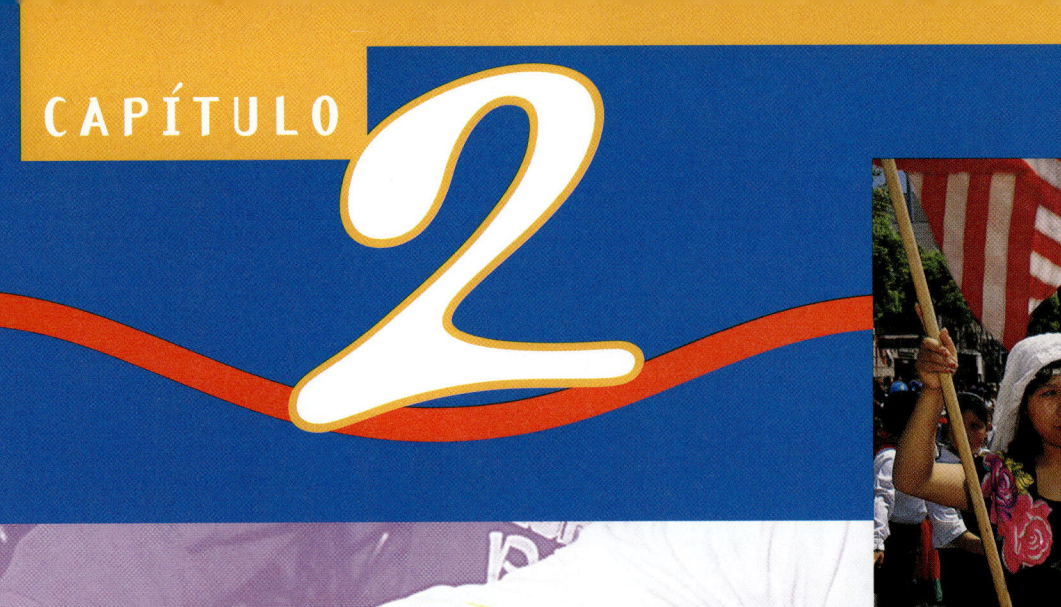

MARKET SQUARE
EL MERCADO DE SAN ANTONIO

In this chapter you will be able to:
- ask for and give names
- ask for and state place of origin
- identify classroom objects
- discuss school schedules and daily activities
- ask for and provide information
- describe classroom objects
- state location
- make a telephone call

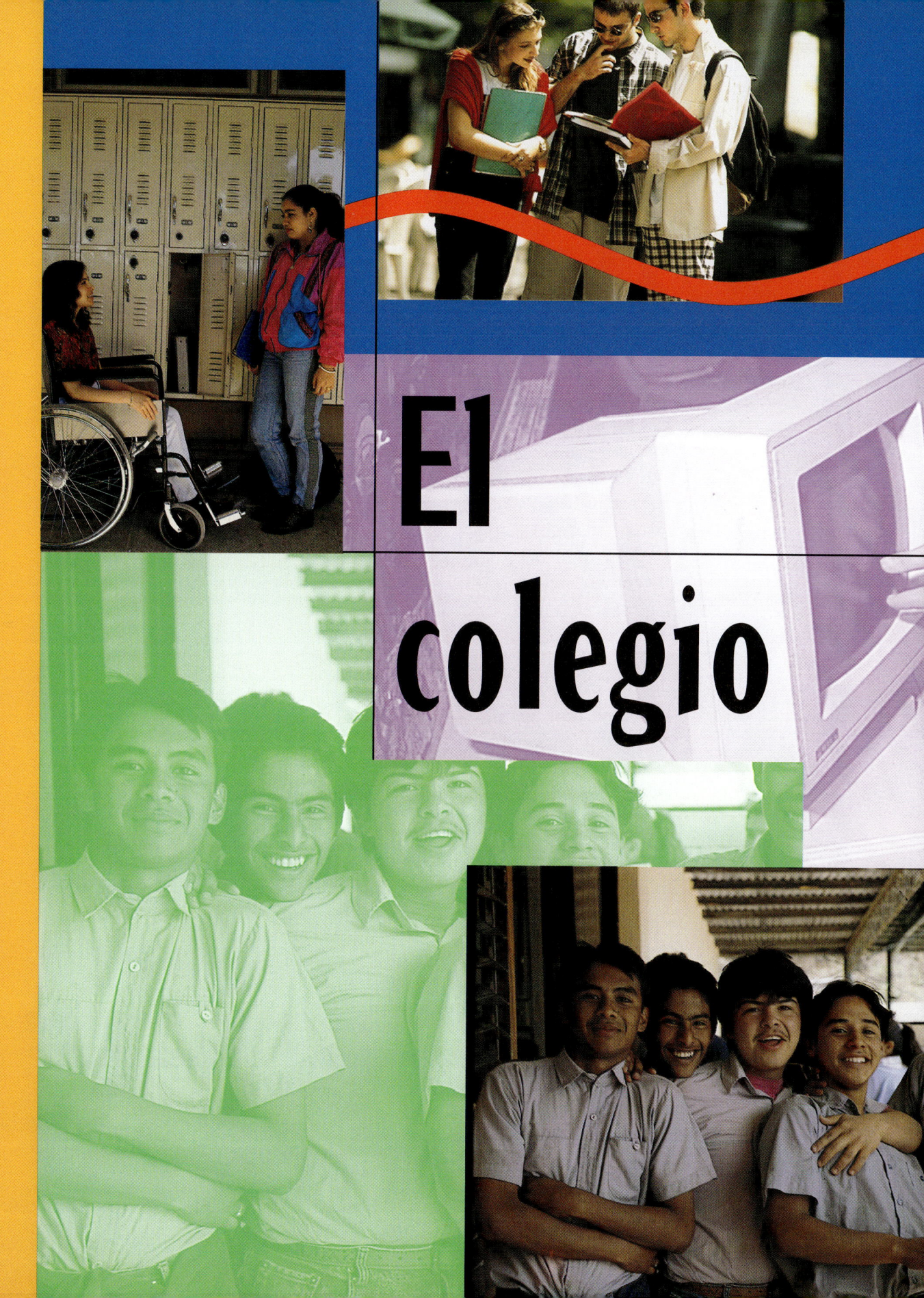

El colegio

repaso

Now that I have completed this chapter, I can...
- ✓ greet others and say good-bye.
- ✓ ask for and give names.
- ✓ recognize some common classroom expressions.
- ✓ ask for and state place of origin.
- ✓ ask for and state age.
- ✓ ask how someone is and tell how I am.
- ✓ ask for and tell what time it is.
- ✓ express courtesy.

Yo soy de Perú.

I can also...
- ✓ identify where Spanish is spoken.
- ✓ talk about how Spanish influences my community.
- ✓ name some personal benefits of learning Spanish.
- ✓ use correct punctuation in Spanish.
- ✓ identify some professions that use Spanish.
- ✓ use appropriate gestures to greet people.
- ✓ spell words in Spanish.
- ✓ use the numbers 0 to 100.
- ✓ make connections between Spanish and English words.
- ✓ recognize the importance of learning from mistakes.
- ✓ recognize the difference between informal and formal in Spanish.
- ✓ use some abbreviations in Spanish.
- ✓ read simple dialogs in Spanish.
- ✓ write phrases in Spanish.

¡Bienvenidos! (Mar del Plata, Argentina)

a escribir

Estrategia

Estrategia para escribir: *using the dictionary*

Knowing how to use a dictionary is an important skill that can prove to be very helpful when writing in Spanish. In addition to checking how words are spelled, you can use a dictionary to get a clearer and more accurate understanding of what words mean and avoid misunderstandings. For example, you have already learned the difference between cognates and false cognates. A good way to make sure that a word is not a false cognate is to look it up in a dictionary.

A. Look up these Spanish words and decide which are cognates and which are false cognates. How many words can you recognize before looking them up? Compare each guess with what the dictionary tells you.

dinero   lectura   PLATA   primo
ESTUDIANTE   metro   practicar
hamburguesa   pariente   programa   ropa
instrumento   parque   SOPA
largo   pasaporte   vaso

B. Make your own list of cognates. Use what you've learned about word endings to think of words that might have cognates in Spanish. Then check your guesses in the dictionary. Find at least three new cognates.

 ## A ¿Qué comprendiste?

Suppose you have a part-time job at the library and you have opened a box containing these new books *(libros nuevos)*. How many of the titles would you understand? Working with a partner, find at least twenty cognates that appear in the book titles listed. Compare your results with those of others in the class.

 ## B Charlando

Now imagine that the head librarian knows you are studying Spanish and has put you in charge of the Spanish books section. Your assignment is to sort the shipment of new books into categories in Spanish before shelving them. Look at the book titles and decide which of the categories listed is most appropriate for each book. Some books may belong in more than one category. Explain to a partner why you chose each category.

- Artes *(Art)*
- Ciencias *(Science)*
- Diversiones *(Entertainment)*
- Historia *(History)*
- Negocios *(Business)*
- Política *(Politics)*
- Turismo *(Tourism)*

 ## C **Comparando con el inglés**

Many Spanish words ending in *-ción* have meanings similar to English words ending in *-tion*. Besides *nación*, other examples include *definición, aplicación, relación* and *información*. Based on the book titles that you have categorized, try to find another word ending that cognates have in common.

Capítulo 1   33

a leer

Estrategia

Preparación

Estrategia para leer: *using cognates*
Not all Spanish words are different from their English counterparts. In fact, you will discover that many Spanish words look like English words with the same or similar meaning. You have already learned that these words are called **cognates**. A good strategy for making Spanish easier and more enjoyable to read is to learn to recognize cognates.

Cognates often have endings that make them easy to recognize. For example, many words that end in *-dad* have English counterparts that end in *-ty*, such as *personalidad* (meaning *personality*). Look at the endings in these words: *personal, revolución, biología*. Can you guess what they mean? What would be the endings of their English equivalents?

Contesta las siguientes preguntas como *(as)* preparación para la lectura.
1. What is a cognate?
2. Can you give five examples of cognates?
3. Do you see any cognates in the following book titles?

Libros nuevos

VOCABULARIO

Números
veintiuno
veintidós
veintitrés
veinticuatro
veinticinco
veintiséis
veintisiete
veintiocho
veintinueve
treinta (y uno, etc.)
cuarenta
cincuenta
sesenta
setenta
ochenta
noventa
cien

Gente
el señor (Sr.)
la señora (Sra.)
la señorita (Srta.)
usted (Ud.)
ustedes (Uds.)
vosotros,-as

Saludos y despedidas
Buenas tardes/noches.
Buenos días.
Hasta mañana.
Hasta pronto.

La hora
de la mañana/tarde/noche
es la una
Es medianoche/mediodía.
la hora
la mañana
menos (cinco, cuarto, etc.)
la noche
¿Qué hora es?
son las (dos, tres, etc.)
la tarde
y cuarto/media

Verbos
es
estoy
son

Cortesía
con mucho gusto
con permiso
de nada

(muchas) gracias
lo siento
perdón
por favor

Expresiones y otras palabras
bien
¿Cómo está (Ud.)?
¿Cómo están (Uds.)?
¿Cómo estás (tú)?
mal
muy
pronto
¿Qué tal?
regular

Hasta mañana.

¿Cómo están Uds.?

¡La práctica hace al maestro!

 **Comunicación**

Greet several people in your class, including the teacher. Find out how the person is feeling, obtain an answer (the person should ask how you are) and then say how you are feeling. Use as many new expressions from this lesson as you can.

  **Conexión con la tecnología**

Search the World Wide Web to find information about one of the countries where Spanish is the official language. You might surf the Web to try to find a home page that provides information on festivals, holidays, restaurants, maps and so forth. Then create your own travel brochure that features that country.

El Gran Hotel en Mérida, México.

17 La entrevista

Completa el siguiente diálogo de una manera lógica. *(Complete the following dialog logically.)*

GUSTAVO:	Buenos (1), Sr. Fernández.
SR. FERNÁNDEZ:	¡Hola! ¿Cómo (2), Gustavo?
GUSTAVO:	Estoy bien, (3). ¿Y (4)?
SR. FERNÁNDEZ:	(5) regular.
GUSTAVO:	(6), ¿(7) hora es?
SR. FERNÁNDEZ:	(8) las dos y media de la (9).
GUSTAVO:	(10) gracias.
SR. FERNÁNDEZ:	De (11). Hasta (12).
GUSTAVO:	Adiós, hasta (13).

Autoevaluación. **As a review and self-check, respond to the following:**
1. How would you greet the principal when you first arrive at school in the morning?
2. What can you say in Spanish to ask how a friend is feeling?
3. What would you say if someone asked you *¿Qué tal?*
4. Imagine you see two classmates in the hall. How can you ask in Spanish how they feel?
5. What can you ask to find out what time it is in Spanish?
6. How do you say good-bye in Spanish?
7. How do you tell someone it is 7:30 at night in Spanish?
8. What expression can you use to ask for something politely in Spanish?
9. How do you thank someone in Spanish?
10. When someone thanks you for something in Spanish, what is a polite response?

Hola, Sra. Martínez. ¿Cómo está Ud.?

Capítulo 1

15 Comparaciones

What would you say in the following situations?

1. A friend asks you for help.
2. Someone thanks you for doing something.
3. Someone returns your pencil to you.
4. You politely ask for two movie tickets.
5. Someone speaks to you so quickly in Spanish that you cannot understand what the person is saying.
6. You want to politely refuse an offer to do something.
7. You wish to interrupt someone to ask for the time.
8. You step on someone's foot.
9. You are on an elevator standing behind other people and you want to exit.

A. Con permiso.
B. De nada.
C. Muchas gracias.
D. Perdón.
E. Con mucho gusto.
F. Perdón. Lo siento.
G. Dos, por favor.
H. No, gracias.
I. Perdón, ¿qué hora es?

16 Con cortesía, por favor

Choose the most appropriate response for the situations shown in the illustration.

Perdón, ¿qué hora es?   Muchas gracias.   De nada.
Dos, por favor.   Con mucho gusto.   Perdón. Lo siento.
Perdón.   Con permiso.

Lección 2

14 La hora

Working with a classmate, take turns asking for and stating the indicated time using complete sentences.

A: ¿Qué hora es?
B: Es la una menos cuarto de la tarde.

1.  2.  3.  4.

5.  6.  7.  8.

Algo más

Expresiones de cortesía

por favor	please
gracias	thanks
muchas gracias	thank you very much
de nada	you are welcome
perdón	excuse me
con permiso	excuse me (with your permission)
lo siento	I am sorry
con mucho gusto	I would be glad to

¡Muchas gracias!

Conexión Cultural

¿*Perdón* o *con permiso*?

Although *perdón* and *con permiso* can both be translated as "excuse me," they are used in different situations. *Perdón* is generally used to interrupt a conversation, to get someone's attention, to indicate you do not understand what someone said or to excuse yourself if you bump into someone. *Con permiso,* on the other hand, is used more specifically to ask someone to let you pass by or to take leave.

¿Perdón?

Capítulo 1

¿Qué hora es?

13 ¿Qué hora es?

Look at the watches shown and indicate what time it is.

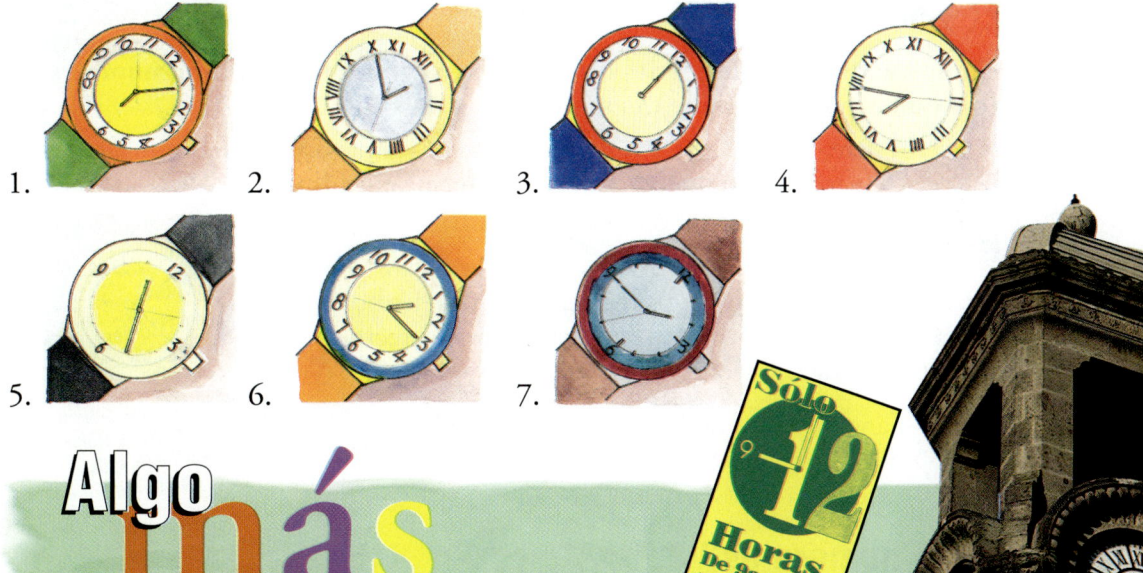

1. 2. 3. 4.

5. 6. 7.

Algo más

A.M. y P.M.

In Spanish the expression A.M. is equivalent to *de la mañana* (in the morning). The morning goes from midnight to noon. The expression P.M. is equivalent to *de la tarde* (in the afternoon) or to *de la noche* (at night). The afternoon goes from noon to around 6:00 P.M. and the night goes from 6:00 P.M. to midnight.

Los números del 21 al 100

21 veintiuno	27 veintisiete	40 cuarenta
22 veintidós	28 veintiocho	50 cincuenta
23 veintitrés	29 veintinueve	60 sesenta
24 veinticuatro	30 treinta	70 setenta
25 veinticinco	31 treinta y uno	80 ochenta
26 veintiséis	32 treinta y dos	90 noventa
	100 cien	

10 Los números

Complete the following series of numbers, writing the remaining numbers that occur if you continue the same pattern to 100.

1. cero, siete, catorce...
2. cero, cinco, diez, quince...
3. cero, trece, veintiséis, treinta y nueve...
4. cero, once, veintidós...

11 Nombres y números

Read aloud the following list of names and telephone numbers of several people from a telephone directory in Bucaramanga, Colombia.

Sánchez Herrera, Guillermo   38 52 78
Say Guillermo Sánchez Herrera, treinta y ocho, cincuenta y dos, setenta y ocho

Saavedra Cordero, Carlos	36 12 55
Salamanca Velazco, Luis	39 81 20
Salas Ortiz, María	40 63 04
Salinas Morales, Alberto	31 05 17
Sánchez Herrera, Guillermo	38 52 78
Sandoval Taera, Luisa	45 27 10
Santos García, Gerardo	37 99 06
Sierra Díaz, Isabel	42 11 84
Silva Arenas, Jorge	35 01 28
Suárez Maldonado, Carmen	30 14 67

12 ¿Qué número es?

Prepare a list of the following numbers: your telephone number, street address, zip code and your age. Make up any of the information you wish. Then working in pairs, take turns reading numbers aloud from your list while your partner writes them down one at a time. Finally, compare the lists of numbers and make corrections.

Despedidas

Conexión Cultural

Los apodos

Nicknames *(apodos)* are common in Spanish. Just as in English, they can be associated with a name (**Bob**, for Robert) or they may be an abbreviated form of a name (**Joe**, for Joseph). Some common nicknames in Spanish include *Isa* (for *Isabel*), *Fina* or *Pepa* (for *Josefina*), *Lola* (for *Dolores*), *Lupe* (for Guadalupe), *Paco* or *Pancho* (for *Francisco*), *Pepe* (for *José*) and *Quique* (for *Enrique*). Personal characteristics are also used for nicknames in Spanish: *Flaco* (Slim).

Pepa y Lupe.

 ## Las despedidas

Choose the appropriate good-bye for each of the following situations.

> Hasta luego.   Buenas noches.   Hasta mañana.
> Hasta pronto.   Adiós.

1. You are leaving for school in the morning.
2. It is Monday and school is over for the day.
3. Your cousins are going away to live in Venezuela.
4. It is Friday night and you are leaving your friends to go home after a basketball game.

6 ¿Sí o no?

Are the following dialogs logical? Correct any that are not.

1. ¿Cómo estás, Diego?
   Estoy mal.
2. Buenos días, Srta. Torres.
   Regular, gracias.
3. Buenas tardes, Sr. Vargas.
   Buenas tardes, Sra. Rivera.
4. Estoy bien. ¿Y tú?
   Estoy muy bien, gracias.

7 ¿Cómo están?

Use the expressions you have learned to greet the following people in Spanish and ask how they are feeling.

Laura
¡Hola, Laura! ¿Cómo estás?/
¿Qué tal?

Sr. García
Buenas tardes, señor García.
¿Cómo está Ud.?

1. Sra. Montoya
2. Carmen
3. Juana y Marcos
4. Sr. Reyes

8 ¿Cómo están Uds.?

Working in groups of three, take turns practicing in Spanish each of the roles shown (*A, B* and *C*).

A: *(Greet two classmates and ask how they feel.)*
B: *(Say how you feel.)*
C: *(Say how you feel and ask how student A feels.)*
A: *(Say how you feel.)*

¿Cómo estás?
Just as you learned in *Lección 1*, gestures are an important aspect of communicating in Spanish. For example, turning your thumb up indicates you feel well. Similarly, turning your thumb down signals you do not feel well.

Bien.   Mal.

Capítulo 1

Buenas tardes

SR. MARTÍNEZ: **Buenas tardes.**
RAFAEL: Buenas tardes, **señor** Martínez.
SR. MARTÍNEZ: **¿Cómo están Uds.?**
MÓNICA: Bien, gracias.
RAFAEL: Sí, muy bien, gracias, señor Martínez.

PARA ti

Las abreviaturas
In English, **Mr.** is a shortened form of the word **mister**. In Spanish, **Sr.** is an abbreviation *(abreviatura)* for **señor**. Other abbreviations include: *Srta. (señorita), Sra. (señora), Ud. (usted), Uds. (ustedes), Dr. (doctor)* and *Dra. (doctora)*.

ESPECIALIDADES DENTALES
CLINICA del Dr. A.M. Saavedra
Dra. Yolanda Centeno

Conexión cultural

Los saludos en el mundo hispano

Nearly 400 million people use Spanish every day as their official language in Spain, in eighteen Latin American countries, in the African nation of Equatorial Guinea and in the Commonwealth of Puerto Rico. Countless others use Spanish for both business and pleasure in the United States, in Europe and elsewhere. Because so many people speak Spanish in so many places around the world, you can well imagine that the words and expressions used to greet one another vary a great deal. For example, the most common Spanish greetings are the informal *hola* and the more formal *buenos días* (which is used until around noon), *buenas tardes* (which is used until around dusk) and *buenas noches* (which can be used as an evening greeting or as another way to take leave of someone). However, *buenos* alone is sometimes used for *buenos días* and *buenas* may replace either *buenas tardes* or *buenas noches*. The word *muy* can be added to these expressions as in *muy buenos días* or *muy buenas*.

¡Buenos días!

3 ¿Informal o formal?

How might you address these people? Choose *tú, Ud., Uds., vosotros* or *vosotras*.

1. your brother
2. a classmate (you are on a first-name basis)
3. your father's boss
4. your boyfriend or girlfriend
5. an elderly couple you have just met
6. a salesperson at a department store
7. two close female friends (Spain)
8. two close friends (Latin America)
9. two close male cousins (Spain)
10. your teacher

4 ¿Cómo está Ud.?

Look at these illustrations. How would you greet the people and ask how they are feeling?

1.

2.

¿Cómo está Ud.?

3.

4.

5 Buenos días

Select an appropriate response from the right to each of the greetings on the left. There may be more than one correct answer.

1. ¿Qué tal, Fernando?   A. Muy bien, gracias.
2. Buenos días, señora.   B. ¡Hola! ¿Qué tal?
3. ¿Cómo estás, Roberto?   C. Buenos días, señorita.
4. ¡Hola, Esteban!   D. Mal, muy mal.
5. ¿Cómo está usted?   E. Estoy regular. ¿Y tú?

Capítulo 1

Buenos días

SRA. CASAS: **Buenos días, señorita.**
SRTA. PÉREZ: **Señora Casas, ¿cómo está usted?**
SRA. CASAS: Estoy regular.

Algo más

Informal o formal

There are several words for **you** in Spanish. Look at the following:

	singular	plural
informal	*tú*	*ustedes (Uds.)* *vosotros* (masculine)/*vosotras* (feminine)
formal	*usted (Ud.)*	*ustedes (Uds.)*

Use the informal *tú* when talking to someone you refer to by a first name. Use the more formal *usted* (abbreviated *Ud.*) when talking to someone you would address using a title *(señor García, señorita Aguilar)*.

In most of the Spanish-speaking world, the plural **you** is *ustedes* (abbreviated *Uds.*). However, you have two choices for **you** when speaking to more than one person in Spain: use the informal *vosotros,-as* for two or more friends, family members or younger people; use the polite *Uds.* when talking with two or more people you address using a title.

1 ¿Qué tal?

Completa los siguientes diálogos de una manera lógica. *(Complete the following dialogs logically.)*

A: ¡Hola! ¿ (1) tal?
B: Muy bien, (2).

A: ¿Cómo (3)?
B: Estoy (4).

A: ¿Qué (5), María?
B: (6), muy (7).

A: ¿(8) estás, Jaime?
B: Estoy (9) mal, Felipe.

Estrategia

Para aprender mejor: *learning from mistakes*

Try to use Spanish daily and do not be afraid to make mistakes. They are a natural part of learning a language. By practicing Spanish every day and by completing assignments, gradually you will notice that you are able to say and understand more and more as the year continues. Of course there will be challenges throughout the year, but one result of your effort will be a profound sense of accomplishment as your skills and knowledge improve.

2 ¿Cómo estás?

Say hello to four or five students in class and ask how each one is. Your classmates then answer and ask how you are.

A: ¡Hola, *(name of student B)*! ¿Qué tal?
B: Mal. ¿Y tú?
A: Muy bien, gracias.

¡Hola, Juan Carlos! ¿Cómo estás?

¿Qué tal?

Capítulo 1

Lección 2

Saludos

MÓNICA: ¡Hola, Rafael! ¿Cómo estás?
RAFAEL: Mal, muy mal. ¿Y tú?
MÓNICA: Yo estoy muy bien, gracias.

Expresiones adicionales
¿Por qué? — Why?
¡Qué lástima! — Too bad!
Me duele la cabeza. — My head hurts.
Me duele el estómago. — My stomach hurts.
Tengo catarro. — I have a cold.

Para hablar de la salud

to ask how someone is feeling (informal)
¿Cómo estás?
¿Qué tal?

to say how you feel
Estoy...
 bien.
 muy bien.
 muy mal.
 regular.

Estoy muy mal.

VOCABULARIO

Estrategia

Para aprender mejor: *learning vocabulary*

Try to learn new vocabulary in a context (illustration, dialog, word groupings, etc.), since that will help you to use Spanish without having to translate word for word. Look at the words and expressions in the *Vocabulario* to see how many you remember. Say them aloud. If you have forgotten a word, return to where it was first introduced in order to check its meaning. Finally, use the Spanish/English dictionary at the back of this book to look up any words and expressions you cannot figure out.

PARA ti

¡Ojo!
The *Vocabulario* consists of lesson vocabulary that you are responsible for knowing how to use. Words and expressions that are for recognition only are not included here.

Países
- la Argentina
- Bolivia
- Chile
- Colombia
- Costa Rica
- Cuba
- el Ecuador
- El Salvador
- España
- los Estados Unidos
- Guatemala
- Guinea Ecuatorial
- Honduras
- México
- Nicaragua
- Panamá
- el Paraguay
- el Perú
- Puerto Rico
- la República Dominicana
- el Uruguay
- Venezuela

Saludos
- Hola.
- ¡Mucho gusto!

Despedidas
- Adiós.
- Hasta luego.

Palabras interrogativas
- ¿cómo?
- ¿(de) dónde?

Personas
- tú
- yo

Números
- cero
- uno
- dos
- tres
- cuatro
- cinco
- seis
- siete
- ocho
- nueve
- diez
- once
- doce
- trece
- catorce
- quince
- dieciséis
- diecisiete
- dieciocho
- diecinueve
- veinte

Verbos
- eres
- me llamo
- se escribe
- soy
- te llamas
- tengo
- tienes

Expresiones y otras palabras
- el acento
- aquí
- ¿Cómo te llamas?
- con
- ¿Cuántos años tienes?
- de
- ¿Eres (tú) de...?
- mayúscula
- no
- sí
- Tengo (number) años.
- y

Capítulo 1

¡La práctica hace al maestro!

A. Comunicación

Working in pairs, develop a dialog using the expressions you have learned in this lesson. Each person should prepare at least four lines. Practice the dialog and then present it in class. Remember to shake hands when appropriate.

B. Conexión con la tecnología

Using the Internet, try to link up with someone who knows Spanish. If possible, become key pals (Internet pen pals) and contact the person throughout the year using electronic mail (e-mail) in order to practice your new Spanish language skills: *¿Cómo te llamas? ¿De dónde eres? ¿Cuántos años tienes?*

Proverbios y dichos
¡La práctica hace al maestro! is a proverb. Can you tell what it means? Look at the illustration above. Just like the archer who shoots arrows at a target, it takes practice to do something well. As you continue learning Spanish, you can expect to make mistakes, but if you keep trying, "Practice makes perfect!"—or as you will hear people say in Spanish, *"¡La práctica hace al maestro!"*

México, D.F.

¿Cuántos años tienes?

PAULA: ¿Cuántos años tienes,° Héctor?
HÉCTOR: Tengo quince años. ¿Y tú?
PAULA: Yo tengo dieciséis años.

°¿Cuántos años tienes? *How old are you?*

23 ¿Cuántos años tienes?

Conduct a survey to find out the ages of other students in your class. Begin by preparing a chart with some possible ages written across the top. Then ask ten classmates how old they are in Spanish, filling in a mark in the column for each person's age. Compare your findings with other students in the class.

La despedida

Conexión Cultural

Las despedidas
Do you remember which gestures *(gestos)* are common greetings for many Spanish-speaking people? Those same gestures are often repeated when saying good-bye.

Autoevaluación. **As a review and self-check, respond to the following:**
1. How would you greet someone in Spanish?
2. What can you say in Spanish to find out a person's name?
3. What would you say if someone asked you *¿Cómo te llamas?*
4. How can you tell someone in Spanish that you are pleased to meet them?
5. How do you spell your name in Spanish?
6. How do you tell someone in Spanish that you are from the United States?
7. What can you say in Spanish to find out how old someone is?
8. What would you say in Spanish if someone asked you how old you are?
9. How can you say good-bye in Spanish?
10. How will learning Spanish this year be beneficial to your future?

Conexión cultural

ONCE

You have just learned that the word *once* means the number eleven in Spanish. However, if you see ONCE in Spain, the letters stand for a national organization for blind and visually challenged people *(Organización Nacional de Ciegos Españoles)*. In addition to offering many social services, the organization also provides employment to people who are physically challenged, such as people who are blind. They sell the popular ONCE lottery ticket *(cupón)*. Each ticket costs about 200 *pesetas* for the daily drawings. Spaniards *(los españoles)* can purchase tickets only from ONCE employees who work at special ticket booths, or stand near shopping centers or street corners with sheets of tickets clipped to their clothing.

How much would a ticket from ONCE cost in American dollars? You can find out by looking in the newspaper or searching the Internet for the latest currency conversion rates.

Organización Nacional de Ciegos Españoles

Madrid, España.

 22 La lotería

Imagine you have purchased an ONCE lottery ticket and wish to know if you hold a winning ticket. Look at the newspaper clipping of the weekly winning lottery numbers. Working with a partner, take turns reading the daily winning numbers aloud while the other person writes them down. You will want to double-check each number to make sure it was correctly written in case you hold the winning ticket!

Lección 1

18 Práctica de pronunciación

Listen as your teacher pronounces the following cognates. Then practice saying each, remembering what you have learned about Spanish pronunciation. Try to guess the meaning of the words as you say them.

1. cero
2. formal
3. favorito
4. el animal
5. la persona
6. el teléfono
7. el vocabulario
8. la televisión
9. el diálogo
10. la capital
11. el restaurante
12. la biología
13. la posibilidad
14. estudiar
15. comprender

19 De dos en dos

Working in pairs, start with *cero* and count by twos to *veinte*. Then start again, beginning with *uno,* and count by twos to *diecinueve*.

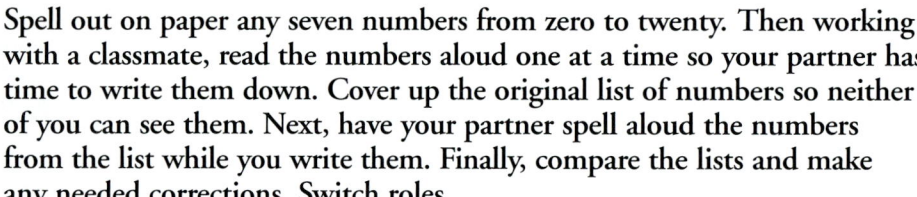
20 Los números

Spell out on paper any seven numbers from zero to twenty. Then working with a classmate, read the numbers aloud one at a time so your partner has time to write them down. Cover up the original list of numbers so neither of you can see them. Next, have your partner spell aloud the numbers from the list while you write them. Finally, compare the lists and make any needed corrections. Switch roles.

A: dieciséis, cuatro, trece, cero, quince, veinte, tres
B: *(Write* dieciséis.*)*
B: de, i, e, ce, i, ese, e con acento, i, ese
A: *(Write* dieciséis.*)*
(Compare the numbers you have written.)

21 Cruzando fronteras

Contesta las siguientes preguntas. *(Answer the following questions.)*
1. Using the numbers you have learned in this lesson, how many Spanish-speaking countries are located in...
   a. South America?
   b. Europe?
   c. Africa?
2. How many other Spanish-speaking countries are there?

Capítulo 1   13

Los números del 0 al 20

0 cero	7 siete	14 catorce
1 uno	8 ocho	15 quince
2 dos	9 nueve	16 dieciséis
3 tres	10 diez	17 diecisiete
4 cuatro	11 once	18 dieciocho
5 cinco	12 doce	19 diecinueve
6 seis	13 trece	20 veinte

17 Del cero al veinte

Working in groups of three or four, practice counting aloud in Spanish from zero to ten, one number at a time. Continue until everyone has said each number at least once. Then practice the numbers through twenty in the same way.

Algo más

Los cognados

Many words in Spanish resemble English words you already know. For example, the number *cero* looks similar to the English word *zero*. Words that resemble one another and that have the same meaning in two languages are called **cognates**. Do you recognize these cognates?

acento   *diálogo*   *persona*   *televisión*   *teléfono*   *vocabulario*

Words that look alike in Spanish and English but that have entirely different meanings are called **false cognates**. Here are a few examples: *colegio* (school), *éxito* (success), *lectura* (reading), *sin* (without).

Lección 1

Algo más

Los países

You may notice slight variations in the names for countries in Spanish. For example, some people say *Argentina* whereas others may prefer to say *la Argentina*. Other examples:

el	Ecuador	→	Ecuador
los	Estados Unidos	→	Estados Unidos
el	Paraguay	→	Paraguay
el	Perú	→	Perú
la	República Dominicana	→	República Dominicana
el	Uruguay	→	Uruguay

15 ¿De dónde eres?

Answer the following questions with an appropriate response from the column on the right. There may be more than one correct answer.

1. ¿De dónde eres?
2. ¿Eres de Puerto Rico?
3. ¿Eres de España?
4. ¿Te llamas Elena?
5. ¿Cómo te llamas?

A. Me llamo David.
B. No, soy de Colombia.
C. Sí, soy de Madrid.
D. Yo soy de El Salvador.
E. No, me llamo Marta.

16 Soy de....

Working with a partner, take turns asking for and giving your names. Then ask where one another is from, choosing a city and country from one of the Spanish-speaking countries you have studied.

A: ¿Cómo te llamas?
B: Yo me llamo.... ¿Y tú?
A: Me llamo....
B: ¿Eres tú de...?
A: No. Soy de.... ¿De dónde eres tú?
B: Soy de....

¿Eres tú de Costa Rica?

¿De dónde eres?

PAULA: ¿De dónde eres, Héctor?
HÉCTOR: Soy de Buenos Aires, Argentina. ¿Y tú? ¿Eres tú de aquí?°
PAULA: No. Yo soy de Estados Unidos.

°¿Eres tú de aquí? *Are you from here?*

 ## Mapa del mundo hispano

Draw your own map of the Spanish-speaking world. Include the names of the Spanish-speaking countries, capital cities, major bodies of water, large mountain chains, etc. Make the finished map attractive by adding color and any other details you wish.

 ## Pronunciación

Now that you know how to say the letters of the alphabet in Spanish, practice reading aloud the names of places on a map of the Spanish-speaking countries of the world.

 ## 12 ¿Cómo se escribe...?

Imagine you are a bilingual secretary taking telephone messages from long-distance callers. Ask the caller how to spell his or her name and then repeat the spelling to confirm. Working with a partner, role-play the conversation and use your own name where appropriate.

A: ¿Cómo se escribe *(name of B)*?
B: Se escribe con *(spell name of B here)*.
A: ¿*(Spell name of B here)*?
B: Sí.

Antes de escribir
When writing in Spanish, remember to use the upside-down punctuation symbols at the beginning of your question or exclamation. Don't forget to include a regular question mark or exclamation point at the end, just like in English. In addition, an accent mark over a vowel *(á, é, í, ó, ú)* is sometimes required to show which syllable is stressed.

Para aprender mejor: *classroom expressions*

Here are some common expressions in Spanish. You do not have to memorize them, but learning to recognize them will help you this year in class.

Abre/Abran (el libro).	Open (your book).
Cierra/Cierren (el libro).	Close (your book).
Escribe/Escriban....	Write....
Escucha/Escuchen.	Listen.
Habla/Hablen en español.	Speak in Spanish.
Lee/Lean....	Read....
Levanta/Levanten (la mano).	Raise (your hand).
Mira/Miren.	Look.
Pasa/Pasen a (la pizarra).	Go to (the board).
Saca/Saquen (una hoja de papel).	Take out (a sheet of paper).
Señala/Señalen (el mapa).	Point at (the map).
Siéntate/Siéntense.	Sit down.
Silencio, por favor.	Silence, please.

Tengo una pregunta.

You also may want to use the following common expressions.

¿Cómo se dice... (en español)?	How do you say... (in Spanish)?
¿Qué quiere decir...?	What does...mean?
No sé.	I don't know.
No comprendo.	I don't understand.
Tengo una pregunta.	I have a question.

el alfabeto

a	a	h	hache	ñ	eñe	t	te
b	be	i	i	o	o	u	u
c	ce	j	jota	p	pe	v	ve
d	de	k	ka	q	cu	w	doble ve
e	e	l	ele	r	ere	x	equis
f	efe	m	eme	rr	erre	y	i griega
g	ge	n	ene	s	ese	z	zeta

De la **A** a la **Z**

¿Cómo se escribe?

PAULA: **¿Cómo se escribe** Héctor? **¿Con** hache?
HÉCTOR: **Sí,** con hache. Se escribe con hache **mayúscula**, e con **acento**, ce, te, o, ere.

Estrategia

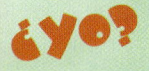

¿yo?
¡Mucho gusto!

Para leer mejor: *punctuation*

Do you see anything different about the punctuation on this page? In Spanish, an upside-down question mark (¿) or exclamation point (¡) lets you know a question or an exclamation will follow. Looking for these handy cues in Spanish will help you understand what you are reading.

¡HOLA!

Lección 1

10 ¿Cómo te llamas?

Working with a classmate, take turns reading aloud names from the magazine clippings in activity 9 while your partner writes the names in Spanish without looking in the book. Each of you must say and write at least five Hispanic names for males and five Hispanic names for females.

¿Cómo te llamas?

Me llamo Ángela.

Conexión Cultural

Los saludos

Watch how people use their hands, eyes and bodies to communicate. Learning how to speak a language involves more than just learning vocabulary and grammar. For many people throughout the Spanish-speaking world, gestures *(gestos)* go hand in hand with speaking, which makes conversation in Spanish seem much more animated than in English.

To greet each other, Spanish-speaking people often shake hands. Men, and increasingly more women, commonly greet one another with a quick, relaxed handshake followed by a hug *(un abrazo)* as they pat each other on the back. Often women and young girls greet each other with a light kiss on the cheek. In some countries, men and women who know each other very well also greet each other with a kiss on the cheek.

¡Hola, Diego!

¡Mucho gusto!

11 ¡Mucho gusto!

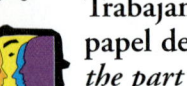

Trabajando en parejas, haz el papel de una de las personas del diálogo anterior. *(Working in pairs, play the part of one of the people in the preceding dialog.)*

Capítulo 1

¡Mucho gusto!

HÉCTOR: **¡Hola!**
PAULA: ¡Hola! ¿Cómo te llamas?
HÉCTOR: **Me llamo** Héctor. ¿Y tú?
PAULA: Yo me llamo Paula.
HÉCTOR: **¡Mucho gusto,** Paula!
PAULA: ¡Mucho gusto, Héctor!

  Me llamo….

Look at the list of names in Spanish from a magazine. Can you recognize some of them? Do you know anyone with one of the names on the list? Can you find your own name or one that is similar to yours?

muchachas

Alicia	Inés	Paz
Amalia	Isabel	Pilar
Ana	Josefina	Raquel
Ángela	Juana	Rosa
Blanca	Julia	Sandra
Carlota	Laura	Sara
Carmen	Lucía	Silvia
Carolina	Luisa	Sofía
Catalina	Luz	Susana
Claudia	Margarita	Teresa
Cristina	María	Verónica
Diana	Marisol	Victoria
Dolores	Marta	Virginia
Elena	Mercedes	Yolanda
Elisa	Mónica	
Esperanza	Natalia	
Eva	Paloma	
Gabriela	Patricia	
Gloria	Paula	

muchachos

Alberto	Guillermo	Miguel
Alejandro	Gustavo	Nicolás
Andrés	Héctor	Pablo
Ángel	Hernán	Pedro
Antonio	Ignacio	Rafael
Armando	Jaime	Ramón
Benjamín	Javier	Raúl
Carlos	Jesús	Ricardo
Daniel	Joaquín	Roberto
David	Jorge	Rodrigo
Diego	José	Rogelio
Eduardo	Juan	Santiago
Enrique	Julio	Sergio
Ernesto	Lorenzo	Timoteo
Esteban	Luis	Tomás
Felipe	Manuel	Víctor
Fernando	Marcos	
Francisco	Mario	
Gerardo	Martín	
Gilberto	Mateo	

Lección 1

Los empleos

Can you think of any jobs *(empleos)* that may require Spanish? Name as many as you can. How would you like to work at a job where knowledge of Spanish is a requirement?

 ## En el futuro

Give five reasons why learning Spanish may help you in your life.

El español y tu futuro

Did you know that learning Spanish...
- ✓ increases employment opportunities?
- ✓ helps you understand other cultures?
- ✓ helps you enhance English skills?
- ✓ offers you a new perspective on your own culture?

Can you recognize the following occupations? Can you guess how people in these professions might use Spanish?

actor   editora   médico   policía   programador   veterinaria

DENTISTAS ODONTOPEDIATRAS Especialistas en niños y adolescentes

Electricista

Soldador

EMPLEOS

DIRECTOR

Carpintero

PROFESOR DE AUTOESCUELA

5 Comunidades

Is Spanish spoken in the community where you live? Can you name any family or friends who speak Spanish? Why do they know Spanish?

Queens, New York.

Miami, Florida.

6 Las personas famosas

Working in groups of three or four, prepare a list of several famous people who speak Spanish.

Arantxa Sánchez Vicario. (España)

Gabriel García Márquez. (Colombia)

Jennifer López. (Estados Unidos)

3 Comparaciones

Have you ever visited a Spanish-speaking city? Which one(s)? What did you do while you were there? How was it like your hometown? How was it different from where you live? If you have never visited a Spanish-speaking city, try to name one. Then tell how you think it would be similar to or different from where you live.

 ## 4 En el futuro

What Spanish-speaking places in the world would you like to visit? Why?

Cuzco, Perú.

Lección 1

 **Los países de habla hispana**

In groups of three or four, name as many Spanish-speaking countries as you can in two minutes. How many are there?

 **Las capitales**

Using a map, identify the capitals of the Spanish-speaking countries.

La Habana, Cuba.

CAPÍTULO 1

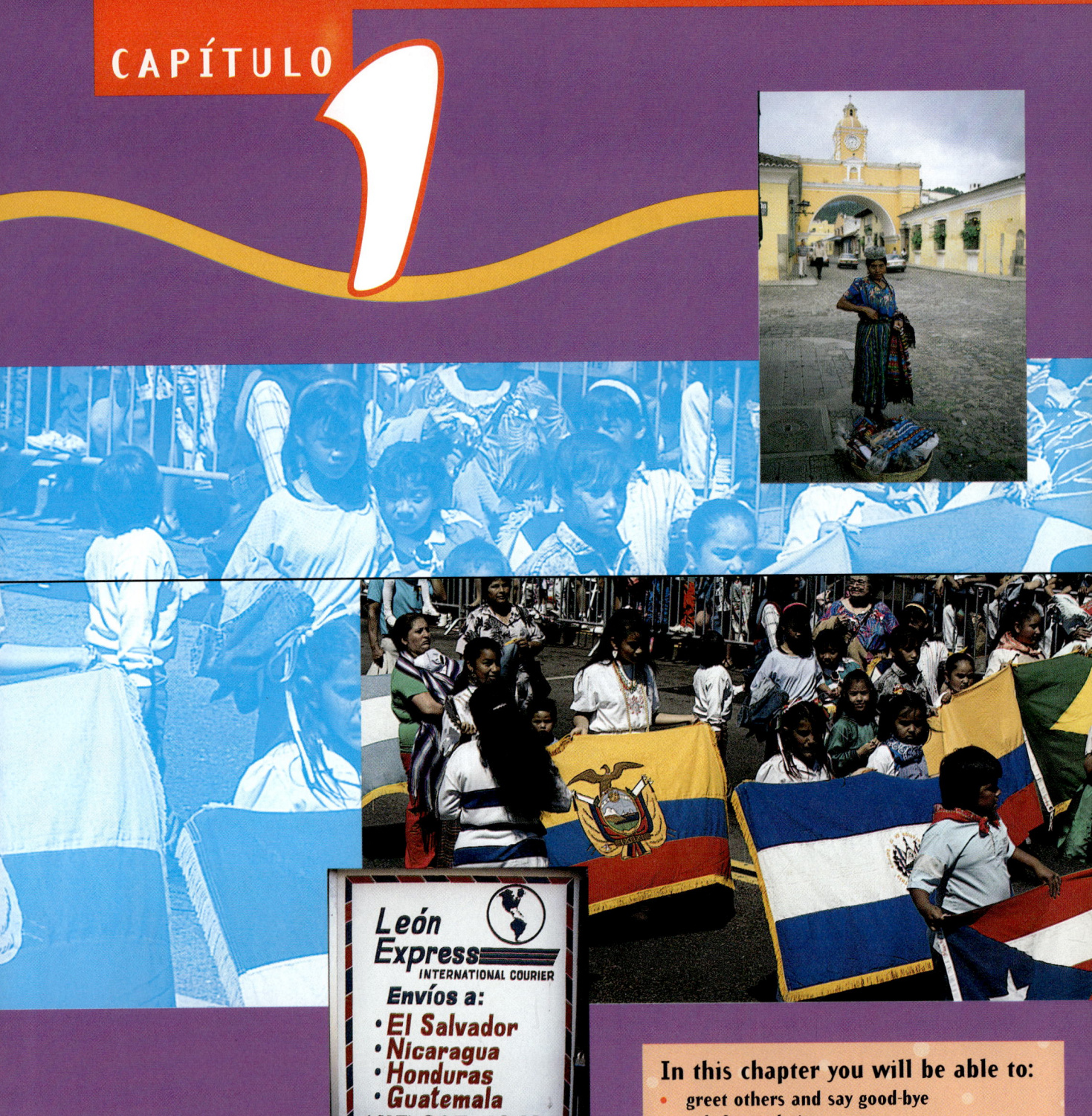

In this chapter you will be able to:
- greet others and say good-bye
- ask for and give names
- recognize some common classroom expressions
- ask for and state place of origin
- ask for and state age
- ask how someone is and tell how you are
- ask for and tell what time it is
- express courtesy

CAPÍTULO 4

In this chapter you will be able to:
- talk about family and friends
- describe people
- state possession
- seek and provide personal information
- express opinions
- express likes and dislikes
- report information
- write about family and friends

Lección 7

En casa de mi abuela

Es una **foto** de unos **parientes**, mi **tío**, Héctor, su **esposa**, Ana, y mi **abuela**.

Mi **prima**, Adela, la **hija única** de Héctor y Ana, es **bonita**° y muy **popular. Sale**° mucho con **sus** amigos.

bonita *pretty* **Sale** *She goes out*

Es mi **hermana**, Hilda, con **mis otros**° primos, Eduardo y Carlos. ¡Ellos son muy **divertidos**!°

otros *other* **divertidos** *fun*

Aquí está **papá** en la **playa**.° **Quiero**° mucho a mi papá.

playa *beach* **Quiero** *I love*

Me llamo Humberto Hernández Solís, pero **para** mi **familia** soy Beto. Estoy en San Juan, Puerto Rico, **por todo**° el **verano**° en **casa** de mi abuela. Ella es muy **amable**° y **cariñosa**,° ¡y yo soy **su**° **nieto** favorito! Mis padres y yo **vivimos**° en Nueva York. Aquí en Puerto Rico hacemos **mucho**,° y **nunca**° estamos mucho **tiempo** en casa.

todo *all, (the) entire* **verano** *summer* **amable** *kind, nice* **cariñosa** *affectionate* **su** *her* **vivimos** *we live* **mucho** *much, a lot* **nunca** *never*

Mi familia

1 La familia de Beto

Complete the following paragraph about Beto's family.

Me llamo Humberto Hernández Solís y mi (1) se llama Hilda. Mi (2) favorito es Eduardo porque es muy divertido. Mi (3) Adela es la (4) de mi (5) Héctor y mi (6) Ana. Ella es muy popular. El (7) Andrés es el (8) de mi (9). Mi (10) se llama Ramón. Quiero mucho a papá. También quiero mucho a mi (11), Graciela. ¡Soy el (12) favorito de ella!

PARA ti

Otros parientes

el bisabuelo, la bisabuela	great-grandfather, great-grandmother
el padrino, la madrina	godfather, godmother
el padrastro, la madrastra	stepfather, stepmother
el hermanastro, la hermanastra	stepbrother, stepsister
el hijastro, la hijastra	stepson, stepdaughter

2 Charlando

1. ¿Cuántos parientes tienes? ¿Quiénes son?
2. ¿Cuántos hermanos tienes? ¿Cómo son ellos? O, ¿eres hijo/a único/a?
3. ¿Dónde está tu casa? ¿Estás en casa mucho tiempo?
4. ¿Quiénes viven en tu casa?
5. ¿Adónde vas en el verano? ¿Vas a la playa?
6. Para la familia de Humberto, él es Beto. ¿Cómo te llamas para tu familia?

Capítulo 4

Conexión *Cultural*

Los apellidos

Throughout the Spanish-speaking world children grow up having two last names. The father's family name is used first and the mother's family name follows: *Humberto (Beto) Hernández Solís.* For that reason, if you were to look up Beto's name in a phone book, you would need to look under *H* for *Hernández,* since directories list names according to a person's father's name.

Traditionally, when a woman married she did not lose her maiden name. In most Spanish-speaking countries she simply added *de* and her husband's family name after her father's family name: *Susana Solís de Hernández.* The equivalent of Mrs. Hernández would be *(la) señora de Hernández.* Today, however, an increasing number of women are opting to keep the same name they had before marriage.

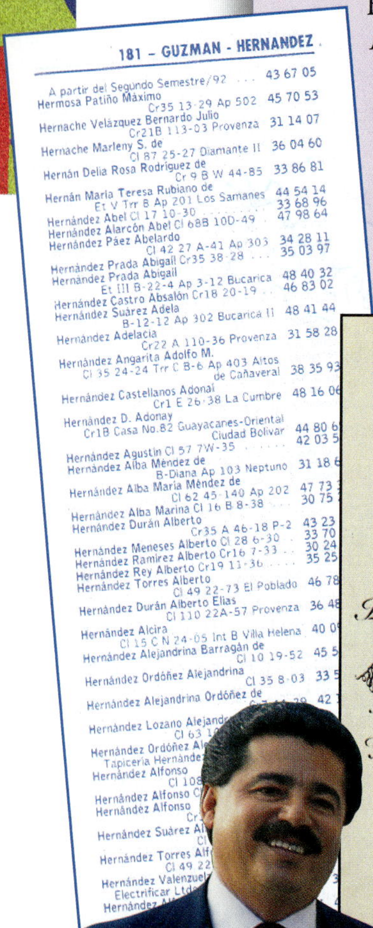

181 – GUZMAN - HERNANDEZ

A partir del Segundo Semestre/92 ... 43 67 05
Hermosa Patiño Máximo Cr35 13-29 Ap 502 45 70 53
Hernache Velázquez Bernardo Julio Cr21B 113-03 Provenza 31 14 07
Hernache Marleny S. de Cl 87 25-27 Diamante II 36 04 60
Hernán Delia Rosa Rodríguez de Cr 9 B W 44-85 33 86 81
Hernán María Teresa Rubiano de Et V Trr B Ap 201 Los Samanes 44 54 14
Hernández Abel Cl 17 10-30 33 68 96
Hernández Alarcón Abel Cl 68B 10D-49 47 98 64
Hernández Páez Abelardo Cl 42 27 A-41 Ap 303 34 28 11
Hernández Prada Abigail Cr35 38-28 35 03 97
Hernández Prada Abigail Et III B-22-4 Ap 3-12 Bucarica 48 40 32
Hernández Castro Absalón Cr18 20-19 46 83 02
Hernández Suárez Adela B-12-12 Ap 302 Bucarica II 48 41 44
Hernández Adelacia Cr22 A 110-36 Provenza 31 58 28
Hernández Angarita Adolfo M. Cl 35 24-24 Trr C B-6 Ap 403 Altos de Cañaveral 38 35 93
Hernández Castellanos Adonai Cr1 E 26-38 La Cumbre 48 16 06
Hernández D. Adonay Cr1B Casa No.82 Guayacanes-Oriental Ciudad Bolívar 44 80 6
42 03 5
Hernández Agustín Cl 57 7W-35
Hernández Alba Méndez de B-Diana Ap 103 Neptuno 31 18 6
Hernández Alba María Méndez de Cl 62 45-140 Ap 202 47 73
30 75
Hernández Alba Marina Cl 16 B 8-38
Hernández Durán Alberto Cr35 A 46-18 P-2 43 23
Hernández Meneses Alberto Cl 28 6-30 33 70
Hernández Ramírez Alberto Cr16 7-33 30 24
Hernández Rey Alberto Cr19 11-36 35 25
Hernández Torres Alberto Cl 49 22-73 El Poblado 46 78
Hernández Durán Alberto Elías Cl 110 22A-57 Provenza 36 48
Hernández Alcira Cl 15 C N 24-05 Int B Villa Helena 40 0
Hernández Alejandrina Barragán de Cl 10 19-52 45 5
Hernández Ordóñez Alejandrina Cl 35 8-03 33 5
Hernández Alejandrina Ordóñez de 42
Hernández Lozano Alejand
Hernández Ordóñez Al
Tapicería Hernánde
Hernández Alfonso
Hernández Alfonso
Hernández Alfonso
Hernández Suárez Al
Hernández Torres Alf
Hernández Valenzuel
Electrificar Ltd
Hernández

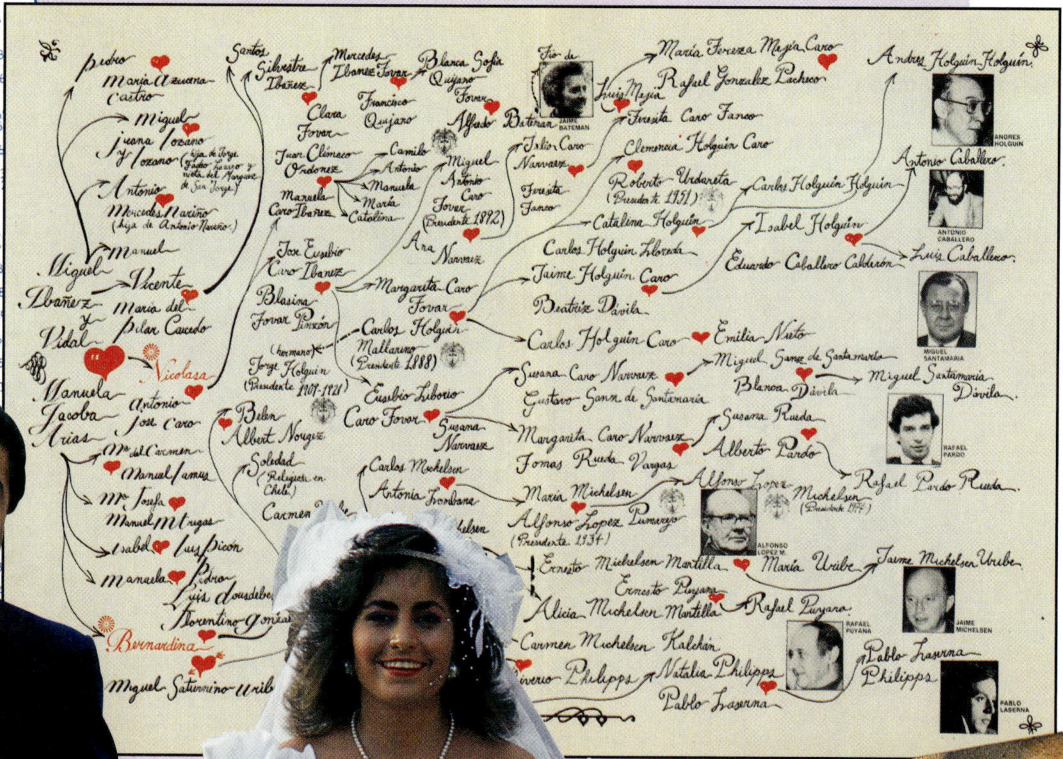

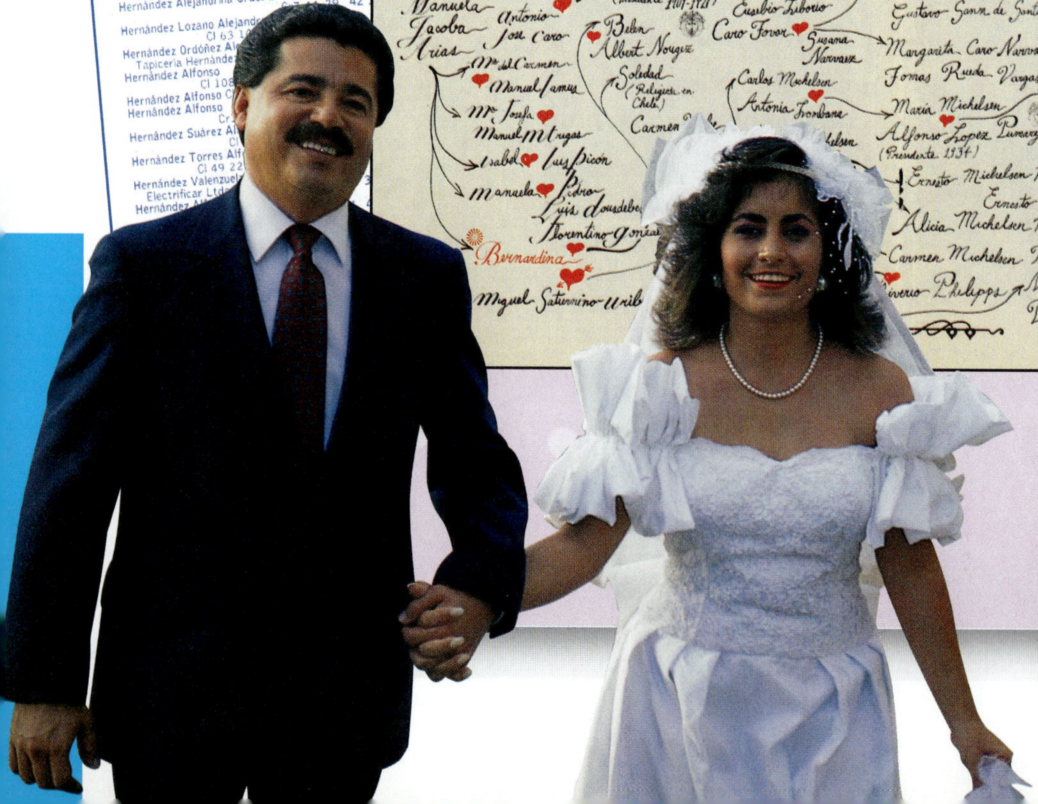

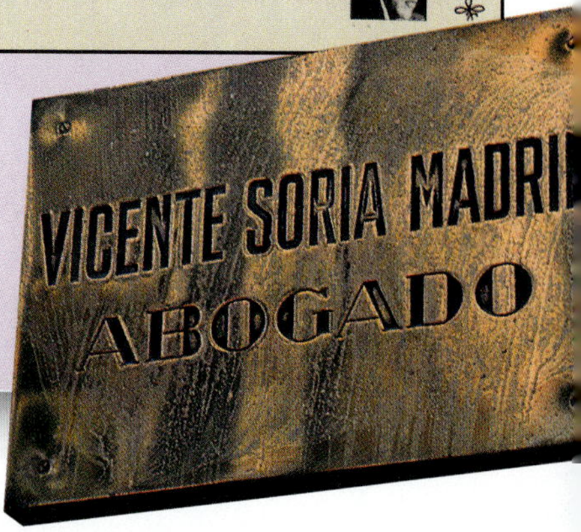

El presente de los verbos regulares que terminan en -ir

To form the present tense of a regular -ir verb, such as *vivir* (to live), begin by removing the -ir ending.

Then attach endings that correspond to each of the subject pronouns. Note that except for -*imos* and -*ís,* the endings are the same as those of the -er verbs.

vivir			
yo	viv**o**	nosotros / nosotras	viv**imos**
tú	viv**es**	vosotros / vosotras	viv**ís**
Ud. / él / ella	viv**e**	Uds. / ellos / ellas	viv**en**

Ponce, Puerto Rico.

Another useful -ir verb is *salir* (to go out, to leave). Like the verbs *hacer* and *saber, salir* is regular in all forms except the first-person singular: *yo* **salgo**.

Yo **salgo** a las siete. I am leaving at seven.
Mi hermano **sale** a las ocho. My brother leaves at eight.

¿Dónde viven los parientes de Adela?

Adela is throwing a birthday party for her mother. As she writes out the invitations with her cousin, Beto, they realize their relatives and friends will be coming from all over the island. Complete this paragraph with the appropriate forms of the verb *vivir*.

Pues, nosotros (1) aquí en Bayamón. Los abuelos (2) muy cerca en la capital, San Juan. No hay problema con ellos. Pero los tíos José y Nata (3) en Ponce, muy lejos de aquí. La amiga de mi madre, doña María, también (4) en Ponce. Clara y Rafael (5) en Arecibo, pero van a estar en Nueva York el día de la fiesta. ¡Ay! Y mi tía Yoli (6) en Orlando pero va a estar en casa de Mona y Jorge. Ellos (7) en Caguas. Y tú, ¿dónde (8)? ¿Vas a ir a la fiesta?

Capítulo 4

Algo más

Los papás o los padres

You have learned the words *padre* and *madre*. To refer to both parents simultaneously, use the masculine plural form: *padres*. Some people prefer to say *mamá y papá* (mom and dad) or *papás* (parents).

el padre + la madre = los padres
el papá + la mamá = los papás

As with *ellos*, when referring to a mixed group of both males and females, always use the masculine plural form.

los hermanos	brothers and sisters
los tíos	uncles and aunts
los abuelos	grandparents
los primos	cousins

BONITA FAMILIA • Lorena de Páez, Natalia Vallejo, Rafaela Páez, Fernando Páez y Daniela Páez. Muy divertidos.

Día de La Familia en el Tomás Moro

La directora de la sección pre-escolar del colegio Tomás Moro, María Esther de Zevallos, organizó una mañana familiar para los alumnos de pre-kinder y kinder y sus papás. Se realizaron juegos, concursos con simpáticos premios para los más pequeños. Los niños participaron en un acto artístico con canciones y coreografías. Una soleada mañana que todos disfrutaron plenamente.

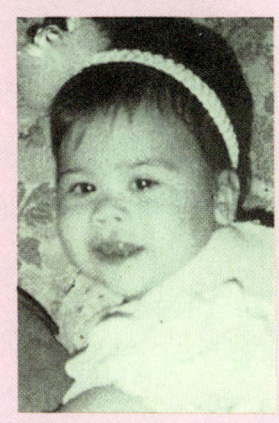

Primer año

Keily Michelle Cátala Cintrón cumplió su primer año. Sus padres Taty y Eddie, sus abuelos maternos Eneida y José Cintrón y abuelos paternos Sonia y Junior Cátala, la felicitan.

4 ¿Dónde están? ¿Adónde van?

Use words from each column to create original sentences telling where in Puerto Rico the following people live, and then say where they are going to or leaving from. Add other information to make your sentences more interesting.

 Los primos de Paloma viven en Caguas. Van a vivir en Arecibo.
Mi tío Paco vive cerca de Mayagüez, pero sale de allí en dos días.

I	II	III	IV
tu tía Ana	vivir	en	Arecibo
los primos de Paloma	salir	cerca de	Ponce
yo	ir	lejos de	Mayagüez
nosotras		de	el Yunque
mi tío Paco		allí en	el Morro
los hermanos de Gilberto		aquí en	San Juan
tú			Caguas
mamá y papá			la playa

Lección 7

5 Chismes y noticias

Imagine you and a friend are exchanging news about your families. With a classmate, form questions using the following groups of words. Then answer each question, using the cue if you wish.

tu prima María/salir de/Puerto Rico (no, nunca)
A: Oye, tu prima María sale de Puerto Rico, ¿verdad?
B: ¡Ay, no! Ella nunca sale de aquí.

1. Ernesto/salir/con/amiga de/tu hermana (¡claro!)
2. nosotros/vivir/casa grande y nueva (sí, y también...)
3. tu abuelo/ir a/vivir/París (no, Ponce)
4. tu tía Anita y tu tío Rolando/salir de/San Juan/el verano (no, hoy)
5. el hijo único/de tu tío Alonso/vivir/con/unos parientes (sí, los abuelos)
6. tu hermano/salir/con/ *(name of a celebrity)* (bueno, no)
7. tú/vivir/ciudad grande (sí/no, yo...)

Repaso rápido

Bella, romántica, sensible, talentosa, divertida y muy sensual—como buena brasileña—

HOGAR MODERNO

DESLUMBRANTE
ADMIRABLE
FASCINANTE
FANTASTICA
ATRACTIVA

Los adjetivos

You have already learned several adjectives, such as colors. Remember that adjectives can be masculine or feminine and singular or plural. Match the gender (masculine or feminine) and number (singular or plural) of an adjective to the noun it describes. To make either form plural, add *-s* if the adjective ends in a vowel or *-es* if the adjective ends in a consonant. Although most adjectives follow the nouns they modify, adjectives of quantity such as *tres, mucho (mucha), otro (otra)* and question-asking words precede their nouns.

Algo más

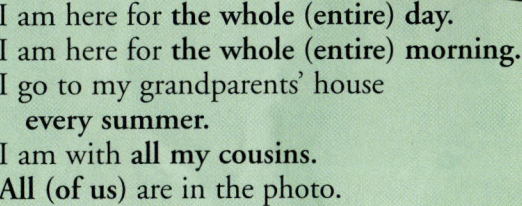

La palabra *todo*

The word *todo* (and its variations *toda, todos* and *todas*) may be used several different ways. Compare the following examples:

*Estoy aquí por **todo el día**.* I am here for **the whole (entire) day**.
*Estoy aquí por **toda la mañana**.* I am here for **the whole (entire) morning**.
Voy a la casa de mis abuelos I go to my grandparents' house
  ***todos los veranos**.*   every summer.
*Estoy con **todas mis primas**.* I am with **all my cousins**.
***Todos** estamos en la foto.* **All (of us)** are in the photo.

Capítulo 4

¿Cómo es la familia?

Complete the following sentences with the correct form of the adjectives shown in parentheses.

¡PIENSA EN LA FAMILIA!

 Tengo muchos parientes. (mucho)

La familia con la que usted sí puede contar...

1. Tengo (1) abuela en Miami. (uno)
2. Mi (2) abuela vive en Mayagüez. (otro)
3. Las dos son muy (3). (cariñoso)
4. Mi prima (4), Marta, vive en Mayagüez también. (favorito)
5. Las amigas de Marta son unas chicas muy (5). (popular)
6. Mi hermano es (6). (amable)
7. Vivimos en una casa muy (7). (bonito)
8. (8) la familia está en casa hoy. (todo)
9. Tengo una familia (9). (divertido)

 Mi familia

 With a partner, ask and answer questions about each other's relatives. Tell where they live and add any other interesting information you wish. Use each of the following adjectives in your questions and answers: *amable, cariñoso, divertido, favorito, popular, bonito, simpático, fantástico.*

 A: ¿Quién es tu tía favorita?
B: Mi tía favorita es Amalia. Es médica y es muy cariñosa. Vive en Chicago.

Nuestra abuela es muy cariñosa.

Los adjetivos posesivos

You have already learned to show possession by using *de, del, de la, de los* and *de las*. You also can indicate possession by using possessive adjectives such as *mi, tu* and *su*. Possessive adjectives precede the noun they modify and, like other adjectives, they must agree in number and in gender with that noun.

mi(s)	hermano(s) hermana(s)	*my*	brother(s) sister(s)
tu(s)	tío(s) tía(s)	*your (informal)*	uncle(s) aunt(s)
su(s)	sobrino(s) sobrina(s)	*your (formal)*	nephew(s) niece(s)
su(s)	sobrino(s) sobrina(s)	*his*	nephew(s) niece(s)
su(s)	sobrino(s) sobrina(s)	*her*	nephew(s) niece(s)
nuestro(s) nuestra(s)	hermano(s) hermana(s)	*our*	brother(s) sister(s)
vuestro(s) vuestra(s)	tío(s) tía(s)	*your (informal)*	uncle(s) aunt(s)
su(s)	sobrino(s) sobrina(s)	*your (formal)*	nephew(s) niece(s)
su(s)	sobrino(s) sobrina(s)	*their*	nephew(s) niece(s)

Possessive adjectives have both singular and plural forms. Although the masculine and feminine forms for *mi, mis, tu, tus, su* and *sus* appear the same (i.e., *su primo* and *su prima*), notice that *nuestro/nuestra, nuestros/nuestras* and *vuestro/vuestra, vuestros/vuestras* have recognizably different masculine and feminine forms.

*Adolfo es **nuestro** amigo.* Adolfo is **our** friend.
*Eva también es **nuestra** amiga.* Eva is **our** friend also.

Note that the number and the gender of the possessive adjective must match what is possessed, not the possessor. For example, the *s* on *tus* is not necessary unless the noun that follows is plural.

*¿Es **tu** tío de Nueva York?* Is **your** uncle from New York?
*¿Son **tus** primos de Puerto Rico?* Are **your cousins** from Puerto Rico?

Capítulo 4   137

8 El álbum de familia

Imagine you are at a family reunion looking at a photo album with two of your cousins. Indicate what you might say about the people in the photographs, using the possessive adjective indicated by the cue in parentheses.

   Es <u>mi</u> madre en la casa. (yo)

1. ¿Son (1) abuelos? (nosotros)
2. Es (2) tía, doña Carmen. (Uds.)
3. Son (3) padres en el Yunque, un parque nacional en Puerto Rico. (ella)
4. Marta, ¿es el muchacho grande (4) hermano? (tú)
5. Aquí está una foto de (5) abuela. (nosotros)
6. Son todos (6) primos en una fiesta. (él)
7. Aquí están doña Carmen y don Alfredo en (7) casa nueva. (ellos)
8. Javier, ¿son todas las muchachas en la foto (8) hermanas? (tú)
9. Son mi madre y tu madre con (9) padres. (ellas)
10. Somos (10) padres y yo en la playa en Fajardo. (yo)

Para leer mejor: *reading words in context*

If you are having trouble determining the meaning of *su* and *sus*, look at the context (the surrounding words and the conditions in which *su* and *sus* are used) of the sentence. For example, if you are referring to a man, *su* or *sus* may mean **his**; if you are referring to a woman, *su* or *sus* may mean **her**; similarly, *su* and *sus* can mean **your**, **its** or **their**, depending on whom or what you are discussing. In Spanish, the context of the sentence will frequently determine the meaning of the possessive pronouns.

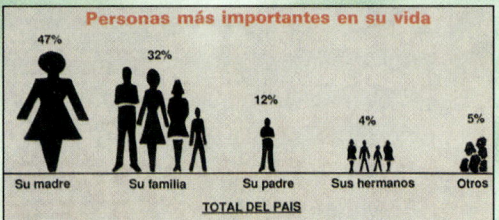

9 Lista de invitaciones

Imagine your uncle, Luis, is having a beach party at his new house in Arecibo. Complete his guest list with the appropriate possessive adjectives.

Los invitados

1. la doctora Adela Medina y (1) esposo Enrique
2. Ramón Hernández y (2) familia
3. Ud. y (3) amigos Paco y Ricky
4. doña Lucía y (4) hija Elena
5. los González y (5) sobrino de Santurce
6. Pedro Morales y (6) padres
7. Rosario y Juana Castillo y (7) madre

¿Cómo son Marité y sus hermanos?

Soy María Teresa… bueno, Marité para mis amigos y parientes. ¿Cómo soy yo? Pues, soy divertida y muy buena estudiante, pero estoy **cansada**° hoy.

cansada *tired*

Mi hermana, Sandi, es simpática. Y muy **guapa**,° ¿no? Pero está **triste**° porque su amigo Alex sale de Puerto Rico para vivir en México.

guapa *good-looking, attractive* **triste** *no está contenta*

Mi hermano, Jesús, está **enfermo**° hoy. Claro, ¡no está **contento**! Pero él es cariñoso y muy amable.

enfermo *sick*

 **¿Qué comprendiste?**

1. ¿Quién es Sandi? ¿Cómo es?
2. ¿Quién es Jesús? ¿Cómo está hoy? Él va a una fiesta hoy, ¿no?
3. ¿Adónde va a vivir Alex?
4. Marité está triste, ¿verdad?
5. ¿Son simpáticos los hermanos de Marité?

Conexión Cultural

¿Qué es la familia?

When describing your family, whom do you include? Many Americans might mention only their parents, brothers and sisters—their nuclear family. When talking about family in Puerto Rico, and in most Spanish-speaking countries, people talk about an extended family that includes grandparents, aunts, uncles and cousins. In fact, it is not uncommon for grandparents to live with their children or even their grandchildren.

Young adults often continue living with their parents until they are married. Shortly after the marriage, everyone excitedly anticipates the arrival of children, although many couples are deciding to wait to have children until they are more financially secure. When children do arrive, they will be protected and nurtured by the entire family. Because they spend so much time together, aunts, uncles and cousins often are best friends and are included in all family social functions.

Traditionally, mothers usually stayed at home and ran the household. Fathers were often authority figures and responsible for the family's financial support. However, middle-class mothers are becoming increasingly independent and working outside the home. Other aspects of family life are changing more slowly. Even today, grandparents and unmarried aunts and uncles continue to live in the family home and help share the parenting duties. All the adults consider it their responsibility to be personally involved in the decision-making processes of the children.

Toda la familia vive en San Juan, Puerto Rico.

FAMILY LIFE
- When do you plan to move into your own house or apartment?
- With whom do the elderly members of your family live?
- Do you plan to have children as soon as you marry?
- When you do have children, how will you divide the parenting duties?
- How will you divide the household chores?
- How much does your family influence your personal decisions?

Vivo con mi abuelo.

 Charlando

1. En tu familia, ¿quién es guapo/a?
2. ¿Quién está enfermo/a hoy en tu casa?
3. ¿Siempre estás contento/a?
4. ¿Tienes mucho tiempo libre? ¿Qué haces?

 **Fotos de parientes y amigos**

Marité and Sandi are looking at photographs of their family and friends. Marité is not certain she knows everybody, but her older sister Sandi assures her she does. Play Sandi's part answering Marité's questions. Be certain to use the correct possessive adjectives in your answers.

El señor amable es el padre de Ana y Carlos, ¿verdad?
Sí, es su padre.

1. ¿Quién es el muchacho guapo? ¿El primo Rafael?
2. ¿Es el abuelo de mamá?
3. ¿Las tías de Luisa y Fernando están aquí con ellos?
4. ¿Quién es el chico muy contento? ¿Es Jesús?
5. ¿Son los hijos de tía Cristina?
6. Las chicas bonitas aquí en la playa, ¿son tus amigas de Santurce?

¿Quieres ver unas fotos de mi familia?

 **¡Somos familia!**

Look at this branch of your family tree. Form groups of five and have each person play the role of one family member. Then take turns expressing your relationship to at least three other members of your family. Add one or two descriptive phrases about yourself or your relatives.

Soy Rosita. Guadalupe es mi abuela. Es muy cariñosa. Y Marcos es….

Algo más

Más expresiones con *estar*
asustado/a	frightened
enojado/a	angry
feliz	happy
confundido/a	confused

Para describir: *estar*

While many adjectives are used with the verb *ser*, some adjectives also can be used with *estar*. Notice that, like other adjectives, these descriptive adjectives must agree with the person they describe.

*Marité está **cansada**.*   *Jesús y Tomás están **enfermos**.*

Note that *estar* is used for describing conditions that are likely to change *(cansado, triste)*, that are temporary or variable in nature *(frío, caliente)* or that are observations or opinions at a given moment *(guapo, feo)*.

*Estoy **cansado/a**.*	I am tired.
*¡Estás **loco/a**!*	You are crazy!
*Mamá está muy **bonita** hoy.*	Mom looks very pretty today.
*¿Estás **nervioso/a**?*	Are you nervous?
*No, pero estoy **apurado/a**.*	No, but I am in a hurry.
*Estoy **contento/a** (con)....*	I am very content, happy, glad, satisfied with....

Objects can also be described according to their state or condition.

*La puerta está **abierta/cerrada**.*	The door is open/closed.
*El refresco está **frío/caliente**.*	The soft drink is cold/hot.
*La casa está **limpia/sucia**.*	The house is clean/dirty.
*El teléfono está **libre/ocupado**.*	The phone is free/busy.

Adjectives that describe appearance or personality can be used with either *ser* or *estar*, but with a difference in meaning.

*Carlota **está** muy **guapa** hoy.*	Carlota looks very nice today.
*Mariana **es** una muchacha **guapa**.*	Mariana is a pretty girl.

Los refrescos están fríos.

14 La cita

Lisa and José are going on a date *(cita)*. Complete their conversation with the appropriate adjective.

| popular | guapa | abierto | bonita | amable |
| otro | ocupados | todos | libre | cerrado |

JOSÉ: Lisa, estás muy (1) hoy.
LISA: Ay, José, eres muy (2). ¿Adónde vamos?
JOSÉ: Vamos a un restaurante (3) en Bayamón. Se llama Las Palmas.
LISA: ¡Ay, no! El restaurante Las Palmas no está (4) los lunes. Los lunes sé que está (5).
JOSÉ: Bueno, vamos a (6) restaurante. Pero necesitamos un taxi.
LISA: Hay unos teléfonos, pero (7) los teléfonos están (8).
JOSÉ: Un momento, hay uno (9) allí.

15 ¿Cómo están?

Describe how these people or things look at this moment.

Norma está enferma.

 1.  2.  3.  4.

 5.  6.  7.  8.

16 ¿Cómo está tu familia?

Describe how several members of your family are feeling today. Try to include at least four or five people and yourself. If possible, give a reason for each person's condition. Use the following words or others you have learned: *cansado, nervioso, triste, contento, enfermo.*

Hoy mi hermana está nerviosa porque va a San Francisco en avión.

Reunión de familia

Imagine a friend invited you to a family reunion. Working in pairs, ask your partner questions about family members at the reunion by using the following groups of words. Your partner should then answer each question according to the cues shown. Follow the model.

Proverbios y dichos
How many times have you or one of your siblings been compared to a parent or another close relative? Hearing someone say, "You are just like your mother (or father)" can be embarrassing or irritating, but the comparison might be more accurate than you realize—or want to admit! As the saying goes: *Cual es el padre, así salen los hijos* (Like father, like son).

 estar cansado/tu tía Pilar (hijos)
A: ¿Está cansada tu tía Pilar?
B: No, no está cansada, pero sus hijos están cansados.

Cual es el padre, así salen los hijos.

1. estar muy nervioso/tus padres (tías)
2. estar enfermo/tu sobrino (abuela)
3. estar muy contento/tu prima (doña Antonia)
4. estar apurado/tú y tu hermano (hermana y padres)
5. estar muy frío/los refrescos de tus primos (comida de mi madre)
6. estar libre mañana/Uds. (prima Rosa)
7. estar loco/tú (Diego)
8. estar abierto/la puerta de la casa de tu abuelo (ventanas)
9. estar triste/tu tía (los primos de Ponce)
10. estar sucio/el carro de tu tío (el carro de mi prima)

¿Cómo están Uds.?

Form groups with three or four students in an inside circle facing the same number of students in an outside circle. Students who are facing each other pretend to meet on the street and exchange greetings and ask about one another's health or emotional condition. Then students in the outer circle move one to the right and begin a similar conversation with the new partner. Continue until you have greeted each person in the opposing circle. Be creative!

Los muchachos no están apurados.

 A: ¡Hola, Cristina! ¿Cómo estás?
B: Ah, estoy contenta pero muy ocupada. Y tú, Diego, ¿qué tal?
A: Yo estoy apurado. Hasta luego.

¡Qué divertido!

MARITÉ: ¡Qué divertido! ¿Tienes más fotos?
BETO: Sí, tengo muchas más. Tengo unas fotos de Puerto Rico.

Ponce es una ciudad interesante.

Ellos son unos parientes en Arecibo.

La Playa Luquillo. ¡Qué divertido!

La playa de Condado en San Juan. ¡Qué bonita!

Algo más

Exclamaciones

There are times when you may wish to express strong feelings about something you are experiencing. One way to do this is with the word *qué*, followed by an adjective or a descriptive phrase, which is equivalent to **How...!**

> ¡*Qué* + description!

¡Qué divertido!   How fun!   *¡Qué frío!*   How cold!

19 ¡Qué...!

Create a suitable caption for each of the following photographs, using *qué* plus an adjective.

 ¡Qué divertido!

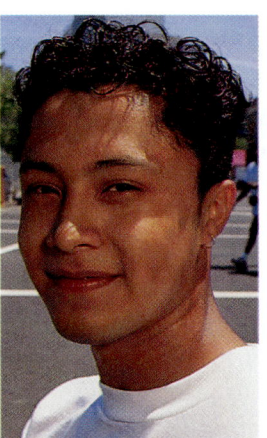

1.

2.

3.

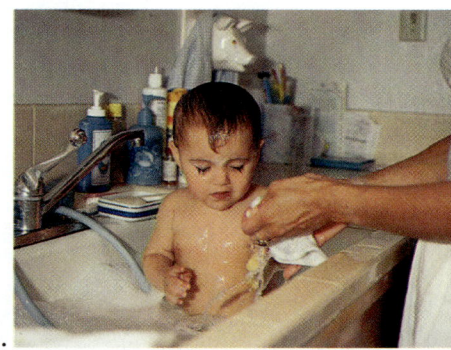

4.

5.

6.

7.

146   Lección 7

Conexión Cultural

Puerto Rico

In 1493 Christopher Columbus *(Cristóbal Colón)* landed on a small, rectangular-shaped tropical island paradise that inhabitants called *Borinquén* (originally *Boriquén*). Columbus claimed the land for Spain and named the island *San Juan Bautista* (Saint John the Baptist). In 1508, the famous explorer Juan Ponce de León founded the first Spanish village on the island, *Villa de Caparra,* which the king of Spain renamed *San Juan de Puerto Rico.* A year later Ponce de León was named the first governor. (The city of Ponce was named after him.) After a slow but continuous colonization, the island became known as Puerto Rico, and its capital was called San Juan.

As a result of the Spanish-American War, Spain ceded the island to the United States in 1898, beginning Puerto Rico's continuous affiliation with the United States. The island became a Commonwealth *(Estado Libre Asociado)* of the United States in 1952, which means residents are United States citizens but the main governmental functions remain independent. Although Puerto Ricans are American citizens, they remain fiercely proud of their Hispanic and Caribbean identity. Both Spanish and English are official languages. While Spanish is most commonly spoken, English is a required course from kindergarten to high school.

Puerto Rico has a rich and varied past. Today the island attracts tourists year-round. Visitors can enjoy Caribbean music *(salsa* is popular in Puerto Rico and throughout all of Latin America), beautiful beaches, the colonial buildings in Old San Juan *(el Viejo San Juan)* and the only tropical rain forest *(el Yunque)* found in the U.S. National Forest System. More than 100 billion gallons of rain fall in *el Yunque* each year! The island also has some of the finest and most accessible hiking trails in the Caribbean, and surfers claim the finest waves are along Puerto Rico's Atlantic coastline where the best season is October through April.

El Yunque.

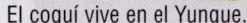
El coquí vive en el Yunque.

Una calle en el Viejo San Juan.

20 Cruzando fronteras

Read the following incomplete statements about Puerto Rico. There may be some words that you do not know. Then try to complete each statement logically, using one of the answer choices shown in the column on the right.

1. Cristóbal Colón llegó a la isla en...
2. La capital de Puerto Rico se llama...
3. Más de cien billones de galones de lluvia caen cada año en...
4. Los puertorriqueños son ciudadanos de...
5. Las lenguas oficiales de Puerto Rico son...
6. Hacer surfing es excelente en Puerto Rico desde octubre...
7. Un tipo de música popular de los puertorriqueños es...

A. hasta abril.
B. el inglés y el español.
C. 1493.
D. la salsa.
E. el Yunque.
F. San Juan.
G. los EE.UU.

La salsa es muy popular en Puerto Rico.

21 ¡Qué familia!

Working in groups of three or four, describe what you see in the illustration using a minimum of seven sentences. Say how things are at this moment and describe the emotional state of the whole family, including the pets.

 La familia está en casa.

Lección 7

22 ¿Y tu familia?

Working in pairs, make a list of five questions to find out about your classmates' families. Then take turns asking and answering your questions. If you wish, react to your partner's questions or answers.

A: ¿Cuántos hermanos tienes?
B: Tengo dos hermanos y una hermana.
A: ¿Cómo son tus padres?
B: Son divertidos.

23 Tu familia

Create an imaginary family for yourself using photos from magazines. Include some well-known Spanish-speaking people, if possible, or make up Hispanic first names for your imaginary family. Then in groups of three to five students, show your family and tell who the family members are. Try to use adjectives you have learned in this lesson in your description. Be creative!

Es mi tío/a. *(Show a photo of a famous Spanish-speaker such as Antonio Banderas, Gloria Estefan or Jimmy Smits, for example.)*
¡Qué simpático/a!, ¿verdad?

¿Antonio Banderas es tu tío?

Autoevaluación. **As a review and self-check, respond to the following:**
1. Name at least four family members and say what their relationship is to you in Spanish.
2. How would you describe several of your family members in Spanish to a friend?
3. Lydia Castillo lives in San Juan, Puerto Rico, and is married to Francisco Rivera. How would you say her full name and where she lives in Spanish?
4. Imagine you have a picture of your best friend's family. Explain to a classmate in Spanish who are the grandparents, parents, brother, sisters and cousins of your friend.
5. How would you say in Spanish that your friend, Marco, is an only child and has no sisters or brothers?
6. What could you ask someone in Spanish who looks sick? Rushed? Nervous?
7. Imagine you are at a restaurant and wish to complain to the server in Spanish about several problems such as the food being cold, the window being open, your soft drink being hot and you feeling sick.
8. What do you know about Puerto Rico?

¡La práctica hace al maestro!

A Comunicación

Working in groups of five or six students, decide among yourselves who will play the roles of various members of a family. Try to include brothers, sisters, parents, grandparents, etc. Working with another group, form two concentric circles. The inside circle should contain members of your family and the outside circle should contain members of the other group's family. Then try the following: A) Each person in the circles takes a turn telling the partner from the other family the names of his or her family; B) the family in the inner circle rotates one person to the left and you begin the activity again. Try to see how many people you can introduce your family to in five minutes.

Aquí está mi hermano, Pedro.
Allí está mi tía favorita, Carmen.

B Conexión con la tecnología

Research your own family's history using the resources available through the Internet. If you prefer, make up an identity or pretend to be someone famous (preferably someone who speaks Spanish). Do you have any Spanish-speaking ancestors? Where did your ancestors come from? Investigate the life of one relative who was born and lived in another country. Find out the name of the country (and city) where the person was born, where the country (and city) is located on a map and details about the country (population, principal attractions, capital, holidays, etc.). Share your research with the class.

Lección 7

VOCABULARIO

Para describir
abierto,-a
amable
apurado,-a
bonito,-a
caliente
cansado,-a
cariñoso,-a
cerrado,-a
contento,-a
divertido,-a
enfermo,-a
frío,-a
guapo,-a
libre
limpio,-a
loco,-a
más
mis
nervioso,-a
nuestro,-a
ocupado,-a
otro,-a
popular
su, sus
sucio,-a
todo,-a
triste
tus
único,-a

Familia
el abuelo, la abuela
el esposo, la esposa
la familia
el hermano, la hermana
el hijo, la hija
la madre
el nieto, la nieta
el padre
los padres
el pariente, la pariente
el primo, la prima
el sobrino, la sobrina
el tío, la tía

Expresiones y otras palabras
la casa
la foto(grafía)
mucho
nunca
para
la playa
por
¡qué *(+ description)*!
el tiempo
el verano

Verbos
quiero
salir
vivir

¿Cómo está tu familia?

¡Qué divertido!

MAYO 9
DIA DEL PADRE
Sí. El 9 de Mayo es el día del padre.

Lección 8

Mis amigos

PEDRO: ¿Por qué no vamos ahora a la playa de El Dorado? Mónica, la hermana de Miguel, va también.
SERGIO: Ah, claro... ¡te **gusta** la muchacha!
PEDRO: Sí, **me gusta** mucho.
SERGIO: Bueno. Y, ¿cómo es ella?
PEDRO: Es **morena**, no muy **alta**, muy amable, muy **inteligente** y con una **voz**° muy **dulce**.°
SERGIO: Ah, sí. Pues, Mónica siempre va a El Dorado. Bueno, chico, ¿por qué no vamos a la playa mañana? Hoy quiero ir a ver el **partido**° de **béisbol**.

voz *voice* **dulce** *sweet* **partido** *game*

¿Qué comprendiste?

1. ¿Quién es Sergio?
2. ¿Cómo se llama la hermana de Miguel? ¿Adónde va ella ahora?
3. ¿Cómo es ella? Y, ¿cómo es su voz?
4. Mónica nunca va a la playa de El Dorado, ¿verdad?
5. ¿Adónde van los muchachos hoy?

2 Charlando

1. ¿Te gusta ir a la playa? ¿Te gusta ver un partido de béisbol?
2. ¿Eres alto/a?
3. ¿Cómo eres tú? Eres inteligente, ¿verdad?
4. ¿Qué te gusta hacer con tus amigos?

Santo Domingo es la capital de la República Dominicana.

Conexión cultural

La República Dominicana

In December of 1492, Christopher Columbus landed on the Caribbean island of Hispaniola *(La Española)* and claimed it for Spain. Today the island is shared by the Dominican Republic, which occupies the eastern majority of this tropical island, and Haiti, which is located on the remaining western portion of the island.

The capital of the Dominican Republic, Santo Domingo, was the first capital in the Americas. It was founded by Christopher Columbus' brother Bartholomew *(Bartolomé)* in 1496. Many notable explorers set out from this base, including Ponce de León (to Puerto Rico), Hernán Cortés (to Cuba and Mexico), Vasco Núñez de Balboa (to the Pacific) and Diego de Velázquez (to Cuba). Today the capital is a city with over two million inhabitants in a central valley on this mountainous island.

Tourism is important to the Dominican Republic's economy. Visitors may choose to explore colonial towns and beautiful beaches, such as *Boca Chica* and *El Dorado.* These are wonderful places to visit for snorkeling and other water sports. Dominican music, particularly the *merengue,* a unique, fast-paced Caribbean music style, is popular all over Latin America. In addition, did you know more foreign-born U.S. professional baseball players originate from the Dominican Republic than from any other country?

La playa es muy popular en la República Dominicana.

3 Cruzando fronteras

Read the following statements about *la República Dominicana.* There may be some words that you do not know. Then tell whether the statements are true *(verdad)* or false *(falso).*

1. La Española es una isla en el Caribe.
2. La República Dominicana está en la isla La Española.
3. San Juan es la capital dominicana.
4. Cortés, Balboa y Velázquez fueron exploradores.
5. La lengua oficial de la República Dominicana es el inglés.
6. El merengue es muy popular en la República Dominicana.
7. Muchos beisbolistas profesionales son de la República Dominicana.

Para hablar mejor: *using words in context*

As you have seen before, many words change their meaning depending upon the context in which they are used. For example, *chico* can mean **boy** as a noun, or **small** as an adjective. However, *chico* can also be used in a more general sense as a term of friendship when talking to someone and should not be taken literally, much like the words **buddy, pal**, etc. Other similarly used terms include *chica, hombre, guapa* (used among female friends) and *cuadro* (used along the Caribbean coast of Colombia). Some of these terms have masculine and feminine forms; others may have only a masculine form or a feminine form. In any case, keep your eyes and ears open to how a word is used because learning to do so will improve your ability to understand and speak authentic Spanish.

Chico, ¿qué tal?

Te gusta el muchacho, ¿verdad?

Completa el siguiente diálogo de una manera lógica con las siguientes palabras: *ahora, alta, alto, amable, chica, dulce, excelentes, gusta, inteligente, me, morena, simpática.*

ANA: ¿Por qué no vamos (1) a la casa de Manolo?
PEPE: Pues, (2), ¿por qué? Un momento, te (3) el muchacho, ¿verdad?
ANA: Sí, (4) gusta mucho. Y, ¿por qué no? Él es muy (5).
PEPE: Su hermana, Beatriz, es (6) también. Ella es (7), no muy (8) y con una voz muy (9).
ANA: Bueno, él es (10) y muy (11). ¡Habla inglés y español!
PEPE: Sí. Manolo y su hermana son estudiantes (12).

Parientes y amigos

Write the names of three relatives or friends and state each person's relationship to you. Then under each name write words that describe each person, categorizing the words according to whether they refer to physical characteristics *(características físicas)* or personality characteristics *(características de personalidad)*. Be sure to use the correct form of the adjectives.

 Susan Jackson (hermana)

características físicas
alta y morena

características de personalidad
inteligente, amable y divertida

IDIOMA

El verbo *gustar* con *me*, *te* y *nos*

Spanish has no exact equivalent for **to like**. To express the idea of liking, Spanish-speaking people use the verb *gustar*, which is roughly equivalent to the English expression **to be pleasing**. The most commonly used forms of this verb are *gusta* and *gustan*.

Use *me*, *te* or *nos* and *gusta* with a singular noun or an infinitive to say **I like...** *(Me gusta...)*, **You (informal) like...** *(Te gusta...)* or **We like...** *(Nos gusta...)*.

me	*Me gusta la playa.*	**I like** the beach.
	Me gusta caminar en el parque.	**I like** to walk in the park.
te	*¿Te gusta el restaurante?*	**Do you like** the restaurant?
	Te gusta comer en casa, ¿verdad?	**You like** to eat at home, right?
nos	*Nos gusta la comida.*	**We like** the food.
	Nos gusta salir con amigos.	**We like** to go out with friends.

Use *me*, *te* or *nos* and *gustan* with a plural noun.

Me gustan las fotos. **I like** photos.
Te gustan las fotos, ¿verdad? **You like** photos, right?
Nos gustan las fotos. **We like** photos.

To make the preceding expressions negative, add *no* before *me*, *te* or *nos*.

No me/te/nos gusta la música. I/You/We do not like the music.
No me/te/nos gusta estar en casa. I/You/We do not like to be at home.
No me/te/nos gustan las motos. I/You/We do not like motorcycles.

Nos gusta la comida.

 ## Me gusta....

Indicate whether or not you like to do the following things.

 hablar español en casa
Me gusta hablar español en casa./No me gusta hablar español en casa.

1. ir a partidos de béisbol
2. leer revistas
3. caminar en la playa
4. tomar el autobús
5. salir con amigos
6. estar en casa los sábados
7. ir a conciertos de rock

7 ¿Te gusta(n)...?

Working with a partner, take turns asking and saying whether or not you like what is shown in the following illustrations.

A: ¿Te gustan los museos?
B: Sí, me gustan los museos./No, no me gustan los museos.

B: ¿Te gusta la música dominicana?
A: Sí, me gusta la música dominicana./No, no me gusta la música dominicana.

¿TE GUSTAN los animales? Curso dirigido a personas interesadas en especializarse en cuidado de los animales. Salidas profesionales como: Auxiliar Veterinaria, Zoológicos, Guarderías caninas, tiendas de animales, etc. Infórmate 902-101225.

1. 2. 3. 4.

5. 6.

EN CLAVE

balk= engaño, movimiento engañoso
ball= bola, pelota, la blanquita
baseball= béisbol
basepath= sendero, camino
bases loaded= bases llenas, cuatro pescados en una sartén
catcher= receptor
curve= curva
double= doble, tubo
fastball= recta
first baseman= inicialista, el primera base
fly ball= bombo, elevado, palomita
ground ball= machucón, out de roleta, rolín
hit= hit, sencillo, batazo limpio, indiscutible, línea incogible
hit batsman= pelotazo
home run= cuadrangular, jonrón
inning= inning, entrada, episodio
1-2-3 inning= al paso de conga, tres hombres tres outs
mound= montículo, lomita
out= out, fuera el hombre
outfielder= jardinero, guardabosque
pitcher= lanzador, serpintero, abridor, relevista
player= pelotero, beisbolero
run= carrera, anotación
screwball= lanzamiento de tornillo, tirabuzón
second baseman= intermedista, el segunda base, camarero
shortstop= jardinero corto, paracorto, siore, torpedero
slider= deslizadora
strike= strike, estrike
strikeout= ponche, ponchado, ponchete
swing= swing
third baseman= antesalista, el tercera base
triple= triple
wild pitch= lanzamiento salvaje, lanzamiento descontrolado

Conexión cultural

Una Herencia Deportiva

Los Beisbolistas de la República Dominicana.

Cruzando las lluvias tropicales que con frecuencia caen sobre la República Dominicana, una bola de béisbol surca el cielo para consagrar nuevos ídolos de este deporte en los Estados Unidos. Desde principios de siglo, la República Dominicana ha sido una verdadera fábrica de beisbolistas talentosos, tanto que hoy 17 de los 26 equipos de las Ligas Mayores tienen academias de béisbol en este país. Desde ahí se desarrolla el talento de algunos de los mejores jugadores. En 1992, más de 50 beisbolistas dominicanos brillaron por su vitalidad y estilo en las grandes ligas. Y la lista de nuevas figuras se hace mayor cada año.

UNA HERENCIA VIVA

El béisbol

America's favorite pastime—baseball—is growing. It is becoming more popular in countries outside the United States as well. More than 30 percent of professional baseball players are from countries other than the United States. There are already highly developed leagues in Latin America and Asia. In the Dominican Republic, baseball is a passion. There is even a Dominican professional winter league in which most U.S. clubs participate.

Can you identify the following Spanish baseball vocabulary?

1. el bate
2. el bateador
3. el receptor
4. el lanzador
5. el trofeo
6. el campo/diamante de béisbol
7. el campo interior
8. el campo exterior
9. el jonrón
10. la primera/segunda/tercera base

156 Lección 8

¿Qué te gusta hacer?

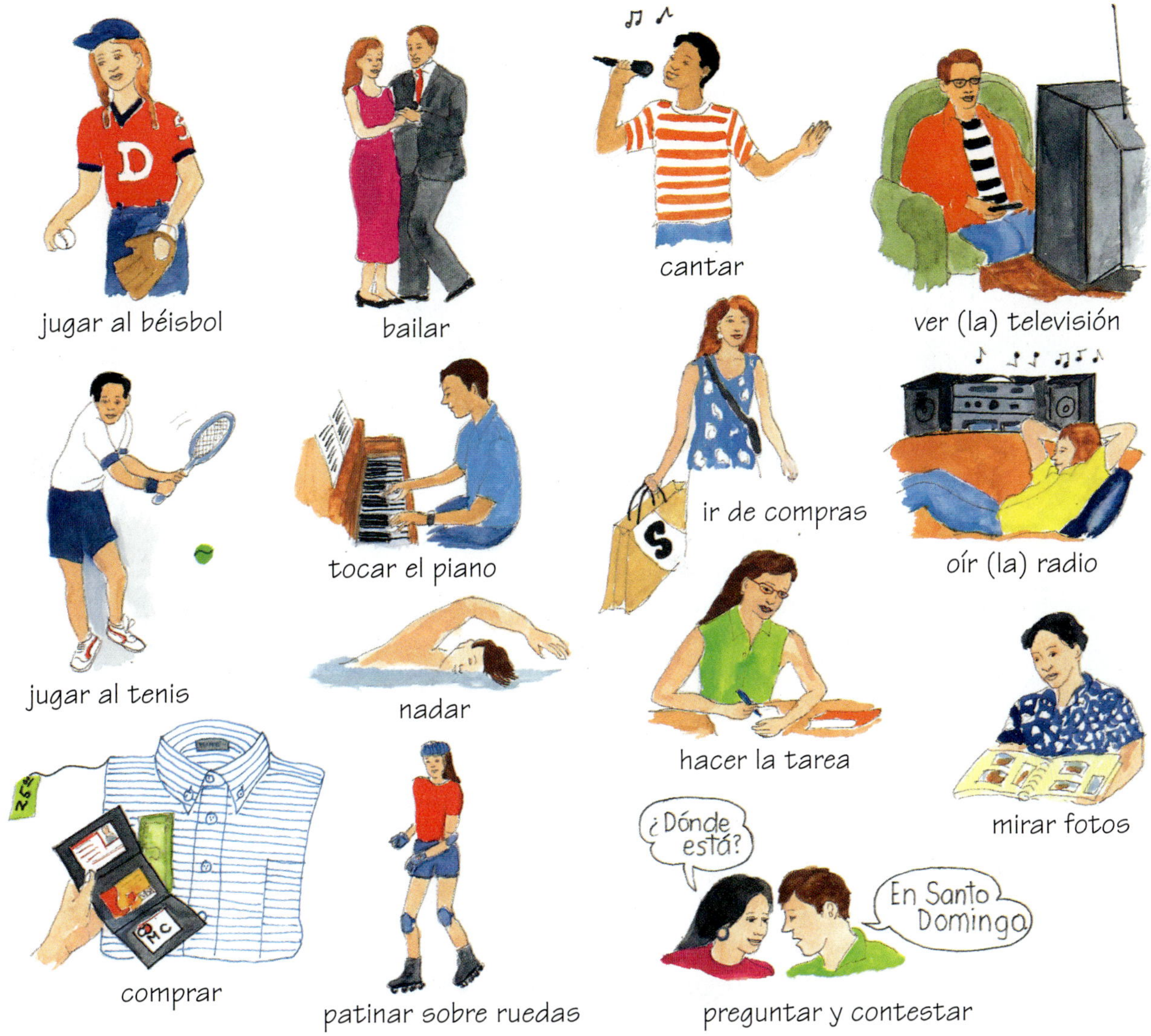

jugar al béisbol

bailar

cantar

ver (la) televisión

jugar al tenis

tocar el piano

nadar

ir de compras

oír (la) radio

hacer la tarea

mirar fotos

comprar

patinar sobre ruedas

preguntar y contestar

Nos gusta(n)....

Working with a partner, find out four things that both of you like. Write down your findings, using *Nos gusta(n)....* Keep asking questions until you find four things you like in common.

A: ¿Te gusta ir a la playa?
B: No, no me gusta. ¿Te gusta jugar al tenis?
A: ¡Sí, claro! Me gusta mucho.
A y B: (*Write* Nos gusta jugar al tenis.)

Capítulo 4

Algo más

¿*Mirar* o *ver* (la) televisión?

Although both *mirar* (to look at) and *ver* (to see) are used to say that someone watches television, *ver* is the more common expression of the two. In the same way, you will hear *oír* (to hear) more often than *escuchar* (to listen to) when referring to the radio.

¿Miras o ves televisión?

¿Oyes o escuchas música?

9 ¿Qué te gusta hacer?

Look at the following survey about pastime activities and write your response to each question. Then, working in pairs, take turns asking one another if you like to do the things listed.

 ir de compras
A: ¿Te gusta ir de compras?
B: Sí, me gusta./No, no me gusta.

ENCUESTA: ¿*Cuáles son tus pasatiempos favoritos?*
¿Te gusta...?

	SÍ	NO
1. ir de compras	☐	☐
2. ir al cine	☐	☐
3. tocar el piano	☐	☐
4. oír la radio	☐	☐
5. ver (la) televisión	☐	☐
6. jugar al tenis	☐	☐
7. nadar	☐	☐
8. cantar	☐	☐
9. bailar	☐	☐
10. salir los viernes/sábados	☐	☐
11. mirar fotos	☐	☐
12. ir a conciertos	☐	☐
13. hacer la tarea	☐	☐

Oportunidades

El español en tu comunidad

It is not always necessary to travel great distances in order to be able to use Spanish. Whether you speak with someone, read a newspaper, watch a program on television or connect with someone on the World Wide Web, there are opportunities in every community in the United States to apply the skills you are learning this year in Spanish class. How have you been able to use Spanish where you live?

Lección 8

IDIOMA

El verbo *gustar* con *le* y *les*

Sometimes *gusta* and *gustan* are used with *le* or *les* instead of *me, te* or *nos*. Use *le* before *gusta* or *gustan* when speaking formally (using *Ud.*) with someone about what that person likes or dislikes, or when asking about or reporting what another person (*él* or *ella*) likes or dislikes.

¿A USTED? LE GUSTA VIAJAR A GUSTO O... ¡SUFRIR DEL SUSTO!

¿Le gusta ir de compras?   Do you *(Ud.)* like to go shopping?
Does he like to go shopping?
Does she like to go shopping?

¿Le gustan las fotos?   Do you *(Ud.)* like the photos?
Does he like the photos?
Does she like the photos?

Use *les* before *gusta* and *gustan* when speaking with more than one person *(Uds.)* about what they like or dislike, or when asking about or reporting what other people *(ellos* or *ellas)* like or dislike.

¿Les gusta cantar en español?   Do you *(Uds.)* like to sing in Spanish?
Do they *(ellos* or *ellas)* like to sing in Spanish?

¿Les gustan las playas?   Do you *(Uds.)* like the beaches?
Do they *(ellos* or *ellas)* like the beaches?

Algo más

Para aclarar o para dar énfasis

Sometimes words can be added to clarify an otherwise confusing sentence or to add emphasis. Look at the following:

¿Les gusta ir de compras?

singular		
	A mí	} *me gusta jugar al tenis.*
	¿A ti	} *te gusta jugar al tenis?*
	¿A Ud. *¿A él (A Pablo/A tu hermano)* *¿A ella (A María/A tu hermana)*	} *le gusta jugar al tenis?*

plural		
	A nosotros (nosotras)	} *nos gusta jugar al tenis.*
	¿A vosotros (vosotras)	} *os gusta jugar al tenis?*
	¿A Uds. *¿A ellos (A Pablo y a Pepe)* *¿A ellas (A Pilar y a Pepita)*	} *les gusta jugar al tenis?*

Capítulo 4

10 ¿A quién le gusta?

Working with a partner, read the following sentences that are not clear. Then look at the illustration to be certain who likes or does not like the things being discussed.

A: Le gusta ir a Santo Domingo.
B: ¿A quién?
A: A la señora Durán le gusta ir a Santo Domingo.

la señora Durán

B: Les gusta hacer la tarea en casa.
A: ¿A quiénes?
B: A sus hijos les gusta hacer la tarea en casa.

sus hijos

Rodolfo

los Álvarez

Emilio

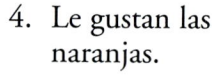

Susana

1. Le gusta tocar el piano.
2. Les gustan los libros de Stephen King.
3. Le gusta ver el partido de béisbol en la televisión.
4. Le gustan las naranjas.

la mesera

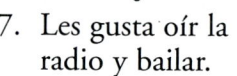

Carmen y Lola

doña Tere

Tony y Alfredo

5. Les gusta nadar.
6. Le gusta ir a casa.
7. Les gusta oír la radio y bailar.
8. Le gusta ir de compras a las tiendas grandes.

11 ¿Qué te gusta?

Combine words from each column to make at least seven original sentences. Some of your sentences can be negative.

I	II	III	IV
a nosotros	me	gusta	la música dominicana
a ti	te	gustan	los abuelos
a mis hermanos	le		el verano
a mi padre	nos		jugar al béisbol
a mi tía	les		los partidos de tenis
a mí			las fotos de familia y de amigos
a Ud.			hablar
			oír la radio
			tocar el piano
			patinar (sobre ruedas)

12 ¿A mí? ¡No!

Working with a classmate, take turns asking and answering questions using the cues below. Make your responses clear and emphatic.

tú/bailar/cantar
A: ¿A ti te gusta bailar?
B: ¡No! ¡A mí no me gusta bailar! Me gusta cantar.

ella/estudiar/tocar el piano
B: ¿A ella le gusta estudiar?
A: ¡No! ¡A ella no le gusta estudiar! Le gusta tocar el piano.

¿Qué más te gusta hacer?

Me gusta jugar....	Me gusta tocar....
al golf	el violín
al básquetbol	la trompeta
al fútbol	la guitarra
al fútbol americano	el tambor
al hockey	la flauta
	el trombón
	el saxofón
	la tuba
	la marimba

1. ellas/estar en casa/ir de compras
2. Ud./hablar español/hablar inglés
3. tú/ver (la) televisión/ir al cine
4. él/tocar el piano/oír (la) radio
5. Uds./jugar al tenis/jugar al béisbol
6. los estudiantes/contestar preguntas/hacer preguntas
7. Eva/las playas de Puerto Rico/las playas de la República Dominicana

13 Los gustos

Tell at least two things that two of your family members or friends like to do and at least one thing that each person does not like to do.

A mis hermanos, Kyle y John, les gustan las fiestas.
A Kyle no le gusta bailar.

14 Lista de gustos

Working in groups of three, take turns asking and telling one another what you like or do not like to do. Each person then makes a list of two things the other group members do and do not like to do. Then one member for each group reports the information to the class.

A: A mí me gusta cantar.
B: A mí me gusta bailar.
C: A mí me gusta tocar el piano.
B: A (él/ella) le gusta cantar, a (él/ella) le gusta tocar el piano y a mí me gusta bailar.

A ella le gusta tocar la trompeta.

15 ¿A ti te gusta…?

Try the following four-part activity: *Parte 1:* Make up a list of eight items and activities that people like and dislike. *Parte 2:* Try to find someone who matches each category in your list. When you find someone for a category, ask the person to sign his or her name *(Firma aquí, por favor.)* next to the appropriate item. Try to complete your survey in ten minutes.
Parte 3: Write several complete sentences to summarize your findings.
Parte 4: Report your results to the class.

Parte 1
Le gustan los partidos de tenis.

¿Le gusta/Le gustan?	Sí	No	Firma
1. los partidos de tenis	X		María A.
2. jugar al béisbol			
3. …			

Parte 2
A: María, ¿te gustan los partidos de tenis?
MARÍA: Sí, me gustan los partidos de tenis.
A: Firma aquí, por favor.

Parte 3 y Parte 4
A: *(Writes and says* A María le gustan los partidos de tenis.*)*

Algo más

Para describir a las personas
Many adjectives that you can use to describe your friends and family are easy-to-learn cognates. Do you know what the following cognates mean?

generoso/a
fantástico/a
egoísta
horrible
interesante
cómico/a
ideal
importante

¿Eres una persona interesante?

Lección 8

¿Cómo son?

fea  guapa  delgado  gordo  pelirrojo

alto  bajo 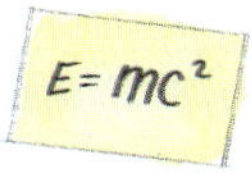 difícil  fácil  canosa

calvo  rubia  moreno

divertido  aburrido  bueno  malo

tonta  inteligente  rápido  lenta

16 Palabras antónimas

Give the opposite meaning of each word shown below. Be sure to match gender and number.

1. abiertas
2. difícil
3. fríos
4. feo
5. aburrido
6. contenta
7. buena
8. ocupadas
9. bajos
10. inteligente
11. rápida
12. delgados

17 ¿Te gusta ver (la) televisión?

How might you react if you were to see the following people or events on television? Use an expression with *¡qué!* and an adjective.

 ¡Qué horrible!/¡Qué malo!

1. 2. 3. 4.

5. 6. 7. 8.

18 ¿Es calvo tu abuelo?

Describe the following people, being as creative as you can. Invent descriptions if you wish. Use at least two adjectives per description.

PARA ti
Más palabras para describir
atlético/a	athletic
perezoso/a	lazy
viejo/a	old
joven	young
(hermano) menor	younger (brother)
(hermana) mayor	older (sister)

 mi amiga favorita
Es muy amable y guapa.

1. mi amigo favorito
2. mis primos
3. mi abuela
4. mi dentista
5. mis tíos
6. el profesor/la profesora de matemáticas
7. el amigo de mi hermana
8. mi tía *(name)*

¿Cómo son Uds.?

19 ¿Cómo es tu novio/a ideal?

Look at the following survey about the ideal mate *(pareja)*. With a partner, discuss what your ideal boyfriend *(novio)* or girlfriend *(novia)* would be like. Then explain how important several of those qualities are to you in a relationship.

A: ¿Es tu novia ideal guapa?
B: No, no es importante. ¿Es tu novio ideal generoso?
A: ¡Claro! Es importante.

20 Nuestros amigos

Working in groups of three to five, select one student as the group leader. Make a list of the qualities *(las cualidades)* that students most appreciate in a friend. The leaders take notes and report to the class on the conclusions of each group.

A: ¿Qué cualidades te gustan en un(a) amigo/a?
B: Me gustan los amigos amables.
C: Me gustan los amigos simpáticos.
A: A nosotros nos gustan los amigos amables y simpáticos.

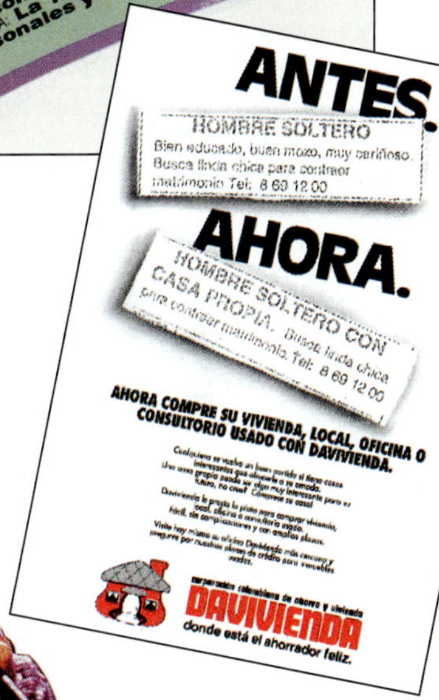

21 ¿Cómo es...?

Bring to class two magazine cutouts of sports figures, musicians or television/film stars. Working in groups of three or four, one student holds up a picture, while the others each contribute a sentence to describe the person shown. Continue until each group member's cutouts have been described by the group. Be creative!

A: ¿Cómo es Gloria Estefan?
B: Es morena.
C: Es una cantante popular.

Gloria Estefan es una cantante muy popular.

IDIOMA

Ser vs. estar

As you have seen, the English verb **to be** has two equivalents in Spanish: *ser* and *estar*. The two verbs, however, are used for very different situations.

Mi casa es blanca, pero no es la Casa Blanca.

- *Ser* may express origin.

    Soy de (los) Estados Unidos. I am from the United States.
    Ellas son de Santo Domingo. They are from Santo Domingo.

- *Ser* expresses a characteristic or basic trait that distinguishes people or objects from one another.

    Eduardo es amable. Eduardo is nice.
    Tu casa es blanca. Your house is white.

- *Estar* is used to express the temporary condition of someone or something.

    Estoy bien. I am fine.
    ¡Qué bonita estás hoy! How pretty you are (look) today!

- *Estar* may also refer to the location of someone or something.

    ¿Dónde está el banco? Where is the bank?

Note: Although *estar* is generally used to express location, *ser* can refer to the location of an event. In these cases it means **to take place**.

¿Dónde es el concierto? Where is the concert (taking place)?

22 ¿Ser o estar?

Selecciona *(Select)* **la forma correcta de los verbos** *ser* **o** *estar* **para completar las siguientes oraciones.**

1. ¿Dónde (1) el partido de béisbol?
2. El Teatro Nacional (2) en Santo Domingo.
3. Miguel (3) el hermano de Mónica.
4. No (4) cansado.... ¡Estoy aburrido!
5. Óscar de la Renta (5) de la República Dominicana.
6. El piano (6) de Ana y Raquel.
7. Las playas de Puerto Plata (7) en la República Dominicana.
8. ¡Qué interesante (8) tú!
9. Nosotros (9) contentos de estar en San Pedro de Macorís.
10. ¿Tienes un momento o (10) apurada?

Ellos están en la playa en la República Dominicana.

Lección 8

 **¿Quién es?**

Write a description of a famous person. Then, working with a partner, describe the person as your classmate draws a picture of the person from your description. Give information such as where the person is from and why the person is famous. Your partner should conclude the activity by guessing the name of the person. Then switch roles.

 **¿Cómo es?**

Working in small groups, each person writes a paragraph about someone else in the class, without giving the person's name. Write at least four sentences. Include the person's likes, personality and physical description. Keep the descriptions positive! Others then guess the identity of the person described.

Autoevaluación. **As a review and self-check, respond to the following:**

1. Describe your best friend in Spanish.
2. Name in Spanish three things or activities that you like.
3. Name two things or activities that you do not like.
4. How would you ask a friend about three things he or she likes? How would you ask your teacher?
5. Imagine your cousin tells you he likes to study. How would you respond, adding emphasis, to say you like to go to the beach?
6. What expression can you use in Spanish to say something is funny? Boring? Interesting? Sad?
7. How would you say Marta is a good student, but she is bored today?
8. What do you know about the Dominican Republic?

¿Qué te gusta hacer?

Capítulo 4

¡La práctica hace al maestro!

A. Comunicación

Prepare a list of seven to ten interview questions. Next, interview a classmate you do not know very well. Ask your partner about likes and dislikes, personality, family, age, favorite pastimes and so forth, while taking notes. Then switch roles. Return to your desk to prepare a summary *(resumen)* of your findings, adding adjectives that describe the person. Finally, include how you are alike and how you are different, making positive statements only. Present your findings to the class.

B. Conexión con la tecnología

Working in groups of three or four, prepare a travel brochure on Puerto Rico or the Dominican Republic. Search the Internet for information to include in your brochure such as: capital city, population, major tourist attractions, calendar of events, merengue, salsa, baseball. Helpful sites might include on-line newspapers and tourism offices from Puerto Rico or the Dominican Republic. Finally, present your group's travel brochure to the rest of the class.

El castillo del Morro, Puerto Rico.

VOCABULARIO

Para describir
aburrido,-a
alto,-a
bajo,-a
bueno,-a
calvo,-a
canoso,-a
cómico,-a
delgado,-a
difícil
dulce
egoísta
fácil
feo,-a
generoso,-a
gordo,-a
horrible
ideal
importante
inteligente
interesante
lento,-a
malo,-a
moreno,-a
pelirrojo,-a
rápido,-a
rubio,-a
tonto,-a

Expresiones y otras palabras
el béisbol
la compra
me
mí
nos
el partido
el piano
la radio
la tarea
la televisión
el tenis
ti
la voz

Verbos
bailar
cantar
comprar
contestar
gustar
ir de compras
jugar (ue)
jugar a *(+ sport/game)*
mirar
nadar
oír
patinar sobre ruedas
tocar

Ella es pelirroja.

¿Te gusta la música salsa?

Nos gusta jugar al béisbol.

Capítulo 4

a leer

Estrategia

Preparación

Estrategia para leer: *skimming*

Before beginning to read an article, glance at the contents quickly. Skimming through the reading in this way will help you identify what the article is about and will provide information that will determine whether the content interests you or not. To skim the article that follows, read the title, the first line or two of each paragraph, note highlighted words and look for supportive visuals such as photographs or illustrations.

Contesta las siguientes preguntas como preparación para la lectura.

1. ¿Cuál es la idea básica de la lectura?
2. ¿Qué equipo de béisbol está en los siguientes lugares *(places)*? Selecciona los equipos de la columna II que van con las ciudades de la columna I.

I	II
A. Boston	los Indios
B. Los Ángeles	los Medias Rojas
C. Atlanta	los Rancheros
D. Cincinnati	los Dodgers
E. Pittsburgh	los Atléticos
F. Texas	los Piratas
G. San Francisco	los Gigantes
H. Cleveland	los Bravos
I. Philadelphia	los Rojos
J. Oakland	los Filis

Los Martínez, una familia de beisbolistas

El béisbol no **sólo** es un **deporte** muy popular en los EE.UU., también es muy popular en muchos países hispanos. A la **gente** de Puerto Rico, de Cuba y de la República Dominicana les gusta mucho jugar al béisbol. Y muchos beisbolistas profesionales son hispanos.

Por ejemplo, la familia Martínez de la República Dominicana tiene tres hijos que son beisbolistas en las ligas profesionales de los EE.UU. Su hijo **mayor**, Ramón Martínez, es un **lanzador** para los Dodgers de Los Ángeles. Pedro Martínez, que es el hermano **menor**, es un lanzador para los Medias Rojas de Boston. En adición, Jesús Martínez, el hijo menor de la familia, es un lanzador en las ligas menores de los Dodgers.

Ramón es el ídolo de sus hermanos menores. Pero Pedro es **el más** famoso de los tres porque es el **primer** dominicano que **ganó** el **premio** de Cy Young de la liga nacional. Los tres hermanos no juegan al béisbol todo el tiempo. También les gusta nadar, oír música y pasar tiempo en la República Dominicana con sus padres. Los Martínez—una familia **unida** por el béisbol.

Pedro Martínez es un famoso beisbolista.

sólo *only* **deporte** *sport* **gente** *people* **mayor** *older* **lanzador** *pitcher* **menor** *younger*
el más *the most* **primer** *first* **ganó** *won* **premio** *award* **unida** *united*

¿Qué comprendiste?

1. ¿Dónde es popular el béisbol?
2. ¿Qué son los tres hijos de la familia Martínez?
3. ¿En qué posición juegan ellos?
4. ¿Para qué equipo juega Ramón?
5. ¿Por qué es muy famoso Pedro?
6. ¿Qué hacen los hermanos Martínez además de jugar al béisbol?

Charlando

1. ¿Te gusta más jugar o ver el béisbol?
2. ¿Tienes un equipo profesional favorito? ¿Cuál es?
3. ¿Tienes un beisbolista favorito? ¿Quién es?
4. ¿Vas a los partidos profesionales? ¿A cuáles?

a escribir

Estrategia

Estrategia para escribir: *creating an outline*

One of the best ways to generate ideas about a writing theme is to visually map out or outline your ideas on paper. This will help you organize your thoughts before you begin to write. It may also allow you to discover connections about the theme that you had not considered before.

A. Map out the members of your family on a family tree. Then cluster related ideas around the members of your family to tell their ages and interests, to describe them and to express your opinions about them.

B. Organize your ideas into a complete paragraph in Spanish that describes your family. Be sure to give your paragraph a title. You may wish to attach a family photograph or add original artwork and graphics to make your paragraph more visually appealing.

Mi Familia

*En mi familia somos cinco personas.
Mis padres son simpáticos y divertidos.*

repaso

Now that I have completed this chapter, I can...
- ✓ talk about family and friends.
- ✓ describe people.
- ✓ state possession.
- ✓ seek and provide personal information.
- ✓ express opinions.
- ✓ express likes and dislikes.
- ✓ report information.
- ✓ write about family and friends.

I can also...
- ✓ identify members of my family in Spanish.
- ✓ talk about life in Puerto Rico and the Dominican Republic.
- ✓ read and use Spanish words in context.
- ✓ read in Spanish about baseball in Spanish-speaking countries.
- ✓ write a paragraph in Spanish.

Una familia puertorriqueña.

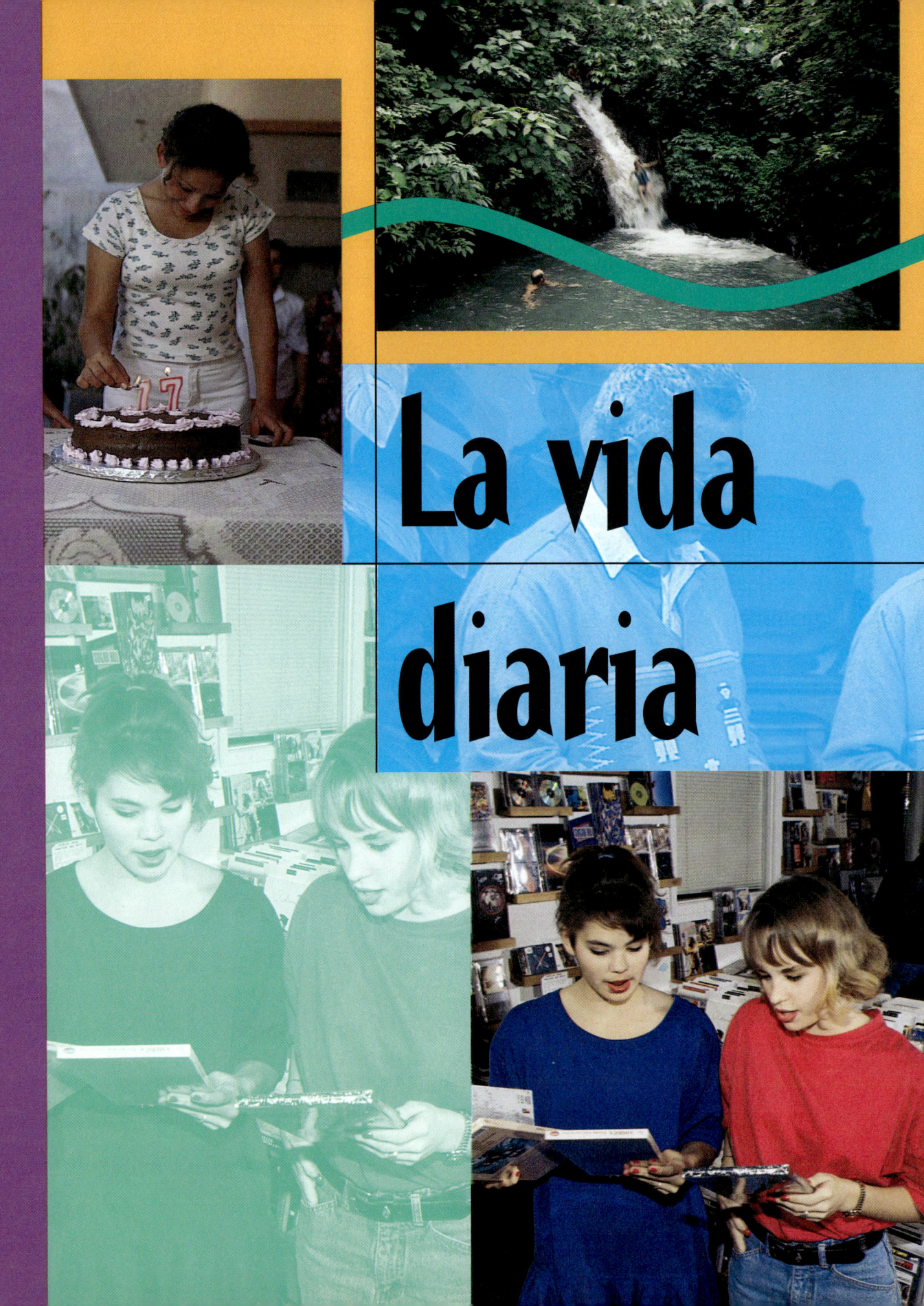

La vida diaria

CAPÍTULO 5

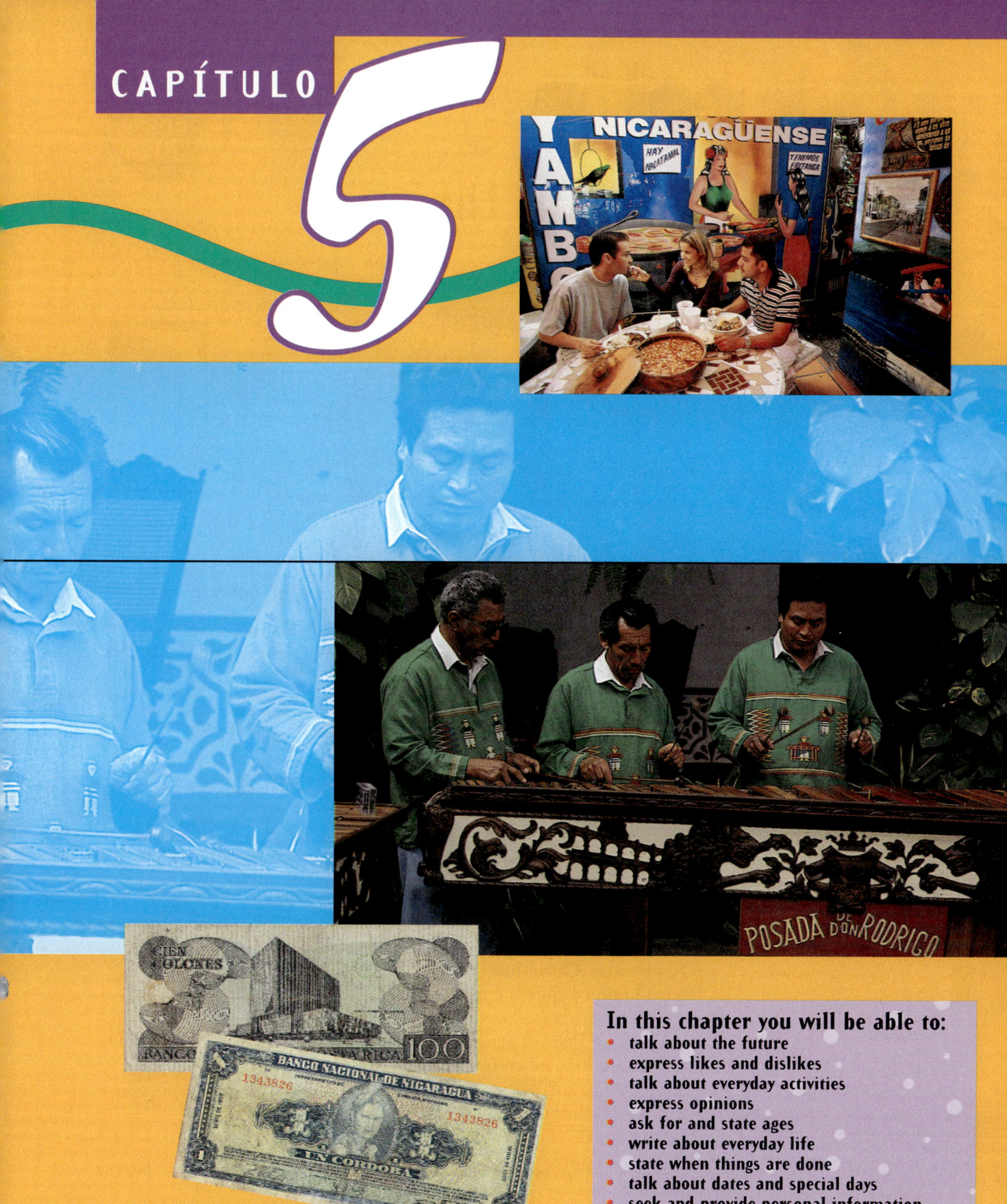

In this chapter you will be able to:
- talk about the future
- express likes and dislikes
- talk about everyday activities
- express opinions
- ask for and state ages
- write about everyday life
- state when things are done
- talk about dates and special days
- seek and provide personal information
- use the numbers 101–999,999

Lección 9

Un día en Puerto Limón

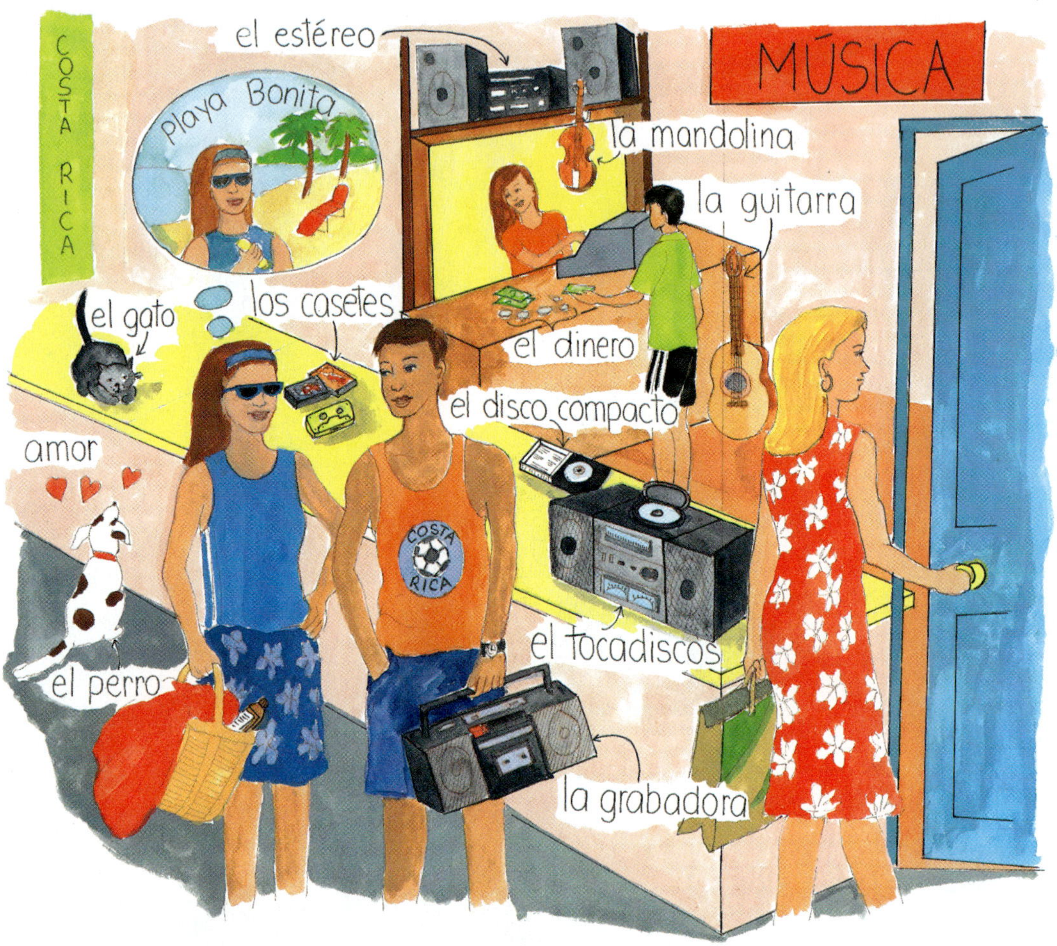

MERCEDES: ¡Ah! Aquí está la tienda de música. Voy a ver **si°** **tienen** el **disco compacto** con la **canción°** *Loco amor,* **que°** es de la **película°** *¡Estás loco, Miguel!*

NORA: ¿Otra tienda? ¡**Caramba,°** Meche! No **tenemos** mucho tiempo en Puerto Limón y quiero comer unos tamales y **pasar°** unas horas en Playa Bonita.

MERCEDES: ¡Qué **lástima!°** Pues, sí, ¡vamos a la playa! Pero ahora necesito **buscar°** el CD. **Entro** en la tienda, **lo°** compro y en un momento salimos. ¿De acuerdo?

RAÚL: ¿En un momento?

MERCEDES: Sí, no voy a comprar mucho. ¡No tengo mucho **dinero**!

RAÚL: ¡Qué **sorpresa**!

si *if* **canción** *song* **que** *that, which* **película** *movie* **Caramba** *Wow* **pasar** *to spend (time)* **lástima** *shame* **buscar** *to look for* **lo** *it*

¿Qué comprendiste?

1. ¿En qué ciudad están los chicos?
2. ¿Qué va a comprar Mercedes?
3. ¿Cómo se llama el disco compacto? ¿Y la película?
4. ¿Qué va a comer Nora? ¿Adónde van a ir?
5. ¿En qué tienda entra Mercedes?
6. ¿Va a comprar mucho Mercedes?

¡Haz el papel!

Trabajando en grupos de tres, haz el papel de una de las personas del diálogo anterior.

Charlando

1. ¿Te gusta la música? ¿De qué tipo?
2. ¿Tienes casetes o discos compactos? ¿Cuántos?
3. ¿Qué canciones son populares ahora? ¿Cómo se llaman los cantantes?
4. ¿Tienes una grabadora, un tocadiscos o un estéreo?
5. ¿Entras en las tiendas para mirar o comprar?

¿Qué tipo de música te gusta?

popular	jazz	rap
rock	clásica	tejana (Tex-Mex)
romántica	disco	mariachi
merengue	flamenca	salsa

Conexión Cultural

Costa Rica

In 1502, Christopher Columbus visited Cariari (now *Puerto Limón*) on his fourth voyage to America and named the country Costa Rica (rich coast) for what he perceived was a land that offered a wealth of gold and silver.

Costa Rica has had a long tradition of democratic changes in government and noninterference in the foreign affairs of other countries. One of Costa Rica's presidents, Oscar Arias, was awarded a Nobel Peace Prize for his efforts to bring peace to the region.

Costa Rica has other noteworthy features. It is a small, Spanish-speaking country with only about three million people. The majority of Costa Ricans live in the capital and industrial center of San José. As a democratic country, it holds a popular election every four years to elect a president, spends more money on education than many of its Latin American neighbors and has had no army for more than fifty years. For these reasons, the country has the highest standard of living in Central America.

Among the people of Costa Rica, as well as several other Latin American nations, a popular form of music is taking root. The *nueva canción* (new song) music originated in a grassroots youth movement whose main philosophy is to return the power to the people. Guitars and mandolins accompany vocalists as they sing about social unrest, improving living conditions for everyone, preserving nature and uniting all Latin Americans in peace and autonomy.

Situated at the center of the American continent, this beautiful country features a diverse landscape of beaches, mountains, volcanos (like the *Irazú*) and rain forests *(selvas tropicales* or *bosques lluviosos)*. In fact, Costa Rica is world famous for its ecological tourism and has dedicated over 25% of its land as protected areas, national parks and reserves which are the seasonal home for 10% of the world's birds, over 9,000 species of plants and 1,200 species of orchids. Current ecological concerns about global warming have produced an awareness in Costa Rica of the political, social and environmental ramifications of the destruction of the world's rain forests and Costa Rica's role in resolving this critical issue.

Una selva tropical en Costa Rica.

 **Viaje a Costa Rica**

Plan a trip to Costa Rica. Begin by finding out more about the country. Visit the library or use sources from the Internet to find information. Then prepare a summary of places and points of interest you are going to visit *(visitar)* during a trip there, using a dictionary to find words you do not know.

 Voy a visitar las playas bonitas y la ciudad fantástica de San José.

¡Trabajar y viajar!

The travel industry employs hundreds of thousands of people, many of whom are bilingual. Since tourism is one of the top industries in most of the Spanish-speaking countries in the Western Hemisphere, the job prospects are nearly limitless. Travel agencies, hotels, cruise lines and airlines all need employees who can speak two (or more) languages. Additionally, the ability to speak Spanish makes it easier for you to travel for pleasure. For example, in Costa Rica you can experience unusual vacations like camping on the side of a volcano (*Poás* or *Irazú*) or spending a week in a wildlife sanctuary or government-protected rain forest with 850 species of birds!

¡Hay muchas oportunidades para usar el español!

 **Cruzando fronteras**

 Working with a partner, create a brochure or travel poster in Spanish on Costa Rica. Include photos, magazine clippings or illustrations to make your brochure or poster more colorful. The Internet offers a wealth of places to contact for additional information.

Las exclamaciones: un poco más

You learned in *Lección 7* that the word *qué* can be combined with an adjective to express strong feelings about something you are experiencing. It is also possible to express strong feelings—both positive and negative—with *qué*, followed by a person, place or thing, which is equivalent to *What a...!*

¡Qué película!	What a movie!
¡Qué ciudad!	What a city!
¡Qué lástima!	What a shame!

Capítulo 5   179

6 ¡Qué...!

Express your reactions to the following situations, using *qué* plus a noun.

 ¡Qué película!

1. 2. 3. 4.

5. 6. 7.

IDIOMA

El presente del verbo *tener*

The verb *tener* (to have) is an irregular verb.

tener			
yo	**tengo**	nosotros / nosotras	**tenemos**
tú	**tienes**	vosotros / vosotras	**tenéis**
Ud. / él / ella	**tiene**	Uds. / ellos / ellas	**tienen**

Tengo un amigo de San José. I **have** a friend from San José.
David **tiene** diecisiete casetes. David **has** seventeen cassettes.

Note: Sometimes forms of *tener* are used in Spanish expressions where the verb **to be** is used in English. One such expression is *tener* (+ number) *años,* which you have already used to talk about someone's age.

¿Cuántos años **tienes**? How old **are you**?
Tengo quince años. I **am** fifteen (years old).

Lección 9

7 En la tienda de música

Completa el siguiente diálogo con las formas correctas de *tener*.

ADELA: Entramos en la tienda de música, ¿de acuerdo?
MARIO: Sí. Quiero saber si la tienda (1) un disco compacto para mi hermana. Ella no (2) el disco compacto del grupo Inti Illimani de la nueva canción.
ADELA: Aquí está un señor de la tienda para preguntar.
MARIO: Perdón, señor. ¿(3) Uds. discos compactos de la nueva canción?
SEÑOR: Nosotros (4) muchos discos compactos, pero no (5) discos compactos de la nueva canción.
MARIO: ¡Qué lástima!
ADELA: Mario, nosotros (6) una hora. ¿Lo buscamos en otra tienda?
MARIO: Sí, pero yo (7) un problema. No (8) mucho dinero. ¿Cuánto (9) tú?
ADELA: Ay, Mario, no (10) dinero tampoco.

¿Tienes muchos discos compactos?

8 ¿Qué tienen?

Working in pairs, look at the following illustrations. Ask your partner what each person has according to the cue given, and your partner should answer. Use the verb *tener* and add details about the items if you wish. Then switch roles.

A: ¿Qué tiene Carolina?
B: Carolina tiene un disco compacto nuevo.

Carolina

1. Marta y Raquel

2. nosotros

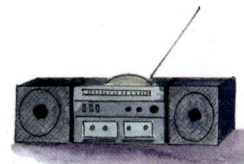
3. Ud.

4. yo

5. don Pedro

6. tú

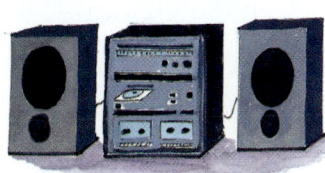
7. Teresa y su hermano

9 ¿Qué te gusta?

Working in small groups, take turns asking questions about your classmates' ages, their likes and dislikes and things you have in common *(en común)*. Use various forms of *tener* and as much new vocabulary as you can. Each person should take notes. Select a representative from the group to report your findings to the class. Be creative!

¿Cuántos años tienes?
¿Te gusta la música jazz?
¿Tienes discos compactos?

PARA ti

Proverbios y dichos

You may sometimes wonder why you practice your Spanish skills every day. By reading, writing, speaking and hearing Spanish over and over this year, you are learning skills that will stay with you forever. As the saying goes, *Al buen músico el compás le queda* (A good musician never loses the beat). Once you learn something well it will stay with you always.

Al buen músico el compás le queda.

IDIOMA

El complemento directo

A direct object is the person or thing in a sentence that receives the action of the verb directly and answers the question **what?** or **whom?**

They see **the store.** (They see **what?**)
Diego sees **Carla.** (Diego sees **whom?**)

Sometimes a direct object pronoun *(pronombre de complemento directo)* is used instead of a noun to refer to a direct object that was mentioned previously (They see **it.** Diego sees **her**).

Te veo.

los pronombres de complemento directo			
me	*me*	nos	*us*
te	*you* (tú)	os	*you* (vosotros,-as)
lo	*him, it, you* (Ud.)	los	*them, you* (Uds.)
la	*her, it, you* (Ud.)	las	*them, you* (Uds.)

In Spanish, the direct object pronouns usually precede the conjugated form of the verb. Any negative expressions (such as *no* or *nunca*) are placed before the object pronouns. In addition, the direct object pronouns *lo, la, los* and *las* can refer to either people or objects. Compare how they are used in the following sentences.

*No **la** veo.*   I do not see **her** (Carla).
                          I do not see **it** (la tienda).

*Nunca **lo** veo.*   I never see **him** (Diego).
                          I never see **it** (el periódico).

Note: Sometimes the direct object pronoun *lo* is used to refer to a nonspecific direct object or a direct object that is expressed as an idea or a phrase (instead of a person or object).

¿Sabes dónde está el casete?   Do you know where the cassette is?
*Sí, **lo** sé.*   Yes, I do (know it).

10 ¿Qué ves?

Working in pairs, take turns asking and answering whether or not you see what is asked for from where you are sitting.

  A: ¿Ves la ventana?
  B: Sí, (No, no) la veo.

  A: ¿Ves el tocadiscos?
  B: Sí, (No, no) lo veo.

1. ¿Ves la computadora?
2. ¿Ves el carro?
3. ¿Ves los discos compactos?
4. ¿Ves la grabadora?
5. ¿Ves el libro de español?
6. ¿Ves el reloj?
7. ¿Ves las revistas de música?
8. ¿Me ves?

¿Lo ves?

El negativo

Do you remember how to make a sentence negative in Spanish? Look at these sentences.

*Mis amigos **no** están en la tienda.*   My friends are **not** in the store.
***No** tengo muchas cintas.*   I do **not** have a lot of cassettes.
*Elena **no** las tiene tampoco.*   Elena does **not** have them either.
***Nunca** cantas.*   You **never** sing.

Remember: Make a sentence negative by placing a negative word like *no* or *nunca* before the verb and also before the direct object pronoun (if there is one).

11 ¿Los o las?

Trabajando en parejas, contesta las siguientes preguntas con *los* o *las*.

A: ¿Tienes los libros para tus clases?
B: Sí, (No, no) los tengo.

1. ¿Necesitas los mapas de Puerto Limón?
2. ¿Pasas las horas libres en la playa?
3. ¿Lees las revistas en español?
4. ¿Compras los discos compactos de tu cantante favorito/a?
5. ¿Entras los números en la computadora?
6. ¿Cantas las canciones de amor?

12 ¿Qué tenemos?

Imagine you are part of a tour group that is visiting Cartago, Costa Rica. Working in pairs, ask your partner questions based on the cues given to find out if each person has the item indicated. Your partner should answer each question affirmatively or negatively using a direct object pronoun. Follow the model.

 tú/tener/tamales de pollo
A: ¿Tienes los tamales de pollo?
B: Sí, los tengo./No, no los tengo.

1. nosotros/tener/dinero
2. la señora García/tener/mapa de Cartago
3. yo/tener/comida del almuerzo
4. Pedro/tener/libro de la Basílica de Los Ángeles
5. tú/tener/casetes de la nueva canción
6. Juan y Marta/tener/grabadoras

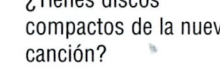

¿Tienes discos compactos de la nueva canción?

13 Una visita

Completa el siguiente párrafo *(paragraph)* de una manera lógica, escogiendo de las siguientes palabras: *lo, la, los, las, me, nos.*

Mañana voy a San José para estar con mis parientes. No (1) veo mucho porque mis padres y yo vivimos en Puerto Limón. Pero mis tíos (2) ven en el verano porque les gusta ir a Playa Bonita. A mí me gusta pasar tiempo en San José porque mi tío Paco (3) comprende. A él le gusta mucho la música. (4) toca también. Sus canciones favoritas son las canciones de amor. Siempre (5) canta. También compra muchos discos compactos y (6) tiene en casa. Mi tío Paco es simpático. ¡(7) quiero mucho!

Para aprender mejor: *avoiding interference with English*

Take care to avoid letting English interfere with new structures and vocabulary that you are learning in Spanish. For example, the pronouns *lo* and *la* are the Spanish equivalents of the English pronoun **it** only when **it** functions as a direct object of the verb. When **it** is the subject of a sentence, the Spanish subject pronoun is omitted.

¿Lo ves? Do you see **it**?
No, no lo veo. No, I do not see **it**.

but:

No está aquí. **It** is not here.
Es interesante. **It** is interesting.

La *a* personal

In Spanish it is necessary to use the word *a* before any direct object that refers to a person. (In addition, some people place an *a* in front of a direct object that refers to a pet they consider part of the family.)

Veo a la profesora y a Mercedes. I see the teacher and Mercedes.
Veo al gato. I see the cat. (personalized)

It is not necessary to use the *a personal* with the verb *tener*.

Nora tiene dos primas en Cartago. Nora has two cousins in Cartago.

 **¿Qué hago?**

¿Cuáles de las siguientes oraciones necesitan una *a personal*?

1. Veo (1) mi amiga en la tienda de música.
2. Mañana voy a ver (2) la televisión.
3. Sí, comprendo (3) mamá.
4. No comprendo (4) la película.
5. Voy a ver (5) mi abuela en Puerto Limón.
6. Me gusta mirar (6) los artistas de cine.
7. ¿Te gusta oír (7) la radio?
8. ¿Tienes (8) tres hermanos?

¿Ves al perro?

Capítulo 5

15 ¡Sí, claro!

Trabajando en parejas, alterna *(alternate)* con tu compañero/a *(classmate)* para preguntar y contestar las siguientes preguntas.

1. ¿Ves a tus amigos los viernes?
2. ¿Comprendes al profesor(a) la profesora de español?
3. ¿Hablas a tu profesor(a) en español?
4. ¿Ves a los cantantes populares en la televisión?
5. ¿Buscas a tus amigos en el cine?
6. ¿A quién ves ahora?

16 Juego de adivinanzas

Working with a partner, play this guessing game *(juego de adivinanzas)*. Ask and answer questions about people around you. See if your partner can guess whom you are describing. Follow the model, using the verbs *ver*, *mirar* and *buscar*. Remember to use the *a personal* when necessary. Then switch roles.

A: ¿A quién ves?
B: Veo a una chica alta y rubia.
A: ¿Ves a Julia?
B: No. Veo a Yolanda.

El horario de Mercedes
Las actividades de la semana que viene°

EL LUNES	Biblioteca (estudiar para el examen)
EL MARTES	Librería (comprar libro nuevo) / Ir al partido de fútbol con Raúl 4:00
EL MIÉRCOLES	Práctica de tenis 2:30
EL JUEVES	Clase de guitarra 3:30 / Llamar° a mi tía
EL VIERNES	Fiesta sorpresa–casa de Nora (buscar el CD de G. Estefan)
EL SÁBADO	Tienda de música (abre° a las 10:00) / Hacer la maleta° para hacer un viaje
EL DOMINGO	Salir para Alajuela 9:00 / Comer con mis amigos 2:30

} el fin de semana

Mercedes siempre está muy ocupada. Tiene muchas actividades **todos los días.**

semana que viene *coming week*
Llamar *Call* **abre** *opens* **maleta** *suitcase*

17 ¿Qué comprendiste?

¿Sí o No? If the answer is *No*, make corrections so the statement is true.

1. Mercedes pasa mucho tiempo libre en la playa.
2. Va a la librería para buscar el nuevo disco compacto de Gloria Estefan.
3. Ella hace la maleta para un viaje.
4. Hace un viaje para ver a sus amigos en San José.
5. No va a estudiar la semana que viene.
6. Le gusta tocar la guitarra.
7. Mercedes está ocupada todos los días.
8. La tienda de música no abre los sábados.

18 Charlando

¿Te gusta pasar tiempo en la librería?

1. Si vas a una librería, ¿qué compras?
2. ¿Tienes clases de guitarra? ¿De piano? ¿Qué días?
3. ¿Tienes práctica de tenis? ¿De fútbol? ¿Cuándo?
4. ¿Qué actividades haces la semana que viene?
5. ¿Vas a hacer un viaje? ¿Adónde? ¿Necesitas hacer la maleta?
6. ¿A quién vas a llamar hoy? ¿Mañana?
7. ¿Abres los libros para estudiar todos los días? Y, ¿si tienes un examen?

Algo más

Los días de la semana hispana

On calendars in Spanish-speaking countries, the first day of the week usually is *lunes* and days of the week are not capitalized. Only *sábado* and *domingo* have different plural forms *(sábados, domingos)*. Additionally, use *el* or *los* with the days of the week when referring to when activities or events take place. Spanish does not use *en* as English uses **on**. However, never use *el* or *los* after a form of the verb *ser*.

Mercedes estudia **el** lunes.	Mercedes is studying **on** Monday.
Tiene práctica de tenis **los** miércoles.	She has tennis practice **on** Wednesdays.
Mañana es sábado.	Tomorrow is Saturday.

 ## 19 La vida cultural

Read the following announcements from the entertainment section of *La Nación*, Costa Rica's most popular newspaper. Then answer the questions that follow, using direct object pronouns in your answers if possible. When you finish, create two new questions based on the information given. Finally, with a partner, ask and answer each other's questions.

Cita con el jazz

Este domingo Ud. tiene una cita a las cuatro de la tarde con el primer Festival Internacional de Jazz, en el estadio del Costa Rica Country Club.

Los grupos nacionales son Jazzee y Manuel Obregón & Sus Amigos. También estarán presentes los extranjeros Roberto Perera y su Grupo y el conjunto Spyro Gyra.

Las entradas se pueden comprar en las discotecas Auco Disco en Pavas y San José y en el Costa Rica Country Club. Si necesita más información, favor llamar al 239–8812.

BIENVENIDA: LA NOCHE CULTURAL

Teatro, danza, ballet y música te esperan el sábado en la Esplanada de la Universidad Nacional.

El Departamento de Promoción Estudiantil y la Federación de Estudiantes de la Universidad Nacional han programado actividades culturales para todos los gustos: teatro, danza, ballet, música y la oportunidad de pasar tiempo con los compañeros universitarios y con la comunidad de Heredia.

La bienvenida se iniciará a las tres de la tarde con el Grupo de Teatro "Niños Explosivos," que presentan la obra *Creando vida*. También van a tocar James Maikel y su Ensamble de Jazz. A las ocho termina la Noche Cultural con la música de los grupos Marimba UNA, Rondalla y Kioro.

1. ¿Qué día de la semana es el Festival Internacional de Jazz? ¿Dónde es?
2. De los cantantes de jazz, ¿quiénes son de Costa Rica?
3. Si vas al festival, ¿dónde compras las entradas?
4. ¿A qué número llamas para información?
5. ¿Qué actividades hay en la Noche Cultural?
6. ¿Hay música jazz en la Noche Cultural? ¿Quién la toca?
7. ¿Cómo termina la Noche Cultural?

 ## 20 Mi plan de la semana

Write your agenda for a whole week, beginning with Monday. Include which activities you have planned for each day. You may make up activities if you wish.

> El lunes tengo práctica de fútbol.
> El martes paso unas horas en casa de mi abuela.

 ## 21 Con tu compañero/a

With a partner, ask each other questions about the agenda you prepared in activity 20. Find out if you both have similar plans, or if you are doing completely different things. If possible, invite your partner to do something fun.

> A: ¿Cómo pasas la tarde el viernes?
> B: ¡Estudio para un examen!
> A: ¿Estudias los viernes? ¡Caramba! ¿Por qué no vamos a un concierto?

Otra semana, ¡más actividades!

MERCEDES: ¡Caramba, tico! Siempre estoy **tan**° ocupada y hoy estoy **un poco**° cansada.
RAÚL: Pues, macha, te gusta hacer muchas actividades.
MERCEDES: Sí, porque San José es tan interesante: museos, **deportes**, música. Mañana voy **primero**° al Museo de Arte Contemporáneo y luego a **montar** en bicicleta con Nora por el parque Braulio Carrillo. El viernes Nora no tiene mucho tiempo, **entonces**° otra **compañera** y yo vamos a un partido de fútbol, y el sábado a un concierto de la nueva canción en el Teatro Nacional.
RAÚL: ¡Qué semana! No quiero oír más. ¡Ahora yo estoy cansado!

tan *so* **un poco** *a little* **primero** *first* **entonces** *then*

Conexión cultural

Ticos y ticas

Costa Ricans call themselves *ticos* and *ticas*, which is a typical ending they add to ordinary words *(chico—chiquitico)*. They are courteous and respectful (except to pedestrians, who do not have the right of way!) and do not use *tú* as freely as people from other Spanish-speaking countries.

Productos ticos se afianzan en el mercado exterior

Costa Rica es uno de los 5 principales suplidores para el mercado europeo de plantas ornamentales, y la piña cubre más del 60% de la demanda de los Estados Unidos.

Dentro del sector pecuario, la exportación de pescado fresco, refrigerado o congelado registra en el último año un incremento del 115%.

Los ticos also have their own regional words and expressions that give their Spanish a Costa Rican flavor. For example, the phrase *pura vida* (pure life) is very popular as a positive response or reaction to almost any situation. Some other expressions that are popular in Costa Rica include the following:

expresión	equivalente
macho/macha	refers to anyone with blonde hair
maje	buddy, pal (among friends)
¡Buena nota!	Okay!
el chunche	thing (or whatchamacallit)

Me gusta la música de los ticos.

22 ¿Qué comprendiste?

Completa las siguientes oraciones de una manera lógica.

1. Mercedes siempre está....
2. A ella le gusta hacer....
3. Va primero....
4. Mercedes y Nora....
5. Hay un concierto....

23 Charlando

1. ¿Te gustan los deportes? ¿Cuáles?
2. ¿Estás un poco cansado/a hoy? ¿Por qué?
3. Si no estás tan ocupado/a, ¿qué te gusta hacer?
4. ¿Te gusta montar en bicicleta? ¿En motocicleta?
5. Los fines de semana, ¿qué haces primero? ¿Y entonces?

24 En San José

Unscramble the following sentences to summarize what you know about Mercedes and Raúl.

 que viene ocupada Mercedes tan está la semana
Mercedes está tan ocupada la semana que viene.

1. hacer muchas actividades le gusta a ella San José en
2. Mercedes al Museo de Arte Contemporáneo mañana va
3. por el parque Braulio Carrillo en bicicleta va a montar ella
4. de fútbol el viernes a un partido Mercedes y una compañera van
5. el sábado a un concierto va de "la nueva canción"
6. en el Teatro Nacional están mis amigos para un concierto oír
7. ahora está Raúl cansado

El Teatro Nacional, San José, Costa Rica.

25 Oraciones originales

Write at least three original sentences about one of the topics from this lesson, which are listed below. (You may choose more than one topic if you wish.) Then, on a separate sheet of paper, scramble the words to each sentence. In groups of three or four, exchange papers and see if you can unscramble your classmates' sentences.

 A ellos les gusta pasar la tarde en playa Bonita.

bonita en a ellos tarde la playa pasar les gusta

Tengo partidos de fútbol los viernes.

Topics:
- Costa Rica: places of interest and culture
- Music
- Your weekly activities
- Your cat or dog

Capítulo 5

Repaso rápido

Gustar

Do you remember how to use the verb *gustar*? Review the following:

- The most commonly used present-tense forms of *gustar* are *gusta* and *gustan*.
- *Gustar* must always be used with an indirect object pronoun.

los pronombres indirectos	
me	nos
te	os
le	les

No me gusta el disco compacto.

- It may sometimes be useful to emphasize or clarify what you are saying by adding one of the following: *a mí, a ti, a Ud., a él, a ella, a nosotros, a nosotras, a Uds., a ellos* or *a ellas*.
- The word order of a sentence containing a form of *gustar* may vary at times.

La música me gusta. ➔ Me gusta la música.
Las canciones de amor nos gustan. ➔ Nos gustan las canciones de amor.

26 ¿Qué te gusta y qué no te gusta?

Working in pairs, take turns asking and answering which of the following things you like and do not like.

A: ¿Te gusta la música de la radio?
B: Sí, la música de la radio me gusta./No, la música de la radio no me gusta.

or

B: Sí, me gusta la música de la radio./No, no me gusta la música de la radio.

1.
2.
3.
4.
5.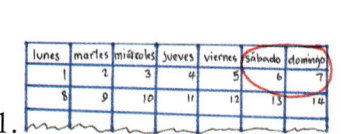
6.

Encuesta

In groups of four to six, prepare a survey *(encuesta)* asking what kind of music your classmates enjoy. Ask if they are familiar with and like Latin American music *(música latinoamericana)* such as *salsa* and *merengue* or Spanish music *(música española).* Then find out if someone sees musical performances in Spanish on television and, if so, when. Report your findings to the class.

A muchos estudiantes les gusta Gloria Estefan. A mí me gusta Enrique Iglesias y a la profesora le gusta su papá Julio Iglesias. Los sábados a las seis en la televisión, veo a varios cantantes latinos en *Sábado Gigante.*

Autoevaluación. As a review and self-check, respond to the following:
1. What expressions in Spanish could you use to give your reaction in the following situations: your favorite song is on the radio; you are watching an interesting, funny movie; the president of the United States visits your home.
2. Say three things in Spanish that you have or own. Then say at least two items you need or want to buy.
3. Ask if a friend sees the following items: the music store, the new compact discs, a famous singer.
4. How would you answer the questions you asked in number 3?
5. Name several people you see in class.
6. What is your agenda for this week? Name two of your activities for next week.
7. Which activities do you like to do? Which activities do you dislike?
8. Name two things you have learned about Costa Rica.

Capítulo 5 193

¡La práctica hace al maestro!

 **Comunicación**

Working in pairs, talk about a typical week *(una semana típica)* in your lives. Use as many of the following verbs as you can: *abrir, bailar, buscar, cantar, comer, comprar, entrar, estudiar, gustar, hablar, hacer, ir, llamar, mirar, salir, tener, tocar, tomar, ver.* Ask questions to find out more about your classmates' daily activities, likes and dislikes.

 **Conexión con la tecnología**

Imagine you will soon be taking a trip to Costa Rica. Gather current information from sources on the Internet to help you plan your vacation. Some useful information might include attractions, important events, cities to visit, food, geography, climate, government, means of transportation, hotel accommodations and cost. Prepare an itinerary for each day of your vacation and present it to the class.

San José, Costa Rica.

Quiero hacer un viaje a Costa Rica.

VOCABULARIO

Música
- el amor
- la canción
- el casete
- el disco compacto
- el estéreo
- la grabadora
- la guitarra
- el tocadiscos

Pronombres
- la
- las
- lo
- los
- me
- nos
- te

Expresiones y otras palabras
- ¡caramba!
- el compañero, la compañera
- el dinero
- entonces
- el fin (de semana)
- el gato, la gata
- la lástima
- la maleta
- el perro, la perra
- un poco
- primero
- que
- ¡qué (+ *noun*)!
- que viene
- la semana
- si
- la sorpresa
- tan
- tener (+ *number*) años
- todos los días
- el viaje

Verbos
- abrir
- buscar
- entrar
- hacer
- llamar
- montar
- pasar
- tener

¿Te gustan los gatos?

Montamos a caballo en Costa Rica.

Actividades
- la actividad
- el deporte
- el examen
- el fútbol
- la librería
- la película
- la práctica
- el viaje

Tengo un nuevo amigo de Costa Rica.

Lección 10

La carta de Laura

Managua, martes 13 de **noviembre**

Querida Isabel,

¿Cómo estás? Yo estoy muy bien. **Ayer°** **fue°** mi **cumpleaños**. Fue un día fantástico. Mañana, miércoles, mis padres, mi hermano **mayor**, mi hermana **menor** y yo vamos a Granada a ver a mis tíos. Vamos a estar allí hasta el domingo.

El jueves vamos a comer todos en casa de mi tío para **celebrar** su cumpleaños. Mi tía y todos los primos van a estar allí también. ¡Qué fiesta! El viernes tengo otra fiesta en casa de mis amigos y el sábado muy **temprano°** mi tía y yo vamos de compras. El domingo voy a un partido de béisbol (los Tiburones de Managua van a jugar).

Y tú, ¿cuándo **vienes**?° ¿El fin de semana que viene o en **diciembre**, para la **Navidad**?

Bueno, amiga, es **tarde**.° ¡No **escribo** más!

Tu amiga de siempre,

Laura

mi cumpleaños, el 12 de noviembre

el cumpleaños de mi tío, el 15 de noviembre

hermana menor · hermano mayor

la Navidad, el 25 de diciembre

Ayer *Yesterday* **fue** *was* **temprano** *early* **vienes** *(will you) come* **tarde** *no es temprano*

¿Qué comprendiste?

1. ¿Qué escribe Laura?
2. ¿Cuándo fue el cumpleaños de Laura?
3. ¿Adónde van Laura y su familia el miércoles? ¿Hasta cuándo van a estar allí?
4. ¿Cuántos hermanos tiene Laura?
5. ¿Qué hace Laura el jueves? ¿Qué celebran?
6. ¿Qué hace Laura el sábado y el domingo?
7. ¿Cuándo es la Navidad?

Charlando

1. ¿Cuáles son tus actividades de fin de semana?
2. Cuando vas a ver a tus parientes, ¿qué haces?
3. ¿Qué día fue ayer?
4. ¿Escribes muchas cartas? ¿A quién le escribes?
5. ¿Tienes un(a) hermano/a mayor? ¿Menor?

Hay playas muy bonitas en Nicaragua.

El lago de Nicaragua es muy grande.

Conexión cultural

Nicaragua

Nicaragua, Costa Rica's Spanish-speaking neighbor to the north, is the largest country of Central America. It is a beautiful country of lakes, mountains, volcanoes, forests and friendly people. The lowlands (known as *Costa de los Mosquitos*) on the western shore were occupied by the British for almost 100 years. The capital, Managua, is the largest city and commercial center with almost a million people. It is located on the shores of Lake Managua and is connected by the river Tipitapa to Lake Nicaragua, which was once an ocean bay and today is one of the largest lakes in the world. In fact, it is the only freshwater lake in the world to have swordfish and sharks *(tiburones)*.

Although Nicaragua has the potential for economic growth, a long civil war and a U.S. trade embargo during the 1980s hurt the economy. Many roads are damaged or unpaved and communication systems do not extend to the rural areas. Education is free and mandatory, although students must pay for their own supplies, uniforms and expenses.

¿Verdad o falso?

1. Nicaragua is the smallest country in Central America.
2. The capital of Nicaragua is Managua.
3. Lake Nicaragua is a freshwater lake that has sharks living in it.
4. Since the civil war, Nicaragua has enjoyed a strong economy.
5. Students must buy their own books and supplies when they attend public school in Nicaragua.

3 Cruzando fronteras

Find out more about Nicaragua. Then prepare a map (in Spanish if you can) that shows major cities, lakes, rivers, mountains, surrounding countries and oceans. Include in your map any other pertinent information that you encounter during your research.

4 Otra carta

Laura escribe a su amigo Raúl. Completa la carta de una manera lógica.

> Managua, viernes 16 de noviembre
>
> (1) Raúl,
>
> ¿Qué tal? Yo estoy (2). El lunes (3) mi cumpleaños. Fue un día (4). Ahora estoy en Granada con mi familia y mis tíos. Mañana, (5), voy de compras muy (6) con mi tía y mi hermana (7). A mi hermano (8) no le gusta ir de compras. El domingo voy a un partido de béisbol. Van a jugar los Tiburones de Managua.
>
> Y tú, ¿cuándo (9) a Managua? ¿En (10), para Navidad?
>
> Pues, ahora no (11) más porque necesito escribir otra (12) a mi abuela en León.
>
> Hasta pronto,
>
> Laura

5 Me gusta escribir

Write a letter to a friend or family member, telling the person about your activities for the next few days or for the weekend. Include as many details as you can. Say what kind of day yesterday was. Use Laura's letters as models.

6 Práctica de pronunciación

Working in groups of three, read aloud to the members of your group the letter you wrote for activity 5, practicing what you have learned about correct pronunciation.

Querida amiga....

Lección 10

El presente del verbo *venir*

The conjugation (formation) of the irregular verb *venir* (to come) is very similar to the conjugation of *tener*. Review the following and learn the forms of this new verb.

venir			
yo	vengo	nosotros nosotras	venimos
tú	vienes	vosotros vosotras	venís
Ud. él ella	viene	Uds. ellos ellas	vienen

¿*Vienen* Uds. a mi fiesta de cumpleaños?
¡Claro, *venimos*! María también *viene*.

Are you coming to my birthday party?
Of course **we are coming**! María **is coming** too.

La fiesta de cumpleaños

Completa el siguiente párrafo con las formas correctas de *venir*.

Hoy es el cumpleaños de mi prima, Pilar, y hay una fiesta grande en casa de mi abuela en Granada. Pero, ¿cómo (1) todos a la fiesta? Bueno, mis padres y yo (2) en carro de Managua. ¡Siempre celebramos los cumpleaños de nuestros parientes! Claro, yo (3) a pie. Marta, la tía favorita de Pilar, (4) en avión de Costa Rica. Rosana y Paco (5) de la Universidad Nacional en León el día de la fiesta. El tío, Rafael, (6) en bicicleta porque vive muy, muy cerca. Y tú, ¿cómo (7)?

Todos mis amigos vienen a mi fiesta.

Repaso rápido

El presente para indicar el futuro

You have seen that the present tense of a verb is generally used to say what people are doing now or what they do frequently. Remember that the present tense of a verb can also be used to refer to the not-too-distant future as long as a future time expression is used. Look at the following:

¿Vienen Uds. a la fiesta el sábado?

Ellos **vienen** a la fiesta el viernes.	They **are coming** to the party on Friday.
Mañana **escribo** una carta a mi abuela.	Tomorrow I **will write** a letter to my grandmother.
¿Tú **estás** en casa mañana?	**Will you be** home tomorrow?
Elena **va** a celebrar su cumpleaños mañana.	Elena **is going** to celebrate her birthday tomorrow.

8 Invitaciones para el concierto

Imagine you and a classmate are in charge of the invitations for the holiday concert at your school and your partner is asking you when certain people will attend. Look at this incomplete invitation list to determine who is attending on Friday night and who is attending on Saturday night. Then report the requested information to your partner.

A: ¿Tú?
B: Vengo el viernes y el sábado.

1. ¿El padre de María Sánchez?
2. ¿Rafael?
3. ¿La señorita Ruiz y tu hermano?
4. ¿El primo de Rafael?
5. ¿Mis padres?
6. ¿El padre y la madre de Guillermo?
7. ¿Yo?
8. ¿Tú y yo?

viernes
Rosita Ruiz
tu hermano
yo
tú
los padres de Guillermo

sábado
Rafael y su primo
padre de María Sánchez
yo
tú
mis padres

 **9** ¿Cómo vienen al concierto?

Working with a partner, ask how each of the guests will arrive for the concert. Your partner should answer with a means of transportation.

A: ¿Cómo vienen tus padres al concierto?
B: Mis padres vienen en su carro.

1. el padre de María Sánchez
2. Rosita y tu hermano
3. Rafael
4. el primo de Rafael
5. los padres de Guillermo Fernández
6. yo
7. tú
8. mis padres

A. en su carro
B. en el carro de mi madre
C. a pie
D. en taxi
E. en metro
F. en autobús
G. en bicicleta

Ella viene en moto.

¿Cómo vienes tú?

¿En coche?

¿En taxi?

¿En metro?

¿En autobús?

¿En bicicleta?

201

¿Cuál es la fecha?°

DICIEMBRE						
lunes	martes	miércoles	jueves	viernes	sábado	domingo
	1 el primero de diciembre	2	3	4	5	6
7 anteayer	8 ayer	⑨ hoy	10 mañana	11 pasado mañana	12	13
14	15	16	17	18	19	20

Hoy es miércoles. Es el nueve de diciembre. Mañana es jueves y **pasado mañana** es viernes. Ayer fue martes y **anteayer** fue lunes. El **primero** de diciembre fue el martes **pasado.**

fecha *date*

 **¿Qué comprendiste?**

1. ¿Qué día es hoy? ¿Cuál es la fecha?
2. ¿Qué día fue ayer? ¿Y anteayer?
3. ¿Qué día de la semana fue el primero de diciembre? ¿Y el dos?
4. ¿Cuándo es el diez? ¿Y el once?
5. ¿Qué día fue el cinco?
6. La Navidad es el veinticinco de diciembre. ¿Qué día de la semana es?

El pretérito de *ser*
You already have learned how to use the present tense of several verbs in Spanish. Here are the past-tense forms of the verb *ser* if you wish to use them. Other past-tense verbs can be found in the Appendices at the back of this textbook.

ser			
yo	fui	nosotros nosotras	fuimos
tú	fuiste	vosotros vosotras	fuisteis
Ud. él ella	fue	Uds. ellos ellas	fueron

¿Cuál es la fecha?

Algo más

Para hablar de los días

¿Qué día es hoy?	What day is today?
Hoy es (viernes).	Today is (Friday).
Ayer fue (jueves).	Yesterday was (Thursday).
Mañana es (sábado).	Tomorrow is (Saturday).
Camino todos los días.	I walk every day.
(Los lunes) tengo clases.	I have classes (on Mondays).
No voy (el domingo).	I am not going (on Sunday).
Voy (el domingo) que viene.	I am going next/the coming (Sunday).

11 ¿Cuándo es?

Imagine that today is *el jueves 12* and you and your friend are talking about different activities that happened or will happen this month. Answer the questions that your friend asks you about when the activities happened or will happen. Use the calendar as a guide.

A: ¿Cuándo fue el concierto?/6
B: El concierto fue el viernes pasado.

L	M	M	J	V	S	D
						1
2	3	4	5	6	7	8
9	10	11	⑫	13	14	15
16	17	18	19	20	21	22
23	24	25	26	27	28	29

1. ¿Qué día es mañana?/13
2. Y, ¿qué día es hoy?/12
3. Y, ¿cuándo es el otro concierto?/14
4. ¿Cuándo fue el cumpleaños de Diego?/10
5. ¿Cuándo fue la fiesta de sorpresa para Marta?/1
6. ¿Cuándo vas a la playa?/15

¿Cuándo fue el concierto?

12 ¿Qué día es?

Contesta las siguientes preguntas.

¿Qué día es hoy?
Hoy es martes.

1. Si hoy es martes, ¿qué día fue ayer?
2. Si hoy es martes, ¿qué día fue anteayer?
3. Si hoy es martes, ¿qué día es mañana?
4. Si hoy es martes, ¿qué día es pasado mañana?
5. Si mañana es sábado, ¿qué día fue ayer?
6. Si ayer fue jueves, ¿qué día es hoy?
7. Si hoy es sábado, ¿qué día es mañana?
8. ¿En qué mes estamos?
9. ¿Qué día es hoy?
10. ¿Cuál es la fecha?

El tiempo
Here are some phrases in Spanish for talking about the weather *(el tiempo)*.

Hace (mucho) frío.	It is (very) cold.
Hace (mucho) calor.	It is (very) hot.
Hace sol.	It is sunny.
Está fresco.	It is cool.
Está nublado.	It is cloudy.
Llueve mucho.	It rains a lot.
Nieva mucho.	It snows a lot.
Está lloviendo (nevando).	It is raining (snowing).

Los meses del año

Note: The names of the months are not usually capitalized in Spanish.

DURANTE LOS MESES DE VERANO, JULIO, AGOSTO Y SEPTIEMBRE, NO ABRIMOS LOS DOMINGOS

Conexión Cultural

Los días especiales

The culture and people of Nicaragua strongly reflect their Spanish heritage. Family life includes Catholic traditions such as baptisms, communions and weddings. Numerous holidays honoring local patron saints, as well as important Catholic holidays, are main events throughout the country. The Nicaraguan people are very sociable and on *días especiales* they enjoy being with their family and friends and perhaps listening to marimba music, dancing the salsa and sharing good food.

La Semana Santa en España.

The following is a list of important holidays celebrated throughout the Spanish-speaking world. Can you match them with their English equivalents?

1. el Día de **Año Nuevo** (el primero de enero)
2. el Día de los Reyes Magos (el 6 de enero)
3. el Día de San Valentín (el 14 de febrero)
4. la Semana Santa *(variable date, usually April)*
5. el Viernes Santo *(variable date, usually April)*
6. el Domingo de Pascua *(variable date, usually April)*
7. el Día del Trabajo (el primero de mayo)
8. el Día de la Raza (el 12 de octubre)
9. el Día de Todos los Santos (el primero de noviembre)
10. la Nochebuena (el 24 de diciembre)
11. la Navidad (el 25 de diciembre)
12. el Día de los Inocentes (el 28 de diciembre)
13. la Noche Vieja (el 31 de diciembre)
14. el cumpleaños (?)

A. Fools' Day
B. Holy Week
C. New Year's Eve
D. All Saints' Day
E. Epiphany
F. Birthday
G. Valentine's Day
H. New Year's Day
I. Labor Day
J. Good Friday
K. Christmas
L. Columbus Day
M. Christmas Eve
N. Easter Sunday

13 ¿En qué mes?

Working in pairs, figure out in what month the following events take place. Try to guess the meaning of any words you do not know.

> el Día de Año Nuevo
> **A:** ¿En qué mes es el Día de Año Nuevo?
> **B:** Es en enero.

1. el Día de Acción de Gracias
2. las vacaciones de verano
3. el Día de la Independencia de los Estados Unidos
4. el Día de la Madre
5. las vacaciones de primavera en tu colegio
6. el Día de San Valentín
7. el cumpleaños de Martin Luther King, Jr.
8. el Día de San Patricio
9. el Día de la Raza
10. el Día del Padre
11. tu cumpleaños

¿Cuándo es el Día de la Madre?

14 Días de fiesta

Make a list of five holidays or birthdays you celebrate each year. Exchange your list with a partner. Then take turns asking each other when these special days occur or when you celebrate them. Write the date your partner tells you. When you have finished, switch lists again and check your partner's work.

> **A:** ¿Cuál es la fecha de tu cumpleaños?
> **B:** Es el veinte de junio.
> **A:** *(Write* Celebra su cumpleaños el 20 de junio.*)*
> **B:** ¿Cuándo es el Domingo de Pascua?
> *(Compare what each of you has written.)*

¿Te gusta mi piñata de Navidad?

La Semana Santa en Antigua, Guatemala.

¡A mí tampoco!

GLORIA: ¿Sabes que el viernes que viene es mi cumpleaños?
ISABEL: **¿De veras?°** ¡Feliz cumpleaños! ¿Cuántos años tienes ahora?
GLORIA: Tengo quince años y voy a **cumplir** dieciséis el viernes cuatro de febrero.
ISABEL: Eres muy **joven. A veces°** los años **pasan rápidamente.°**
GLORIA: Sí. Pronto vamos a tener veinte años y vamos a ser **viejas.** No me gusta la idea **ni un poquito.°**
ISABEL: Ay, a mí tampoco.

¿De veras? *Really?* **A veces** *Sometimes* **rápidamente** *rapidly, quickly* **ni un poquito** *not even a very little bit*

Conexión Cultural

El día de tu santo

In Spanish-speaking countries, there are two different ways to wish someone a happy birthday. This is because a Spanish-speaking person's first name *(nombre)* is often the name of a saint of the Catholic Church such as Pedro (Saint Peter) or Teresa (Saint Teresa). When this is the case, people bearing a saint's name celebrate on two occasions—the day they were born and the day on which the Catholic Church honors the saint they were named after. So, to wish someone a happy birthday, you may say, ¡*Feliz cumpleaños!* and ¡*Feliz día de tu santo!* (Happy Saint's Day!).

 **¿Qué comprendiste?**

1. ¿Cuántos años va a cumplir Gloria?
2. ¿Cuál es la fecha de su cumpleaños? ¿Qué día es?
3. ¿Es vieja Gloria?
4. ¿Qué pasan rápidamente para Isabel?
5. ¿Qué no les gusta ni un poquito a las dos chicas?

Más expresiones de buenos deseos y cortesía

¡Feliz cumpleaños!	Happy birthday!
¡Feliz Navidad!	Merry Christmas!
¡Feliz Año Nuevo!	Happy New Year!
¡Que te diviertas!	Have fun!
¡Que lo pases bien!	Have a good time!
¡Felicitaciones!	Congratulations!
¡Buena suerte!	Good luck!
¡Bienvenido/ Bienvenida!	Welcome!
¡Que tengas un buen fin de semana!	Have a good weekend!

 **Charlando**

1. ¿Sabes en qué meses son los cumpleaños de tus amigos?
2. ¿Cuál es la fecha de tu cumpleaños?
3. ¿Cuántos años vas a cumplir?
4. Para ti, ¿pasan rápidamente los años? ¿Los veranos?
5. ¿Te gusta la idea de ser joven? Explica.
6. En tu opinión, ¿cuántos años tiene una persona vieja?

 **¿Cuántos años cumples?**

Working in pairs, imagine you and your classmate are cousins. Since it is a custom in your family to celebrate birthdays together, you have decided to plan this year's birthday celebration schedule. Discuss when the people indicated have birthdays and how old each will be, according to the information provided. Dates for birthdays are given in parentheses.

 Tu hermana y mi hermano tienen dieciocho años. (26.3)
    A: ¿Cuándo cumplen años tu hermana y mi hermano?
    B: Cumplen años el veintiséis de marzo.
    A: ¿Cuántos años cumplen?
    B: Cumplen diecinueve años.

1. Tu madre tiene cuarenta años. (14.2)
2. Nuestra abuela tiene sesenta y nueve años. (1.6)
3. Tu padre tiene treinta y nueve años y mi primo tiene quince años. (2.11)
4. Tú tienes (?) años y yo tengo (?) años. (?/?)

Lección 10

Algo más

¿Cuánto te gusta?

Me gusta.	*I like it.*
Me gusta mucho.	*I like it a lot.*
Me gusta un poco (poquito).	*I like it a little (very little).*
No me gusta.	*I do not like it.*
No me gusta ni un poco (poquito).	*I do not like it, not even a little (very little bit).*

18 ¿Cuánto te gusta a ti?

Express how much you like or dislike the following situations, using *gustar* and any expressions you have learned.

 Hoy es mi cumpleaños.
¡Qué bueno! Me gusta mucho./No me gusta ni un poquito.

1. El mes que viene es junio. ¡No hay clases!
2. Tengo una fiesta, pero mis amigos no vienen.
3. No tengo discos ni estéreo.
4. A veces celebro mi cumpleaños con mis primos.
5. Las horas de clase no pasan rápidamente.
6. Mi cumpleaños fue en septiembre.
7. Soy joven.
8. Un día vamos a ser viejos.

19 Diálogo original

Working with a partner, write a dialog of six to ten lines. Use one of the topics below if you wish. Mention at least two specific dates and use the following vocabulary words: *venir, tener, cumplir... años, joven, viejo, gustar*. Be prepared to read (or perform!) your dialog in class.

Topics
- a birthday celebration
- a party for two special occasions
- what you like or dislike about being young

Tenemos diecisiete años. ¿Somos jóvenes?

Los números del 101 al 999.999

Algo más

Los números: un poco más

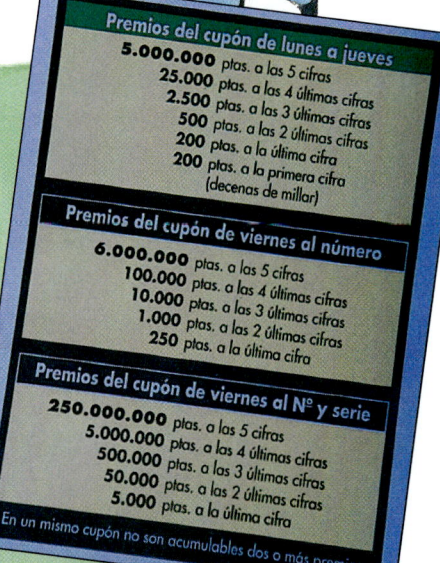

You have already learned to use *cien* (100) before a noun. Use *ciento* in place of *cien* for the numbers 101 to 199: *Tengo **cien** casetes y **ciento** veinte discos compactos*. The numbers from 200 to 999 have masculine and feminine forms that agree with the noun they describe: *Hay quinient**os** ochenta chicos y seiscient**as** cincuenta chicas en el colegio*. *Mil* (1,000) has only one form. Numbers beginning with *mil* are written with a period in Spanish instead of a comma: *1.000*.

2.000	=	dos mil
102.500	=	ciento dos mil, quinientos
999.999	=	novecientos noventa y nueve mil, novecientos noventa y nueve

When the year is written in Spanish it appears without a period. When it is spoken it is read like any other four-digit number, **not** grouped two numbers at a time, as is done in English.

1492	=	mil cuatrocientos noventa y dos

210 Lección 10

20 Los números

Find the pattern in the following sets of numbers and continue to the number shown in parentheses.

  veinte, cuarenta, sesenta... (100)
veinte, cuarenta, sesenta, ochenta, cien

1. cien, doscientos, trescientos... (1.000)
2. sesenta, ciento veinte, ciento ochenta... (600)
3. ciento once, doscientos veintidós, trescientos treinta y tres... (999)
4. trescientos, seiscientos, novecientos... (2.100)
5. nueve mil novecientos noventa y nueve, ocho mil ochocientos ochenta y ocho, siete mil setecientos setenta y siete... (1.111)
6. mil, novecientos, ochocientos... (100)
7. noventa mil ochenta, ochenta mil setenta, setenta mil sesenta... (20.010)

21 De compras en Managua

Imagine you are on a shopping excursion while visiting friends in Managua. Look at the prices of the following items. How would you write out the numbers in Spanish? Remember that the prices are given in *córdobas*.

  cinco mil setecientos setenta y cinco córdobas

1.

2.

3.

4.

5.

6.

Capítulo 5   211

Las fechas en español

Use the question *¿Cuál es la fecha de hoy?* to ask for the date in Spanish. Answer these questions using the following pattern:

> form of *ser* + *el* + number for day of month (or *primero*)
> + *de* + month + *de/del* + year

Note: The word *primero* (abbreviated *1º*) is used for the first day of a month instead of *uno*.

> *Es el cuatro de julio de mil novecientos noventa y nueve.*
> *Es el primero de enero del dos mil.*

In written form the date may appear as follows:

> *4 de julio del 2002*   or   *4.7.02 (or 4/7/02)*

Additional expressions regarding days and dates include the following:

> *¿Qué día es hoy?*   *Hoy es martes.*
> *¿En qué mes estamos?*   *Estamos en junio.*

When you want to express **on** in Spanish, use the definite articles *el* or *los*.

> *No voy el lunes.*
> *Tengo práctica de piano los jueves.*

22 Eventos importantes

Give the following dates, first in numbers and then in words.

(year the United States declared independence)
1776: mil setecientos setenta y seis

1. (day, month and year you were born)
2. (year of your high school graduation)
3. (date you obtained or plan to obtain your driver's license)
4. (year you will be able to vote)
5. (year you plan to buy a car)
6. (date for some other important future event in your life)

¿Cuándo es el día de tu graduación?

23 Cruzando fronteras

With a partner, talk about several important events in Nicaragua's history. Follow the model.

Nicaragua/declarar/la independencia de España: 1821
A: ¿Cuándo declara Nicaragua la independencia de España?
B: Nicaragua declara la independencia de España en mil ochocientos veintiuno.

1. Rubén Darío/escribir/su libro famoso, *Azul:* 1888
2. En Nicaragua/hay/una revolución: 1979
3. Nicaragua/tener/su primera mujer presidenta, Violeta Barrios de Chamorro: 1990
4. Los nicaragüenses/celebrar/175 años de independencia: 1996

Los nicaragüenses celebran el día de independencia.

Violeta Barrios de Chamorro.

Autoevaluación. As a review and self-check, respond to the following:
1. Imagine you are celebrating your birthday. In Spanish, say who is coming to your party.
2. How would you wish someone a happy birthday in Spanish? How would you ask how old the person is?
3. Imagine you are making plans for next weekend with a friend. Write a short letter or e-mail to your friend and talk about your plans. Where would you go? What would you do?
4. Say that you will see your classmates the day after tomorrow.
5. If today is Monday, what day was yesterday? What day was Saturday?
6. What is today's date (day, month, year)?
7. What are your favorite months of the year?
8. Name at least three special holidays celebrated in Spanish-speaking countries.
9. How would you express in Spanish that you like something? That you like it a lot? That you do not like it? That you do not like it even a little bit?
10. Give the following dates in Spanish: March 1, 2001; September 20, 1999; your birth date.

¡La práctica hace al maestro!

A Comunicación

Working with a classmate, take turns asking one another about the special days and events each of you celebrates or observes during a year. In your discussion include the dates for events (name the day of the week, if possible) and whether or not you like each event. Tell what you do to make the day special. If possible, bring a photo of one of the events to make your discussion more interesting.

¿Qué celebras en marzo?
¿Te gusta ir a la playa en agosto?
¿Cuál es la fecha del Día de Acción de Gracias?

B Conexión con la tecnología

Write an e-mail in Spanish to a key pal or a classmate, telling how you celebrate your birthday. Describe what your family or friends do to make the day special. Tell about your favorite birthday present. Finish by asking the key pal or classmate about his or her birthday.

La Navidad es un día especial.

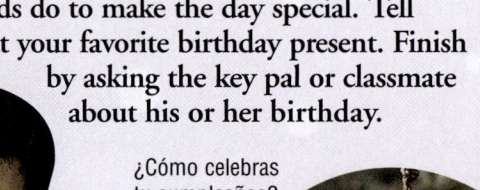
Celebramos mi cumpleaños en mi restaurante favorito.

¿Cómo celebras tu cumpleaños?

VOCABULARIO

Celebro mi cumpleaños con mi familia.

Para describir
feliz
joven
mayor
menor
pasado,-a
poquito
primero,-a
querido,-a
rápidamente
viejo,-a

Números
ciento
doscientos,-as
trescientos,-as
cuatrocientos,-as
quinientos,-as
seiscientos,-as
setecientos,-as
ochocientos,-as
novecientos,-as
mil

Fechas
abril
agosto
el año
el Año Nuevo
anteayer
ayer
el cumpleaños
diciembre
enero
febrero
la fecha
julio
junio
marzo
mayo
el mes
la Navidad

noviembre
octubre
pasado mañana
septiembre

Verbos
celebrar
cumplir (años)
fue
venir

Expresiones y otras palabras
a veces
¿de veras?
¡Feliz cumpleaños!
la idea
ni
temprano
la vez *(pl.* veces*)*

La Navidad es el 25 de diciembre.

¡Feliz cumpleaños!

a leer

Estrategia

Preparación

Estrategia para leer: *reading for details*
Sometimes when you read, you just look for specific details. For example, you scan newspaper advertisements to decide if there is something you would like to buy or an event you would like to attend. When you scan, look for specific details and do not worry about reading the text word for word.

Busca estos detalles como preparación para la lectura.
1. Safaris Corobicí hace viajes por....
2. En los viajes, los turistas pueden observar....

Hacer un viaje a Costa Rica

SAFARIS COROBICI

Viajes por Costa Rica en Bote

Especializado en tours escénicos en el **Río** Corobicí para naturalistas y observadores de **aves**
Viajes en bote diarios—desde las 7 a.m. hasta las 4 p.m.
Viajes desde 2 horas hasta mediodía

Los viajes **pueden ser arreglados** para su **comodidad**—familias con **niños** o personas con requerimientos especiales. Hacemos grupos grandes (21 hasta 100 personas) o grupos **pequeños** (1 hasta 20 personas). Nuestros **guías reman** el bote y Uds. **sólo disfrutan** del río. Excepto por **algunas** pequeñas partes, este río no tiene aguas turbulentas. En el Río Corobicí, hay varias zonas para nadar. Este es un **paraíso** donde los turistas pueden observar muchas aves tropicales, **monos** con **caras** blancas, tres **especies** de iguanas y cocodrilos en las **orillas** del Río Corobicí. Uds. sólo necesitan **traer** un **traje de baño**, un **sombrero**, una cámara, unos binoculares y **loción bronceadora** para el **sol**.

Río *River* **aves** *birds* **pueden ser arreglados** *can be arranged* **comodidad** *comfort* **niños** *children* **pequeños** *small* **guías** *guides* **reman** *row* **sólo** *only* **disfrutan** *enjoy* **algunas** *some* **paraíso** *paradise* **monos** *monkeys* **caras** *faces* **especies** *species* **orillas** *riverbank* **traer** *to bring* **traje de baño** *bathing suit* **sombrero** *hat* **loción bronceadora** *suntan lotion* **sol** *sun*

 ¿Qué comprendiste?

1. ¿Para quiénes son interesantes los viajes en bote?
2. ¿Por cuánto tiempo es el viaje más corto?
3. ¿A qué hora son los viajes?
4. ¿De cuántas personas es un grupo grande?
5. ¿Quiénes reman los botes?
6. ¿Qué necesitan traer los turistas?

 Charlando

1. ¿Haces viajes en bote? ¿Dónde?
2. ¿Qué te gusta más, un viaje en agua turbulenta o en agua tranquila?
3. ¿Qué te gusta de los safaris Corobicí?

Un mono con cara blanca.

Vamos a hacer un viaje por Costa Rica en bote.

En Costa Rica hay tres especies de iguanas.

Capítulo 5

a escribir

Estrategia

Estrategia para escribir: *brainstorming*

One of the best ways to begin to write is to brainstorm all the ideas you can think of that relate to a theme. Then focus on one or two of the ideas that came to mind. Once you decide on your topic, you may use brainstorming again to provide the information you will need to develop your ideas.

A. Brainstorm all the *días especiales* that typically occur during the year that you celebrate. Pick one that you like a lot and one that you do not like and then think about as many topics as you can that relate to both of them—people, location, activities and so on.

B. Write several paragraphs in Spanish that contrast the two holidays you have chosen. In one paragraph write about the *día especial* that you like and in another paragraph write about the one you do not like. Develop each contrasting theme of your paper with information such as when it occurs, who participates, what activities go on, where it takes place, how you feel about the holiday and anything else you wish to include. Finally, add graphics or artwork to make the paper visually appealing.

repaso

Now that I have completed this chapter, I can...

- ✓ talk about the future.
- ✓ express likes and dislikes.
- ✓ talk about everyday activities.
- ✓ express opinions.
- ✓ ask for and state ages.
- ✓ write about everyday life.
- ✓ state when things are done.
- ✓ talk about dates and special days.
- ✓ seek and provide personal information.
- ✓ use the numbers 101-999,999.

I also can...

- ✓ talk about music in Spanish.
- ✓ talk about life in Costa Rica and Nicaragua.
- ✓ identify opportunities to use Spanish in the travel industry.
- ✓ express strong feelings by using exclamations in Spanish.
- ✓ recognize how my English can interfere with learning Spanish.
- ✓ talk about the days of the week.
- ✓ write a letter in Spanish.
- ✓ talk about the months.
- ✓ identify and discuss special days.
- ✓ read in Spanish about things to do in Costa Rica.
- ✓ write in Spanish about holidays I celebrate.

San José, Costa Rica.

Appendices

Appendix A

Grammar Review

Definite articles

	Singular	Plural
Masculine	el	los
Feminine	la	las

Indefinite articles

	Singular	Plural
Masculine	un	unos
Feminine	una	unas

Adjective/noun agreement

	Singular	Plural
Masculine	El chico es alto.	Los chicos son altos.
Feminine	La chica es alta.	Las chicas son altas.

Pronouns

Singular	Subject	Direct object	Indirect object	Object of preposition
1st person	yo	me	me	mí
2nd person	tú	te	le	tl
	Ud.	lo/la	le	Ud.
3rd person	él	lo	le	él
	ella	la	le	ella

Plural				
1st person	nosotros	nos	nos	nosotros
	nosotras	nos	nos	nosotras
2nd person	vosotros	os	os	vosotros
	vosotras	os	os	vosotras
3rd person	Uds.	los/las	les	Uds.
	ellos	los	les	ellos
	ellas	las	les	ellas

Interrogatives

qué	what
cómo	how
dónde	where
cuándo	when
cuánto, -a, -os, -as	how much, how many
cuál/cuáles	which (one)
quién/quiénes	who, whom
por qué	why

Possessive adjectives

Singular	Singular nouns	Plural nouns
1st person	mi hermano mi hermana	mis hermanos mis hermanas
2nd person	tu hermano tu hermana	tus hermanos tus hermanas
3rd person	su hermano su hermana	sus hermanos sus hermanas

Plural	Singular nouns	Plural nouns
1st person	nuestro hermano nuestra hermana	nuestros hermanos nuestras hermanas
2nd person	vuestro hermano vuestra hermana	vuestros hermanos vuestras hermanas
3rd person	su hermano su hermana	sus hermanos sus hermanas

Appendix B

Numbers

Cardinal numbers 0-1.000

0—cero	13—trece	26—veintiséis	90—noventa
1—uno	14—catorce	27—veintisiete	100—cien/ciento
2—dos	15—quince	28—veintiocho	200—doscientos,-as
3—tres	16—dieciséis	29—veintinueve	300—trescientos,-as
4—cuatro	17—diecisiete	30—treinta	400—cuatrocientos,-as
5—cinco	18—dieciocho	31—treinta y uno	500—quinientos,-as
6—seis	19—diecinueve	32—treinta y dos	600—seiscientos,-as
7—siete	20—veinte	33—treinta y tres, etc.	700—setecientos,-as
8—ocho	21—veintiuno	40—cuarenta	800—ochocientos,-as
9—nueve	22—veintidós	50—cincuenta	900—novecientos,-as
10—diez	23—veintitrés	60—sesenta	1.000—mil
11—once	24—veinticuatro	70—setenta	
12—doce	25—veinticinco	80—ochenta	

Appendix C

Verbs

Present tense (indicative)

Regular present tense		
hablar (to speak)	hablo hablas habla	hablamos habláis hablan
comer (to eat)	como comes come	comemos coméis comen
escribir (to write)	escribo escribes escribe	escribimos escribís escriben

Verbs with irregularities

The following charts provide some frequently used Spanish verbs with irregularities.

estar (to be)	hacer (to do, to make)	ir (to go)	oír (to hear, to listen)	saber (to know)
estoy estás está estamos estáis están	hago haces hace hacemos hacéis hacen	voy vas va vamos vais van	oigo oyes oye oímos oís oyen	sé sabes sabe sabemos sabéis saben

salir (to go out, to leave)	ser (to be)	tener (to have)	venir (to come)	ver (to see, to watch)
salgo sales sale salimos salís salen	soy eres es somos sois son	tengo tienes tiene tenemos tenéis tienen	vengo vienes viene venimos venís vienen	veo ves ve vemos veis ven

Vocabulary Spanish/English

All active words introduced in *Somos así EN SUS MARCAS–A* appear in this end vocabulary. The number or letter following an entry indicates the lesson in which an item is first actively used. Additional words and expressions are included for reference and have no number. Obvious cognates and expressions that occur as passive vocabulary for recognition only have been excluded from this end vocabulary.

Abbreviations:
- *d.o.* direct object
- *f.* feminine
- *i.o.* indirect object
- *m.* masculine
- *pl.* plural
- *s.* singular

A

a to, at, in *4; a caballo* on horseback *5; a la(s)...* at... o'clock *4; a pie* on foot *5; a propósito* by the way *1; ¿a qué hora?* at what time? *4; a veces* sometimes, at times *10; a ver* let's see, hello (telephone greeting)
abierto,-a open *7*
abran: see *abrir*
abre: see *abrir*
la **abreviatura** abbreviation
abril April *10*
abrir to open *9; abran (Uds.* command); *abre (tú* command) open
la **abuela** grandmother *7*
el **abuelo** grandfather *7*
aburrido,-a bored, boring *8*
la **aceituna** olive
el **acento** accent *1*
la **acentuación** accentuation
aclarar to make clear, to explain
la **actividad** activity *9,* exercise
el **acuerdo** accord; *de acuerdo* agreed, okay *6*
adiós good-bye *1*
el **adjetivo** adjective; *adjetivo posesivo* possessive adjective
¿adónde? (to) where? *5*
el **adverbio** adverb
la **agencia** agency; *agencia de viajes* travel agency
agosto August *10*
el **agricultor** farmer

el **agua** *f.* water *6; agua mineral* mineral water *6*
ahora now *6*
el **al** to the *5*
alegre happy, merry, lively
el **alfabeto** alphabet
el **álgebra** algebra
allá over there *10*
allí there *4*
la **almeja** clam
el **almuerzo** lunch *4*
aló hello (telephone greeting) *4*
alterna alternate (*tú* command)
alto,-a tall, high *8*
amable kind, nice *7*
amarillo,-a yellow *4*
ambiguo,-a ambiguous
la **América** America; *América Central* Central America; *América del Sur* South America
el **amigo,** la **amiga** friend *3; amigo/a por correspondencia* pen pal
el **amor** love *9*
andino,-a Andean, of the Andes Mountains
anteayer the day before yesterday *10*
anterior preceding
añade: see *añadir*
añadir: *añade* (*tú* command) add
el **año** year *10; Año Nuevo* New Year's Day *10; ¿Cuántos años tienes?* How old are you? *1; tener* (+ number)

años to be (+ number) years old *9*
el **apartamento** apartment
el **apellido** last name, surname
el **apodo** nickname
aprender to learn
apropiado,-a appropriate
apunta: see *apuntar*
apuntar to point; *apunta* (*tú* command) point (at); *apunten* (*Uds.* command) point (at)
apunten: see *apuntar*
apurado,-a in a hurry *7*
aquí here *1; Aquí se habla español.* Spanish is spoken here.
el **árbol** tree; *árbol genealógico* family tree
la **Argentina** Argentina *1*
el **arte** art *4*
el **artículo** article
el **artista** artist
la **asignatura** subject
el **Atlántico** Atlantic Ocean
la **atracción** attraction
el **autobús** bus *5*
la **avenida** avenue *6*
aventurero,-a adventurous
el **avión** airplane *5*
¡ay! oh! *3*
ayer yesterday *10*
la **ayuda** help
el **azafrán** saffron
los **aztecas** Aztecs
azul blue *4*

B

bailar to dance *8*

bajo,-a short (not tall), low *8*
balanceado,-a balanced
el **baloncesto** basketball
el **banco** bank *5*
el **barco** boat, ship *5*
el **barril** barrel
basado,-a based
bastante rather, fairly, sufficiently
la **bebida** drink
el **béisbol** baseball *8*
la **biblioteca** library *5*
la **bicicleta** bicycle, bike *5*
bien well *2*
bienvenido,-a welcome
la **biología** biology *4*
blanco,-a white *4*
la **boda** wedding
el **bolígrafo** pen *3*
Bolivia Bolivia *1*
bonito,-a pretty, good-looking, attractive *7*
borra: see *borrar*
el **borrador** eraser *3*
borrar to erase; *borra (tú* command) erase; *borren (Uds.* command) erase
borren: see *borrar*
bueno well, okay (pause in speech) *6;* hello (telephone greeting)
bueno,-a good *8; buena suerte* good luck; *buenas noches* good night *2; buenas tardes* good afternoon *2; buenos días* good morning *2*
buscar to look for *9*

C

el **caballero** gentleman
el **caballo** horse *5; a caballo* on horseback *5*
la **cafetería** cafeteria *5*
el **calendario** calendar
caliente hot *7*
la **calle** street *6*
calvo,-a bald *8*
el **camarón** shrimp
caminar to walk *5*
el **camión** truck *5;* bus (Mexico); *en camión* by truck *5*
la **canción** song *9*
canoso,-a white-haired *8*
cansado,-a tired *7*
el **cantante, la cantante** singer *6*

cantar to sing *8*
la **cantidad** quantity
el **capitán** captain
el **capítulo** chapter
la **característica** characteristic, trait; *características de personalidad* personality traits; *características físicas* physical traits
¡caramba! wow! *9*
cariñoso,-a affectionate *7*
el **carnaval** carnival
la **carrera** career
el **carro** car *5; en carro* by car *5*
la **casa** home, house *7; en casa* at home
el **casete** cassette *9*
catorce fourteen *1*
celebrar to celebrate *10*
el **centavo** cent
el **centro** downtown, center *6*
cerca (de) near *5*
cero zero *1*
cerrado,-a closed *7*
cerrar (ie): *cierra (tú* command) close; *cierren (Uds.* command) close
el **cesto de papeles** wastebasket, wastepaper basket *3*
chao bye
charlando talking, chatting
la **chica** girl *3*
el **chico** boy *3,* man, buddy
Chile Chile *1*
cien one hundred *2*
la **ciencia** science
ciento one hundred (when followed by another number) *10*
cierra: see *cerrar*
cierren: see *cerrar*
cinco five *1*
cincuenta fifty *2*
el **cine** movie theater *5*
la **ciudad** city *6*
la **civilización** civilization
¡claro! of course! *5*
la **clase** class *4*
el **clima** climate
el **coche** car; *en coche* by car
el **cognado** cognate
el **colegio** school *4*
Colombia Colombia *1*
la **colonia** colony
el **color** color *4*
comer to eat *6*
cómico,-a comical, funny *8*

la **comida** food *6,* dinner
como like, since, as
¿cómo? how?, what? *1; ¿Cómo?* What (did you say)? *4; ¿Cómo está (Ud.)?* How are you (formal)? *2; ¿Cómo están (Uds.)?* How are you *(pl.)? 2; ¿Cómo estás (tú)?* How are you (informal)? *2; ¡Cómo no!* Of course! *6; ¿Cómo se dice...?* How do you say...? *3; ¿Cómo se escribe...?* How do you write (spell)...? *1; ¿Cómo se llama (Ud./él/ella)?* What is (your/his/her) name? *1; ¿Cómo te llamas?* What is your name? *3*
el **compañero, la compañera** classmate, partner *9*
comparando comparing
completa: see *completar*
completar to complete; *completa (tú* command) complete
la **compra** purchase *8; ir de compras* to go shopping *8*
comprar to buy *8*
comprender to understand *6; comprendo* I understand *3*
comprendo: see *comprender*
la **computadora** computer (machine) *4*
la **computación** computer science *4*
con with *1; con (mucho) gusto* I would be (very) glad to *2; con permiso* excuse me (with your permission), may I *2*
el **concierto** concert *6*
la **conjunción** conjunction
conseguir (i, i) to obtain, to attain, to get
la **contaminación** contamination, pollution; *contaminación ambiental* environmental pollution
contar (ue): *cuenta (tú* command) tell; *cuenten (Uds.* command) tell
contento,-a happy, glad *7; estar contento,-a (con)* to be satisfied (with) *7*

contesta: see *contestar*
contestar to answer *8*; *contesta* (*tú* command) answer; *contesten* (*Uds.* command) answer
contesten: see *contestar*
el **contexto** context
continúa: see *continuar*
continuar: *continúa* (*tú* command) continue; *continúen* (*Uds.* command) continue
continúen: see *continuar*
la **contracción** contraction
correcto,-a right, correct
el **correo** mail; *correo electrónico* e-mail
la **cortesía** courtesy
la **costa** coast
Costa Rica Costa Rica *1*
crear to create
creer to believe
el **crucero** cruise ship
cruzar to cross
el **cuaderno** notebook *3*
¿cuál? which?, what?, which one? (*pl.* ¿*cuáles?*) which ones? *4*
la **cualidad** quality
¿cuándo? when? *5*
¿cuánto,-a? how much? *4* (*pl.* ¿*cuántos,-as?*) how many? *4*; ¿*Cuántos años tienes?* How old are you? *1*
cuarenta forty *2*
el **cuarto** quarter *2*, *cuarto de baño* bathroom; *menos cuarto* a quarter to, a quarter before *2*; *y cuarto* a quarter after, a quarter past *2*
cuatro four *1*
cuatrocientos,-as four hundred *10*
Cuba Cuba *1*
cuenta: see *contar*
cuidar to take care of
el **cumpleaños** birthday *10*; *¡Feliz cumpleaños!* Happy birthday! *10*
cumplir to become, to become (+ number) years old, to reach *10*; *cumplir años* to have a birthday *10*

D

dama lady
damas women's restroom
dar: *dé* (*Ud.* command) give
de from, of *1*; *de acuerdo* agreed, okay *6*; *¿de dónde?* from where? *1*; *¿De dónde eres?* Where are you from? *1*; *¿De dónde es (Ud./él/ella)?* Where are you (formal) from?, Where is (he/she/it) from? *3*; *de la mañana* in the morning, A.M. *2*; *de la noche* at night, P.M. *2*; *de la tarde* in the afternoon, P.M. *2*; *de nada* you are welcome, not at all *2*; *¿de veras?* really? *10*; *¿Eres (tú) de...?* Are you from...? *1*
dé: see *dar*
decir: *¿Cómo se dice...?* How do you say...? *3*; *di* (*tú* command) say, tell; *díganme* (*Uds.* command) tell me; *dime* (*tú* command) tell me; *¿Qué quiere decir...?* What is the meaning (of)...? *3*; *quiere decir* it means *3*; *se dice* one says *3*
del of the, from the *5*
delgado,-a thin *8*
la **democracia** democracy
el **dentista, la dentista** dentist *5*
el **deporte** sport *9*
desaparecido,-a missing
el **desayuno** breakfast
describe (*tú* command) describe
desear to wish
el **deseo** wish
la **despedida** farewell
di: see *decir*
el **día** day *4*; *buenos días* good morning *2*; *de todos los días* everyday *8*; *todos los días* every day *5*
el **diálogo** dialog
diario,-a daily
dibuja: see *dibujar*
dibujar: *dibuja* (*tú* command) draw; *dibujen* (*Uds.* command) draw
dibujen: see *dibujar*
diciembre December *10*

el **dictado** dictation
diecinueve nineteen *1*
dieciocho eighteen *1*
dieciséis sixteen *1*
diecisiete seventeen *1*
diez ten *1*
la **diferencia** difference
diferente different
difícil difficult, hard *8*
diga hello (telephone greeting)
dígame tell me, hello (telephone greeting)
díganme: see *decir*
dime: see *decir*
el **dinero** money *9*
la **dirección** address *4*; *dirección de correo electrónico* e-mail *4*
el **director, la directora** director
el **disco** disc *4,9*, record; *disco compacto* CD-ROM *4*, audio compact disc, audio CD *9*
el **diskette** diskette *4*
divertido,-a fun *7*
doce twelve *1*
el **doctor, la doctora** doctor
el **dólar** dollar
domingo Sunday *4*; *el domingo* on Sunday
don title of respect used before a man's first name *5*
¿dónde? where? *1*; *¿de dónde?* from where?; *¿De dónde es (Ud./él/ella)?* Where are you (formal) from?, Where is (he/she/it) from? *3*
doña title of respect used before a woman's first name *5*
dos two *1*
doscientos,-as two hundred *10*
Dr. abbreviation for *doctor*
Dra. abbreviation for *doctora*
dulce sweet *8*
durante during

E

la **ecología** ecology
el **Ecuador** Ecuador *1*
la **edad** age
el **edificio** building *6*
la **educación física** physical education
egoísta selfish *8*
el **ejemplo** example; *por ejemplo* for example

Spanish/English **225**

el **the** *(m., s.)* 3
él **he** 3; **him** *(after a preposition)* 8; *Él se llama....* His name is.... 3
eléctrico,-a electric
El Salvador El Salvador 1
ella **she** 3; **her** *(after a preposition)* 8; *Ella se llama....* Her name is.... 3
ellos,-as they 3; them *(after a preposition)* 8
empatados: see *empate*
el **empate** tie; *los partidos empatados* games tied
en in, on, at 4; *en* (+ vehicle) by (+ vehicle) 5; *en casa* at home; *en resumen* in short
encantado,-a delighted, the pleasure is mine 5
encontrar (ue) to find
la **encuesta** survey, poll
enero January 10
el **énfasis** emphasis
enfermo,-a sick 7
el **enfermera, la enfermera** nurse
la **ensalada** salad 6
enseñar to teach, to show
entonces then 9
entrar to go in, to come in 9
entre between, among
la **entrevista** interview
equivocado mistaken; *número equivocado* wrong number 4
eres: see *ser*
es: see *ser*
la **escena** scene
escoger: *escogiendo* choosing
escogiendo: see *escoger*
escriban: see *escribir*
escribe: see *escribir*
escribir: *¿Cómo se escribe...?* How do you write (spell)...? 1; *escriban* (*Uds.* command) write; *escribe* (*tú* command) write; *se escribe* it is written 1
el **escritorio** desk 3
escucha: see *escuchar*
escuchar to listen (to); *escucha* (*tú* command) listen; *escuchen* (*Uds.* command) listen
escuchen: see *escuchar*

la **escuela** school 5
eso that (neuter form)
el **espacio** space
España Spain 1
el **español** Spanish (language) 4
español, española Spanish
especializado,-a specialized
el **espectáculo** showcase
la **esposa** wife, spouse 7
el **esposo** husband, spouse 7
está: see *estar*
el **estadio** stadium
el **Estado Libre Asociado** Commonwealth
los **Estados Unidos** United States of America 1
están: see *estar*
estar to be 4; *¿Cómo está (Ud.)?* How are you (formal)? 2; *¿Cómo están (Uds.)?* How are you (pl.)? 2; *¿Cómo estás (tú)?* How are you (informal)? 2; *está* you (formal) are, he/she/it is 2; *están* they are 2; *estar contento,-a (con)* to be satisfied (with) 7; *estás* you (informal) are 2; *estoy* I am 2
estás: see *estar*
este well, so (pause in speech)
el **estéreo** stereo 9
estoy: see *estar*
la **estructura** structure
estudia: see *estudiar*
el **estudiante, la estudiante** student 3
estudiar to study 4; *estudia* (*tú* command) study; *estudien* (*Uds.* command) study
estudien: see *estudiar*
el **estudio** study
el **examen** exam, test 9
el **éxito** success
explica: see *explicar*
la **explicación** explanation
explicar to explain; *explica* (*tú* command) explain
el **explorador, la exploradora** explorer
la **exportación** exportation
exportador, exportadora exporting
expresar to express

la **expresión** expression
la **extensión** extension

F

fácil easy 8
falso,-a false
la **familia** family 7
famoso,-a famous
fantástico,-a fantastic, great 5
el **favor** favor; *por favor* please 2
favorito,-a favorite 6
febrero February 10
la **fecha** date 10
felicitaciones congratulations
feliz happy *(pl. felices)* 10; *¡Feliz cumpleaños!* Happy birthday! 10
femenino,-a feminine
feo,-a ugly 8
el **ferrocarril** railway, railroad
la **fiesta** party 5
la **filosofía** philosophy
el **fin** end 9; *fin de semana* weekend 9
la **flauta** flute
la **florcita** small flower
la **forma** form
la **foto(grafía)** photo 7
la **frase** phrase, sentence
los **frijoles** beans 6
el **frío** cold 7
frío,-a cold 7
fue: see *ser*
fueron: see *ser*
fuerte strong
el **fútbol** soccer 9
el **futuro** future

G

ganados: see *ganar*
ganar to win; *los partidos ganados* games won
el **gato, la gata** cat 9
el **género** gender
generoso,-a generous 8
la **geografía** geography
la **geometría** geometry
el **gerundio** present participle
el **gesto** gesture
el **gimnasio** gym
el **gobernador, la gobernadora** governor
gordo,-a fat 8
la **grabadora** tape recorder (machine) 9
gracias thanks 2; *muchas gracias* thank you very much 2

gran big (form of *grande* before a *m., s.* noun)
grande big 6
gris gray 4
el grupo group; *grupo musical* musical group
guapo,-a good-looking, attractive, handsome, pretty 7
Guatemala Guatemala 1
el guía, la guía guide
Guinea Ecuatorial Equatorial Guinea 1
la guitarra guitar 9
gusta: see *gustar*
gustar to like, to be pleasing to 8
gustaría: see *gustar*
el gusto pleasure 5; *con (mucho) gusto* I would be (very) glad to 2; *el gusto es mío* the pleasure is mine 5; *¡Mucho gusto!* Glad to meet you! 1; *Tanto gusto.* So glad to meet you. 5

H

la habitación room, bedroom
el habitante, la habitante inhabitant
habla: see *hablar*
hablar to speak 4; *habla (tú command)* speak; *hablen (Uds. command)* speak; *Se habla español.* Spanish is spoken.
hablen: see *hablar*
hace: see *hacer*
hacer to do, to make 6; *hacer un viaje* to take a trip 9; *hacer una pregunta* to ask a question 6; *hagan (Uds. command)* do, make; *haz (tú command)* do, make; *haz el papel* play the part; *hecha* made
hagan: see *hacer*
hasta until, up to, down to 1; *hasta la vista* so long, see you later; *hasta luego* so long, see you later 1; *hasta mañana* see you tomorrow 2; *hasta pronto* see you soon 2
hay there is, there are 4
haz: see *hacer*
hecha: see *hacer*

la hermana sister 7
el hermano brother 7
la hija daughter 7
el hijo son 7
la historia history 4
la hoja sheet; *hoja de papel* sheet of paper
hola hi, hello 1
Honduras Honduras 1
la hora hour 2; *¿a qué hora?* at what time? 4; *¿Qué hora es?* What time is it? 2
el horario schedule 4
horrible horrible 8
el hotel hotel 5
hoy today 6

I

la idea idea 10
ideal ideal 8
ignorar to not know
imagina: see *imaginar*
la imaginación imagination
imaginar to imagine; *imagina (tú command)* imagine
importante important 8
la impresora (láser) (laser) printer 4
los incas Incas
incluir to include
indefinido,-a indefinite
la independencia independence
indica: see *indicar*
la indicación cue
indicado,-a indicated
indicar to indicate; *indica (tú command)* indicate
indígena native
el informe report
el inglés English (language) 4
inicial initial
inmenso,-a immense
la inspiración inspiration
inteligente intelligent 8
interesante interesting 8
interrogativo,-a interrogative
la invitación invitation
invitar to invite
ir to go 2; *ir a (+ infinitive)* to be going to (do something) 6; *ir de compras* to go shopping 8; *¡vamos!* let's go! 5; *¡vamos a (+ infinitive)!* let's (+ infinitive)! 6; *vayan (Uds. command)*

go to; *ve (tú command)* go to
la isla island

J

la jirafa giraffe
joven young 10
el juego game
jueves Thursday 4; *el jueves* on Thursday
jugar (ue) to play 8; *jugar a (+ sport/game)* 8
el jugo juice 6
julio July 10
junio June 10

L

la la the *(f., s.)* 3; her, it, you *(d.o.)* 9; *a la...* at... o'clock 4
la langosta lobster
el lápiz pencil *(pl. lápices)* 3
las the *(f., pl.)* 3; them, you *(d.o.)* 9; *a las...* at...o'clock 4
la lástima shame; *¡Qué lástima!* What a shame! 9
le (to, for) him, (to, for) her, (to, for) it, (to, for) you (formal)*(i.o.)* 5
lean: see *leer*
la lección lesson
la lectura reading
lee: see *leer*
leer to read 6; *lean (Uds. command)* read; *lee (tú command)* read
lejos (de) far (from) 5
la lengua language
lento,-a slow 8
les (to, for) them, (to, for) you *(pl.)(i.o.)* 5
la letra letter
levantarse to get up, to rise; *levántate (tú command)* get up; *levántense (Uds. command)* get up
levántate: see *levantarse*
levántense: see *levantarse*
la libertad liberty, freedom
libre free 7
la librería bookstore 9
el libro book 3
el líder leader
limitar to limit
limpio,-a clean 7
la literatura literature
llama: see *llamar*

llamar to call, to telephone *9*; *¿Cómo se llama (Ud./él/ella)?* What is (your/his/her) name? *3*; *¿Cómo te llamas?* What is your name? *1*; *llamaron* they called (preterite of *llamar*); *me llamo* my name is *1*; *se llaman* their names are; *te llamas* your name is *1*; *(Ud./Él/Ella) se llama....* (Your [formal]/His/Her) name is.... *3*
llamaron: see *llamar*
llamas: see *llamar*
llamo: see *llamar*
llegar: *llegó* arrived (preterite of *llegar*)
llegó: see *llegar*
lo him, it, you (d.o.) *9*; *lo siento* I am sorry *2*
loco,-a crazy *7*
lógicamente logically
lógico,-a logical
los the (m., pl.) *3*; them, you (d.o.) *9*
luego then, later, soon *1*; *hasta luego* so long, see you later *1*
lunes Monday *4*; *el lunes* on Monday

M

la **madre** mother *7*
el **maestro** teacher, master; *La práctica hace al maestro.* Practice makes perfect.
mal badly *2*
la **maleta** suitcase *9*
malo,-a bad *8*
la **mamá** mother, mom
la **manera** manner, way
mañana tomorrow *2*; *hasta mañana* see you tomorrow *2*; *pasado mañana* the day after tomorrow *10*
la **mañana** morning *2*; *de la mañana* A.M., in the morning *2*
el **mapa** map *3*
mariachi popular Mexican music and orchestra
el **marisco** seafood, shellfish
martes Tuesday *4*; *el martes* on Tuesday

marzo March *10*
más more, else *7*
masculino,-a masculine
las **matemáticas** mathematics *4*
maya Mayan
los **mayas** Mayans
mayo May *10*
mayor older, oldest *10*
la **mayúscula** capital letter *1*
me (to, for) me (i.o.) *8*; me (d.o.) *9*; *me llaman* they call me; *me llamo* my name is *1*
la **medianoche** midnight; *Es medianoche.* It is midnight. *2*
el **médico, la médica** doctor *5*
medio,-a half; *y media* half past *2*
el **medio** means
el **mediodía** noon; *Es mediodía.* It is noon. *2*
menor younger, youngest *10*
menos minus, until, before, to (to express time) *2*; *por lo menos* at least
mentir (ie, i) to lie
el **menú** menu *6*
el **merengue** merengue (dance music)
el **mes** month *10*
el **mesero, la mesara** food server *6*
el **metro** subway *5*
mexicano,-a Mexican
México Mexico *1*
mi my *3*; (pl. *mis*) my *7*
mí me *8*; (after a preposition) *8*
el **miembro** member, part
mientras que while
miércoles Wednesday *4*; *el miércoles* on Wednesday
mil thousand *10*
la **minúscula** lowercase
mío,-a my, mine; *el gusto es mío* the pleasure is mine *5*
mira: see *mirar*
mirar to look (at) *8*; *mira* (tú command) look *4*; *mira* hey, look (pause in speech); *miren* (Uds. command) look; *miren* hey, look (pause in speech)
miren: see *mirar*
el **misterio** mystery

la **mochila** backpack *3*
el **modelo** model
moderno,-a modern
el **momento** moment *6*
el **mono** monkey
montar to ride *9*
moreno,-a brunet, brunette, dark-haired, dark-skinned *8*
la **moto(cicleta)** motorcycle *5*
la **muchacha** girl, young woman *5*
el **muchacho** boy, guy *5*
muchísimo very much, a lot
mucho much, a lot, very, very much *3*
mucho,-a much, a lot of, very *6*; (pl. *muchos,-as*) many *6*; *con (mucho) gusto* I would be (very) glad to *2*; *muchas gracias* thank you very much *2*; *¡Mucho gusto!* Glad to meet you! *1*
el **mundo** world; *todo el mundo* everyone, everybody
la **muralla** wall
el **museo** museum *6*
la **música** music *4*
muy very *2*

N

la **nación** nation
nacional national
nada: *de nada* you are welcome, not at all *2*
nadar to swim *8*
la **naranja** orange *6*
la **Navidad** Christmas *10*
necesitar to need *4*
negativo,-a negative
el **negocio** business; *hombre de negocios* businessman; *mujer de negocios* businesswoman
negro,-a black *4*
nervioso,-a nervous *7*
ni not even *10*
Nicaragua Nicaragua *1*
la **nieta** granddaughter *7*
el **nieto** grandson *7*
no no *1*
la **noche** night *2*; *buenas noches* good night *2*; *de la noche* P.M., at night *2*
el **nombre** name
el **norte** north

nos (to, for) us *(i.o.)* 8; us *(d.o.)* 9
nosotros,-as we 3; us (after a preposition) 8
la noticia news
novecientos,-as nine hundred 10
noventa ninety 2
la novia girlfriend
noviembre November 10
el novio boyfriend
nuestro,-a our 7
nueve nine 1
nuevo,-a new 3; *el Año Nuevo* New Year's Day 10
el número number 4; *número de teléfono/de fax/de teléfono celular* telephone/fax/cellular telephone number 4, *número equivocado* wrong number 4
nunca never 3

O

o or 4
la obra work, play
ochenta eighty 2
ocho eight 1
ochocientos,-as eight hundred 10
octubre October 10
ocupado,-a busy, occupied 7
ocupar to occupy
la odisea odyssey
oficial official
la oficina office 5
oigan hey, listen (pause in speech)
oigo hello (telephone greeting)
oír to hear, to listen (to) 8; *oigan* hey, listen (pause in speech); *oigo* hello (telephone greeting); *oye* hey, listen (pause in speech) 6
la omisión omission
once eleven 1
el opuesto opposite
la oración sentence
el orden order
la organización organization
el órgano organ
os (to, for) you (Spain, informal, *pl., i.o.*), you (Spain, informal, *pl., d.o.*)

otro,-a other, another *(pl. otros,-as)* 7
oye hey, listen (pause in speech) 6

P

el Pacífico Pacific Ocean
el padre father 7; *(pl. padres)* parents
la página page 3
el país country
la palabra word 3; *palabra interrogativa* question word; *palabras antónimas* antonyms, opposite words
Panamá Panama 1
la pantalla screen 4
el papá father, dad
los papás parents
el papel paper 3, role; *haz el papel* play the role; *la hoja de papel* sheet of paper
para for, to, in order to 7
el Paraguay Paraguay 1
la pared wall 3
la pareja pair, couple
el pariente, la pariente relative 7
el parque park 5
el párrafo paragraph
la parte part
el partido game, match 8; *partidos empatados* games tied; *partidos ganados* games won; *partidos perdidos* games lost
pasado,-a past, last 10; *pasado mañana* the day after tomorrow 10
pásame: see *pasar*
pasar to pass, to spend (time) 9, to happen, to occur; *¿Qué te pasa?* What is wrong with you?
la Pascua Easter
patinar: *patinar sobre ruedas* to in-line skate 8
la película movie, film 9
pelirrojo,-a red-haired 8
pensar (ie): *pensar en* (+ infinitive) to think about (doing something)
perder (ie) to lose; *los partidos perdidos* games lost
perdidos: see *perder*
perdón excuse me, pardon me 2

perezoso,-a lazy
el periódico newspaper 3
el periodista, la periodista journalist, reporter
el período period
el permiso: *con permiso* excuse me (with your permission), may I 2
pero but 6
el perro, la perra dog 9
personal: *el pronombre personal* subject pronoun
el Perú Peru 1
el pescado fish 6
el petróleo oil
el piano piano 8
el pie: *a pie* on foot 5
pintar to paint
la pirámide pyramid
la pista clue
la pizarra blackboard 3
la playa beach 7
la plaza plaza, public square 6
poco,-a: *un poco* a little (bit) 9
políticamente politically
el pollo chicken 6
popular popular 7
por for 7; *por ejemplo* for example; *por favor* please 2
¿por qué? why? 5
porque because 5
la posibilidad possibility
la posición position, place
el póster poster
la práctica practice 9; *La práctica hace al maestro.* Practice makes perfect.
la pregunta question 6; *hacer una pregunta* to ask a question 6
preguntar to ask 6
la preparación preparation
el preparativo preparation
la preposición preposition
la presentación introduction
presentar to introduce, to present; *le presento a* let me introduce you (formal, *s.*) to 5; *les presento a* let me introduce you (*pl.*) to 5; *te presento a* let me introduce you (informal, *s.*) to 5
presente present

Spanish/English 229

presento: see *presentar*
primero,-a first *10*
primero first (adverb) *9*
el **primo, la prima** cousin *7*
el **principal** main
el **problema** problem *5*
produce produces
el **producto** product
el **profesor, la profesora** teacher *3; el profe* teacher
el **pronombre** pronoun; *pronombre personal* subject pronoun
el **pronóstico** forecast
pronto soon, quickly *2; hasta pronto* see you soon *2*
la **pronunciación** pronunciation
el **propósito** aim, purpose; *a propósito* by the way *1*
próximo,-a next
la **publicidad** publicity
público,-a public
la **puerta** door *3*
Puerto Rico Puerto Rico *1*
pues thus, well, so, then (pause in speech) *6*
el **punto** point
la **puntuación** punctuation
el **pupitre** desk *3*

Q

que that, which *9; que viene* upcoming, next *9*
¡qué (+ adjective)! how (+ adjective)! *7*
¡qué (+ noun)! what a (+ noun)! *9*
¿qué? what? *3; ¿a qué hora?* at what time? *4; ¿Qué comprendiste?* What did you understand?; *¿Qué hora es?* What time is it? *2; ¿Qué quiere decir...?* What is the meaning (of)...? *3; ¿Qué tal?* How are you? *2; ¿Qué te pasa?* What is wrong with you?
querer (ie) *¿Qué quiere decir...?* What is the meaning (of)...? *3; quiere decir* it means *3; quiero* I love *7;* I want *5*
querido,-a dear *10*
¿quién? who? *3; (pl. ¿quiénes?)* who? *5*
quiere: see *querer*

quiero: see *querer*
la **química** chemistry
quince fifteen *1*
quinientos,-as five hundred *10*
quisiera would like

R

la **radio** radio (broadcast) *8; el radio* radio (apparatus)
rápidamente rapidly *10*
rápido,-a rapid, fast *8*
el **rascacielos** skyscraper
el **ratón** mouse (*pl. ratones*) *4*
la **razón** reason
real royal
la **realidad** reality
redondo,-a round
el **refresco** soft drink, refreshment *6*
regañar to scold
regatear to bargain, to haggle
la **regla** ruler *3*
regresar to return, to go back
regular average, okay, so-so, regular *2*
relacionado,-a related
el **reloj** clock, watch *3*
repasar to reexamine, to review
el **repaso** review
repetir (i, i): *repitan (Uds. command)* repeat; *repite (tú command)* repeat
repitan: see *repetir*
repite: see *repetir*
reportando reporting
la **República Dominicana** Dominican Republic *1*
resolver (ue) to resolve, to solve
responder to answer
la **respuesta** answer
el **restaurante** restaurant *6*
el **resultado** result
el **resumen** summary; *en resumen* in short
la **reunión** meeting
la **revista** magazine *3*
rico,-a rich
el **riel** rail
el **ritmo** rhythm
rojo,-a red *4*
rubio,-a blond, blonde *8*
la **rutina** routine

S

sábado Saturday *4; el sábado* on Saturday
saber to know *6; sabes* you know *6; sé* I know *3*
sabes: see *saber*
el **sacapuntas** pencil sharpener *3*
sacar: *sacar fotos* to take photographs
salir to go out *7*
la **salsa** salsa (dance music)
el **saludo** greeting
el **salvavidas** lifeguard
la **sangre** blood
el **santo** saint's day; *Todos los Santos* All Saints' Day
el **saxofón** saxophone
se *¿Cómo se dice...?* How do you say...? *3; ¿Cómo se escribe...?* How do you write (spell)...? *1; ¿Cómo se llama (Ud./él/ella)?* What is (your/his/her) name? *3; se considera* it is considered; *se dice* one says *3; se escribe* it is written *1; Se habla español.* Spanish is spoken.; *se llaman* their names are; *(Ud./Él/Ella) se llama....* (Your [formal]/His/Her) name is.... *3*
sé: see *saber*
sea: see *ser*
seguir (i, i) to follow, to continue, to keep on; *sigan (Uds. command)* follow; *sigue (tú command)* follow
según according to
seis six *1*
seiscientos,-as six hundred *10*
selecciona select (*tú command*)
la **selva** jungle; *selva tropical* tropical rain forest
la **semana** week *9; el fin de semana* weekend *9; Semana Santa* Holy Week
sentarse (ie) to sit (down); *siéntate (tú command)* sit (down); *siéntense (Uds. command)* sit (down)
sentir (ie, i): *lo siento* I am sorry *2*
señalar to point to, to point at, to point out; *señalen (Uds. command)* point to
señalen: see *señalar*
el **señor** gentleman, sir, Mr. *2*

Vocabulary

la	**señora** lady, madame, Mrs. *2*	
la	**señorita** young lady, Miss *2*	
	septiembre September *10*	
	ser to be *3*; *eres* you are *1*; *¿Eres (tú) de...?* Are you from...? *1*; *es* you (formal) are, he/she/it is *2*; *es la una* it is one o'clock *2*; *Es medianoche.* It is midnight. *2*; *Es mediodía.* It is noon. *2*; *fue* you (formal) were, he/she/it was (preterite of *ser*) *10*; *¿Qué hora es?* What time is it? *2*; *sea* it is; *son* they are *2*; *son las* (+ number) it is (+ number) o'clock *2*; *soy* I am *1*	
	serio,-a serious	
	sesenta sixty *2*	
	setecientos,-as seven hundred *10*	
	setenta seventy *2*	
	si if *9*	
	sí yes *1*	
	siempre always *6*	
	siéntate: see *sentarse*	
	siéntense: see *sentarse*	
	siento: see *sentir*	
	siete seven *1*	
	sigan: see *seguir*	
los	**signos de puntuación** punctuation marks	
	sigue: see *seguir*	
	siguiente following; *lo siguiente* the following	
la	**silabificación** syllabification	
el	**silencio** silence	
la	**silla** chair *3*	
el	**símbolo** symbol	
	similar alike, similar	
	simpático,-a nice, pleasant *5*	
la	**situación** situation	
	sobre on, over *4*, about; *patinar sobre ruedas* to in-line skate *8*	
la	**sobrina** niece *7*	
el	**sobrino** nephew *7*	
	solamente only	
	solo,-a alone	
	son: see *ser*	
el	**sondeo** poll	
el	**sonido** sound	
la	**sorpresa** surprise *9*	
	soy: see *ser*	
	Sr. abbreviation for *señor 2*	
	Sra. abbreviation for *señora 2*	
	Srta. abbreviation for *señorita 2*	
	su, sus his, her, its, your (*Ud./Uds.*), their *7*	
	suave smooth, soft	
el	**subdesarrollo** underdevelopment	
el	**suceso** happening	
	sucio,-a dirty *7*	
el	**sur** south	
el	**sustantivo** noun	

T

	tal such, as, so; *¿Qué tal?* How are you? *2*	
el	**tamal** tamale	
	también also, too *5*	
el	**tambor** drum	
	tampoco either, neither *4*	
	tan so *9*	
	tanto,-a so much *5*; *Tanto gusto.* So glad to meet you. *5*	
la	**tapa** tidbit, appetizer	
la	**tarde** afternoon *2*; *buenas tardes* good afternoon *1*; *de la tarde* P.M., in the afternoon *2*	
la	**tarea** homework *8*	
el	**taxi** taxi *5*	
	te (to, for) you (*i.o.*) *5*; you (*d.o.*) *9*; *¿Cómo te llamas?* What is your name? *1*; *te llamas* your name is *1*	
el	**teatro** theater *6*	
el	**teclado** keyboard *4*	
el	**teléfono** telephone *4*; *el número de teléfono* telephone number *4*	
la	**televisión** television *8*; *ver (la) televisión* to watch television *8*	
el	**tema** theme, topic	
	temprano early *10*	
	tener to have *9*; *¿Cuántos años tienes?* How old are you? *1*; *tener* (+ number) *años* to be (+ number) years old *9*; *tengo* I have *1*; *tengo* (+ number) *años* I am (+ number) years old *1*; *tiene* it has; *tienes* you have *1*	
	tengo: see *tener*	
el	**tenis** tennis *8*	
	terminar to end, to finish *4*	
	ti you (after a preposition) *8*	
la	**tía** aunt *7*	
el	**tiempo** time *7*; verb tense	
la	**tienda** store *6*	
	tiene: see *tener*	
	tienes: see *tener*	
el	**tío** uncle *7*	
	típico,-a typical	
el	**tipo** type, kind	
la	**tiza** chalk *3*	
	toca: see *tocar*	
el	**tocadiscos** audio compact disc player *9*	
	tocar to play (a musical instrument) *8*, to touch; *toca* (*tú* command) touch; *toquen* (*Uds.* command) touch	
	todo,-a all, every, whole, entire *7*; *todo el mundo* everyone, everybody; *todos los días* every day *9*	
	todos,-as everyone, everybody	
	tolerante tolerant	
	tomar to take *5*, to drink, to have *6*	
	tonto,-a silly *8*	
el	**tópico** theme	
	toquen: see *tocar*	
	trabajar: *trabajando en parejas* working in pairs	
el	**transporte** transportation *5*	
	tratar (de) to try (to do something)	
	trece thirteen *1*	
	treinta thirty *2*	
el	**tren** train *5*	
	tres three *1*	
	trescientos,-as three hundred *10*	
	triste sad *7*	
el	**trombón** trombone	
la	**trompeta** trumpet	
	tu your (informal) *4*; (*pl. tus*) your (informal) *7*	
	tú you (informal) *1*	
la	**tumba** tomb	
el	**turista, la turista** tourist	

U

	Ud. you (abbreviation of *usted*) *2*; you (after a preposition) *8*; *Ud. se llama....* Your name is.... *3*	
	Uds. you (abbreviation of *ustedes*) *2*; you (after a preposition) *8*	
	último,-a last	

    un, una a, an, one *3*
    único,-a only, unique *7*
la **universidad** university
    uno one *1*
    unos, unas some, any, a few *3*
el **Uruguay** Uruguay *1*
    usted you (formal, *s.*) *2;* you (after a preposition) *8*
    ustedes you *(pl.) 2;* you (after a preposition) *8*

V

    ¡vamos! let's go! *5; ¡vamos a (+ infinitive)!* let's (+ infinitive)! *6*
    varios,-as several
    vayan: see *ir*
    ve: see *ir*
    veinte twenty *1*
    veinticinco twenty-five *2*
    veinticuatro twenty-four *2*
    veintidós twenty-two *2*
    veintinueve twenty-nine *2*
    veintiocho twenty-eight *2*
    veintiséis twenty-six *2*
    veintisiete twenty-seven *2*
    veintitrés twenty-three *2*
    veintiuno twenty-one *2*
    Venezuela Venezuela *1*
    vengan: see *venir*
    venir to come *10; vengan (Uds.* command) come
la **ventana** window *3*
    ver to see, to watch *6; a ver* let's see, hello (telephone greeting) *ver (la) televisión* to watch television *8*
el **verano** summer *7*
el **verbo** verb
    verdad true
    ¿verdad? right? *5*
    verde green *4*
    ves: see *ver*
la **vez** time *(pl. veces) 10; a veces* at times, sometimes *10*
el **viaje** trip *9; hacer un viaje* to take a trip *9; la agencia de viajes* travel agency
    viejo,-a old *10*
    viernes Friday *4; el viernes* on Friday
la **vista** view; *hasta la vista* so long, see you later
    vivir to live *7*
el **vocabulario** vocabulary
la **vocal** vowel; *vocales abiertas* open vowels; *vocales cerradas* closed vowels
    vosotros,-as you (Spain, informal, *pl.*) *2*
la **voz** voice *(pl. voces) 8*
    vuestro,-a,-os,-as your (Spain, informal, *pl.*)

Y

    y and *1; y cuarto* a quarter past, a quarter after *2; y media* half past *2*
    ya: *¡ya lo veo!* I see it!
    yo I *1*

Vocabulary English/Spanish

A

a un, una *2*; *a few* unos, unas *2*; *a lot (of)* mucho *6*, muchísimo
about sobre
accent el acento *1*
activity actividad *9*
address la dirección *4*
affectionate cariñoso,-a *7*
afraid asustado,-a
afternoon la tarde *2*; *good afternoon* buenas tardes *1*; *in the afternoon* de la tarde *2*; por la tarde *9*
age la edad
agency la agencia; *travel agency* agencia de viajes
agreed de acuerdo *6*
airplane el avión *5*; *by airplane* en avión *5*
algebra el álgebra
all todo,-a *7*
alone solo,-a
also también *5*
always siempre *6*
an un, una *3*
and y *1*
another otro,-a *3*; *another time* otra vez *8*
answer la respuesta
to **answer** contestar *8*
any unos, unas *3*
apartment el apartamento
April abril *10*
Argentina la Argentina *1*
art el arte *4*
artist el artista, la artista
as tal *2*, como
to **ask** preguntar *6*; *to ask a question* hacer una pregunta *6*
at en; *at night* de la noche *2*; *at...o'clock* a la(s)... *4*; *at times* a veces *10*; *at what time?* ¿a qué hora? *4*
athlete el deportista
to **attain** conseguir *(i, i)*
attractive bonito,-a, guapo, -a *7*
August agosto *10*
aunt la tía *7*
avenue la avenida *6*
average regular *2*

B

backpack la mochila *3*
bad malo,-a *8*
bald calvo,-a *8*
bank el banco *5*
to **bargain** regatear
baseball el béisbol *8*
basketball el baloncesto
bathroom el cuarto de baño
to **be** ser *3*; *to be (+ number) years old* tener *(+ number)* años *9*; *to be pleasing to* gustar *8*; *to be satisfied (with)* estar contento,-a (con) *7*
beach la playa *7*
beans los frijoles *6*
because porque *5*
to **become** cumplir *10*; *to become (+ number) years old* cumplir *10*
bedroom la habitación
to **believe** creer
between entre
bicycle la bicicleta *5*
big grande *6*, gran *(form of grande before a m., s. noun)*
bike la bicicleta *5*
biology la biología *4*
birthday el cumpleaños *10*; *Happy birthday!* ¡Feliz cumpleaños! *10*; *to have a birthday* cumplir años *10*
black negro,-a *4*
blackboard la pizarra *3*
blond, blonde rubio,-a *8*
blue azul *4*
boat el barco *5*
Bolivia Bolivia *1*
book el libro *3*
bookstore la librería *9*
bored aburrido,-a *8*
boring aburrido,-a *8*
boy el chico *3*, el muchacho *5*
boyfriend el novio
breakfast el desayuno
brother el hermano *7*
brunet, brunette moreno,-a *8*
building el edificio *6*
bus el autobús *5*
busy ocupado,-a *7*
but pero *6*
to **buy** comprar *8*
by por *7*; *by (+ vehicle)* en *(+ vehicle)* *5*; *by the way* a propósito

C

cafeteria la cafetería *5*
calendar el calendario
to **call** llamar *9*
car el carro *5*, el coche; *by car* en carro *5*, en coche
cassette el casete *9*
cat el gato, la gata *9*
CD-ROM disco compacto
to **celebrate** celebrar *10*
center el centro *6*
chair la silla *3*
chalk la tiza *3*
chemistry la química
chicken el pollo *6*
Chile Chile *1*
Christmas la Navidad *10*
city la ciudad *6*
clam la almeja
class la clase *4*
classmate el compañero, la compañera *9*
clean limpio,-a *7*
clock el reloj *3*
closed cerrado,-a *7*
cold frío,-a *7*; el frío *7*
Colombia Colombia *1*
to **come** venir *10*; *to come in* entrar *9*
comical cómico,-a *8*
compact disc el disco compacto *4*; *audio compact disc, audio CD* *9*; *CD-ROM* *4*; *audio compact disc player* el tocadiscos *9*
computer la computadora *4*
computer science la computación *4*
concert el concierto *6*

congratulations felicitaciones
to continue seguir *(i, i)*
Costa Rica Costa Rica *1*
country el país
couple la pareja
cousin el primo, la prima *7*
crazy loco,-a *7*
to create crear
to cross cruzar
Cuba Cuba *1*

D

dad el papá
to dance bailar *8*
dark obscuro,-a; *dark-haired, dark-skinned* moreno,-a *8*
date la fecha *10*
daughter la hija *7*
day el día *4*; *the day after tomorrow* pasado mañana *10*; *the day before yesterday* anteayer *10*
dear querido,-a *10*
December diciembre *10*
delighted encantado,-a *5*
dentist el dentista, la dentista *5*
desk el escritorio, el pupitre *3*
difficult difícil *8*
dinner la comida
director el director, la directora
dirty sucio,-a *7*
disc el disco *4, 7*
diskette el diskette *4*
to do hacer *6*
doctor el médico, la médica *5*, el doctor, la doctora
dog el perro, la perra *9*
dollar el dólar
Dominican Republic la República Dominicana *1*
door la puerta *3*
downtown el centro *6*
drink el refresco *6*, la bebida
to drink tomar *6*
drum el tambor
during durante

E

e-mail dirección de correo electrónico *4*
early temprano *10*
earring el arete *4*
Easter la Pascua
easy fácil *8*
to eat comer *6*
Ecuador el Ecuador *1*
eight ocho *1*
eight hundred ochocientos, -as *10*
eighteen dieciocho *1*

eighty ochenta *2*
either tampoco *4*
eleven once *1*
El Salvador El Salvador *1*
else más *7*
end el fin *9*
to end terminar *4*
English el inglés *(language) 4*
to erase borrar
eraser el borrador *3*
every todo,-a *7*; *every day* todos los días *9*
everybody todo el mundo, todos,-as
everyone todo el mundo, todos,-as
exam el examen *9*
example el ejemplo; *for example* por ejemplo
excuse me perdón, con permiso *2*
to explain explicar, aclarar
explanation la explicación

F

fairly bastante
family la familia *7*; *family tree* el árbol genealógico
famous famoso,-a
fantastic fántastico,-a *5*
far (from) lejos (de) *5*
fast rápido,-a *8*
fat gordo,-a *8*
father el padre *7*
favorite favorito,-a *6*
February febrero *10*
fifteen quince *1*
fifty cincuenta *2*
film la película *9*
to find encontrar *(ue)*
to finish terminar *4*
first primero,-a *10*, primero *(adverb) 10*
fish el pescado *6*
five cinco *1*
five hundred quinientos,-as *10*
flute la flauta
to follow seguir *(i, i)*; *the following* lo siguiente
food la comida *6*; *food server* el mesero, la mesera *6*
foot: *on foot* a pie *5*
for por, para *7*; *for example* por ejemplo *2*
forty cuarenta *2*
four cuatro *1*
four hundred cuatrocientos, -as *10*
fourteen catorce *1*

free libre *7*
Friday viernes *4*; *on Friday* el viernes
friend el amigo, la amiga *3*
from de *1*; *from the* de la/del (de + el) *5*; *from where?* ¿de dónde? *1*
fun divertido,-a *7*
funny cómico,-a *8*

G

game el partido *8*, el juego
generous generoso,-a *8*
geography la geografía
geometry la geometría
to get conseguir *(i, i)*
girl la chica *3*, la muchacha *5*
girlfriend la novia
glad contento,-a *3*; *Glad to meet you!* ¡Mucho gusto! *1*; *I would be (very) glad to* con (mucho) gusto *1*; *So glad to meet you.* Tanto gusto. *1*
glass el vaso *8*
to go ir *2*; *let's go!* ¡vamos! *5*; *to be going to (do something)* ir a *(+ infinitive) 6*; *to go in* entrar *9*; *to go out* salir *7*; *to go shopping* ir de compras *8*
good bueno,-a *8*, *good afternoon* buenas tardes *2*; *good luck* buena suerte; *good morning* buenos días *2*; *good night* buenas noches *2*
good-bye adiós *1*
good-looking guapo,-a *7*, bonito,-a *7*
granddaughter la nieta *7*
grandfather el abuelo *7*
grandmother la abuela *7*
grandson el nieto *7*
gray gris *4*
great fántastico,-a *5*
green verde *4*
group el grupo; *musical group* grupo musical
Guatemala Guatemala *1*
guitar la guitarra *9*
guy el muchacho *5*
gym el gimnasio

H

half medio,-a; *half past* y media *2*
handsome guapo,-a *7*
to happen pasar
happy contento,-a *7*, feliz

(*pl.* felices) *10*, alegre; *Happy birthday!* ¡Feliz cumpleaños! *10*
hard difícil *8*
to **have** tomar *6*, tener *9*; *to have a birthday* cumplir años *10*
he él *3*
to **hear** oír *8*
hello hola *1*; *hello (telephone greeting)* aló *4*, diga, oigo
help la ayuda
her su, sus *7*; la *(d.o.) 9*; le *(i.o.) 1*; *(after a preposition)* ella *8*
here aquí *1*
hey mira, miren, oye, oigan
hi hola *1*
him lo *(d.o.) 9*; le *(i.o.) 5*; *(after a preposition)* él *8*
his su, sus *7*
history la historia *4*
hockey el hockey
home la casa *7*; *at home* en casa
homework la tarea *8*
Honduras Honduras *1*
horrible horrible *8*
horse el caballo *5*; *on horseback* a caballo *5*
hot caliente *7*
hotel hotel *5*
hour la hora *2*
house la casa *7*
how? ¿cómo? *1*; *How are you?* ¿Qué tal? *2*; *How are you (formal)?* ¿Cómo está (Ud.)? *2*; *How are you (informal)?* ¿Cómo estás (tú)? *2*; *How are you (pl.)?* ¿Cómo están (Uds.)? *2*; *How do you say...?* ¿Cómo se dice...? *3*; *How do you write (spell)...?* ¿Cómo se escribe...? *1*; *how many?* ¿cuántos,-as? *4*; *how much?* ¿cuánto,-a? *4*; *How old are you?* ¿Cuántos años tienes? *1*
how (+ adjective)! ¡qué (+ adjective)! *7*
hurry: *in a hurry* apurado,-a *7*
husband el esposo *7*

I

I yo *1*
idea la idea *10*
ideal ideal *8*
if si *9*

to **imagine** imaginar
important importante *8*
in en *4*, por *7*
in order to para *7*
intelligent inteligente *8*
interesting interesante *8*
to **introduce** presentar *5*; *let me introduce you (formal, s.) to* le presento a *5*; *let me introduce you (informal, s.) to* te presento a *5*; *let me introduce you (pl.) to* les presento a *5*
invitation la invitación
to **invite** invitar
island la isla
it la *(d.o.)*, lo *(d.o.) 9*
its su, sus *7*

J

January enero *10*
juice jugo *6*
July julio *10*
June junio *10*
just sólo

K

to **keep on** seguir *(i, i)*
keyboard el teclado *4*
kind amable *7*, el tipo
to **know** saber *6*

L

lady la señora, Sra. *2*, la dama; *young lady* la señorita *2*
language la lengua, el idioma
last pasado,-a *10*, último,-a
later luego *1*; *see you later* hasta luego *1*, hasta la vista
lazy perezoso,-a
to **learn** aprender
let's (+ infinitive)! ¡vamos a (+ infinitive)! *6*
let's go! ¡vamos! *5*
letter la letra; *capital letter* la mayúscula *1*; *lowercase letter* la minúscula
library la biblioteca *5*
to **lie** mentir *(ie, i)*
like como
to **like** gustar *8*
to **listen (to)** oír *8*, escuchar
little: *a little (bit)* un poco *5*; *a very little (bit)* un poquito *9*
to **live** vivir *7*
lobster la langosta
to **look (at)** mirar *8*; *to look for* buscar *5*
to **lose** perder *(ie)*
love el amor *9*
lunch el almuerzo *4*

M

machine la máquina
magazine la revista *3*
to **make** hacer *6*
many mucho,-a *6*
map el mapa *3*
March marzo *10*
match el partido *8*
mathematics las matemáticas *4*
May mayo *10*
me me *(i.o.) 8*; me *(d.o.) 9*; *they call me* me llaman; *(after a preposition)* mí
to **mean:** *it means* quiere decir *3*; *What is the meaning (of)...?* ¿Qué quiere decir...? *3*
menu el menú *6*
Mexico México *1*
midnight la medianoche *2*; *It is midnight.* Es medianoche. *2*
mine mío,-a; *the pleasure is mine* el gusto es mío *5*
minus menos *2*
Miss la señorita, Srta. *2*
mistaken equivocado
modern moderno,-a
mom la mamá
moment el momento *6*
Monday lunes *4*; *on Monday* el lunes
money el dinero *9*
month el mes *10*
more más *7*
morning la mañana *2*; *good morning* buenos días *2*; *in the morning* de la mañana *2*
mother la madre *7*
motorcycle la moto(cicleta) *5*
mouse ratón *(pl.* ratones) *4*
movie la película *9*; *movie theater* el cine *5*
Mr. el señor, Sr. *2*
Mrs. la señora, Sra. *2*
much mucho,-a, mucho *6*; *very much* muchísimo
museum el museo *6*
music la música *4*
my mi *3*, *(pl. my)* mis *7*; *my name is* me llamo *1*

English/Spanish

N

name el nombre; *last name* el apellido; *my name is* me llamo 1; *their names are* se llaman; *What is your name?* ¿Cómo te llamas? 3; *What is (your/his/her) name?* ¿Cómo se llama (Ud./él/ella)? 1; *(Your [formal]/His/Her) name is....* (Ud./Él/Ella) se llama.... 3; *your name is* te llamas 1
near cerca (de) 5
to **need** necesitar 4
neither tampoco 4
nephew el sobrino 7
nervous nervioso,-a 7
never nunca 3
new nuevo,-a 3; *New Year's Day* el Año Nuevo 10
news la noticia
newspaper el periódico 3
next próximo,-a, que viene 9
Nicaragua Nicaragua 1
nice simpático,-a 5, amable 7
nickname el apodo
niece la sobrina 7
night la noche 2; *at night* de la noche 2; *good night* buenas noches 2
nine nueve 1
nine hundred novecientos,-as 10
nineteen diecinueve 1
ninety noventa 2
no no 1
noon el mediodía; *It is noon.* Es mediodía. 2
north el norte
not: *not even* ni 10
notebook el cuaderno 3
November noviembre 10
now ahora 4
number el número 4; *telephone/fax/cellular telephone number* número de teléfono/de fax/de teléfono celular 4; *wrong number* número equivocado 4

O

to **obtain** conseguir (i, i)
occupied ocupado,-a 7
to **occur** pasar
o'clock a la(s)... 4; *it is (+number) o'clock* son las (+number) 2; *it is one o'clock* es la una 2
October octubre 10
of de 1; *of the* de la/del (de + el) 1
of course! ¡claro! 5, ¡Cómo no! 6
office la oficina 5
official oficial
oh! ¡ay! 3
oil el petróleo
okay de acuerdo 6, regular 2; *(pause in speech)* bueno 6
old viejo,-a 10; *How old are you?* ¿Cuántos años tienes? 1; *to be (+ number) years old* tener (+ number) años 9
older mayor 10
oldest el/la mayor 10
on en 4, sobre 4; *on foot* a pie 5
one un, una, uno 3
one hundred cien 2; *(when followed by another number)* ciento 10
only único,-a 7, solamente
open abierto,-a 7
to **open** abrir 9
or o 4
orange la naranja 6
organ el órgano
other otro,-a 7
our nuestro,-a 7
over sobre 4; *over there* allá 10

P

page la página 3
pair la pareja
Panama Panamá 1
paper el papel 3; *sheet of paper* la hoja de papel
Paraguay el Paraguay 1
pardon me perdón 2
parents los padres 3, los papás
park el parque 5
partner el compañero, la compañera 9
party la fiesta 5
to **pass** pasar 9
past pasado,-a 10; *half past* y media 2
pen el bolígrafo 3
pencil el lápiz (*pl.* lápices) 3; *pencil sharpener* el sacapuntas 3
Peru el Perú 1
philosophy la filosofía

photo la foto(grafía) 7
piano el piano 8
place la posición
to **play** jugar (ue) 8; *(a musical instrument)* tocar 8; *(+ a sport/game)* jugar a 8
plaza la plaza 6
pleasant simpático,-a 5
please por favor 2
pleasure el gusto 5; *the pleasure is mine* encantado,-a, el gusto es mío 5
plural el plural
point el punto
to **point** apuntar; *to point to (at, out)* señalar
politically políticamente
pollution la contaminación ambiental
popular popular 7
practice la práctica 9
pretty bonito,-a 3, guapo,-a 3
printer (laser) la impresora (láser) 4
problem el problema 5
public público,-a; *public square* la plaza 6
Puerto Rico Puerto Rico 1
purchase la compra 8
purpose el propósito

Q

quarter el cuarto 2; *a quarter after, a quarter past* y cuarto 2; *a quarter to, a quarter before* menos cuarto 2
question la pregunta 6; *to ask a question* hacer una pregunta 6
quickly pronto 2

R

radio (broadcast) la radio 8; *radio (apparatus)* el radio
rapid rápido 8
rapidly rápidamente 10
to **reach** cumplir 10
to **read** leer 6
reading la lectura
really? ¿de veras? 10
record el disco; *record player* el tocadiscos 9
red rojo,-a 4
red-haired pelirrojo,-a 8
refreshment el refresco 6
refrigerator el refrigerador 4
regular regular 2

relative el pariente, la pariente 7
report el informe
reporter el periodista, la periodista
to resolve resolver *(ue)*
restaurant el restaurante 6
to return volver *(ue)* 7, regresar
to review repasar
to ride montar 9
right correcto,-a
right? ¿verdad? 5
ruler la regla 3

S

sad triste 7
saint's day día del santo; *All Saints' Day* Día de todos los Santos
salad la ensalada 6
satisfied: *to be satisfied (with)* estar contento,-a (con) 7
Saturday sábado 4; *on Saturday* el sábado
saxophone el saxofón
to say: *How do you say...?* ¿Cómo se dice...? 3; *one says* se dice 3
schedule el horario 4
school el colegio 4, la escuela 5
science la ciencia
to scold regañar
screen la pantalla 4
to see ver 6; *I see it!* ¡ya lo veo!; *let's see* a ver; *see you later* hasta la vista, hasta luego 1; *see you soon* hasta pronto 2; *see you tomorrow* hasta mañana 2; *you see* ves
selfish egoísta 8
sentence la oración, la frase
September septiembre 10
seven siete 1
seven hundred setecientos, -as 10
seventeen diecisiete 1
seventy setenta 2
several varios,-as
shame la lástima; *What a shame!* ¡Qué lástima! 9
she ella 3
sheet la hoja; *sheet of paper* hoja de papel
ship el barco 5
short bajo,-a *(not tall)* 8; *in short* en resumen

to show enseñar
shrimp el camarón
sick enfermo,-a 7
silly tonto,-a 8
since como
to sing cantar 8
singer el cantante, la cantante 6
sir el señor, Sr. 2
sister la hermana 7
six seis 1
six hundred seiscientos,-as 10
sixteen dieciséis 1
sixty sesenta 2
to skate: *to in-line skate* patinar sobre ruedas 8
skyscraper el rascacielos
slow lento,-a 8
smooth suave
so tal, tan 9
soccer el fútbol 9
soft suave; *soft drink* el refresco 6
so long hasta luego 1
to solve resolver *(ue)*
some unos, unas 3
sometimes a veces 10
son el hijo 7
song la canción 9
soon luego 1, pronto 2; *see you soon* hasta pronto 2
sorry: *I am sorry* lo siento 2
so-so regular 2
south el sur
Spain España 1
Spanish el español *(language)* 4, español, española
to speak hablar 4
to spend (time) pasar 9
sport el deporte 9
spouse esposo,-a 7
stadium el estadio
stereo el estéreo 9
store la tienda 6
street la calle 6
strong fuerte
student el estudiante, la estudiante 3
study el estudio
to study estudiar 4
subway el metro 5
such tal
sufficiently bastante
suitcase la maleta 9
summer el verano 7

Sunday domingo 4; *on Sunday* el domingo
surprise la sorpresa 9
sweet dulce 8
to swim nadar 8

T

to take tomar 5; *to take a trip* hacer un viaje 9
tall alto,-a 8
tape recorder la grabadora 9
to teach enseñar
teacher el profesor, la profesora 3
telephone el teléfono 4; *telephone number* el número de teléfono 4; *cellular telephone number* el número de teléfono celular
to telephone llamar 9
television la televisión 8; *to watch television* ver (la) televisión 8
to tell: *tell me* dígame (Ud. command)
ten diez 1
tennis el tenis 8
test el examen 9
thanks gracias 2; *thank you very much* muchas gracias 2
that que 9, *(neuter form)* eso
the el *(m., s.)* 3, la *(f., s.)* 3, las *(f., pl.)* 3, los *(m., pl.)* 3; *to the* al 5
theater el teatro 6
their su, sus 7
them les *(i.o.)* 5; los/las *(d.o.)* 9; *(after a preposition)* ellos,-as 8
theme el tema, el tópico
then luego 1, entonces 9; *(pause in speech)* pues 6
there allí 4; *there is, there are* hay 4; *over there* allá 10
they ellos,-as 3; *they are* son 3; *they were* fueron
thin delgado,-a 8
to think: *to think about (doing something)* pensar en (+ *infinitive*)
thirteen trece 1
thirty treinta 2
thousand mil 10
three tres 1
three hundred trescientos,-as 10

English/Spanish 237

Thursday jueves *4*; *on Thursday* el jueves
thus pues *6*
time el tiempo *7*, la vez (*pl.* veces) *10*; *at times, sometimes* a veces *10*; *at what time?* ¿a qué hora? *4*; *What time is it?* ¿Qué hora es? *2*
tired cansado,-a *7*
to a *4*
today hoy *6*
together junto,-a
tomorrow mañana *2*; *see you tomorrow* hasta mañana *2*; *the day after tomorrow* pasado mañana *10*
too también *5*
to **touch** tocar
train el tren *5*
transportation el transporte *5*
tree el árbol; *family tree* árbol genealógico
trip el viaje *9*; *to take a trip* hacer un viaje *9*
trombone el trombón
truck el camión; bus (Mexico)
trumpet la trompeta
to **try (to do something)** tratar (de)
Tuesday martes *4*; *on Tuesday* el martes
twelve doce *1*
twenty veinte *1*
twenty-eight veintiocho *2*
twenty-five veinticinco *2*
twenty-four veinticuatro *2*
twenty-nine veintinueve *2*
twenty-one veintiuno *2*
twenty-seven veintisiete *2*
twenty-six veintiséis *2*
twenty-three veintitrés *2*
twenty-two veintidós *2*
two dos *1*
two hundred doscientos,-as *10*

U

ugly feo,-a *8*
uncle el tío *7*
to **understand** comprender *6*
unique único,-a *7*
United States of America los Estados Unidos *1*
university la universidad
until hasta *1*, (*to express time*) menos *2*
upcoming que viene *9*
Uruguay el Uruguay *1*
us nos (*i.o.*) *8*; nos (*d.o.*) *9*; (*after a preposition*) nosotros *8*

V

Venezuela Venezuela *1*
verb el verbo
very muy, mucho,-a *6*; *very much* muchísimo
voice la voz (*pl.* voces) *8*

W

to **walk** caminar *5*
wall la pared *3*, la muralla
wastebasket el cesto de papeles *3*; *wastepaper basket* el cesto de papeles *3*
watch el reloj *3*
to **watch** ver *6*; *to watch television* ver (la) televisión
water el agua *f. 8*; *mineral water* agua mineral *6*
way la manera; *by the way* a propósito *1*
we nosotros *3*
Wednesday miércoles *4*; *on Wednesday* el miércoles
week la semana *9*
weekend el fin de semana *9*
welcome bienvenido,-a; *you are welcome* de nada *2*
well bien *2*; (*pause in speech*) bueno, este, pues *6*
what a (+ noun)! ¡qué (+ noun)! *9*
what? ¿qué? *3*, ¿cuál? *4*; *at what time?* ¿a qué hora? *4*; *What is the meaning (of)...?* ¿Qué quiere decir...? *3*; *What is wrong with you?* ¿Qué te pasa?; *What is your name?* ¿Cómo te llamas? *3*; *What is (your/his/her) name?* ¿Cómo se llama (Ud./él/ella)? *1*; *What time is it?* ¿Qué hora es? *2*
when? ¿cuándo? *5*
where? ¿dónde? *1*; *from where?* ¿de dónde? *1*; *(to) where?* ¿adónde? *5*; *Where are you (formal) from?, Where is (he/she/it) from?* ¿De dónde es (Ud./él/ella)? *3*
which que *9*
which? ¿cuál? *4*; *which one?* ¿cuál? *4*; *which ones?* ¿cuáles? *4*

white blanco,-a *4*
white-haired canoso,-a *8*
who? ¿quién? *3*, (*pl.*) ¿quiénes? *5*
why? ¿por qué? *5*
wife la esposa *7*
to **win** ganar; *games won* los partidos ganados
window la ventana *3*
to **wish** desear
with con *1*
women's restroom damas
word la palabra *3*
work la obra
world el mundo
wow! ¡caramba! *9*
to **write:** *How do you write...?* ¿Cómo se escribe...? *1*; *it is written* se escribe *1*

Y

year el año *10*; *New Year's Day* el Año Nuevo *10*; *to be (+ number) years old* tener (+ number) años *9*
yes sí *1*
yesterday ayer *10*; *the day before yesterday* anteayer *10*
you tú (*informal*) *1*, usted (Ud.) (*formal, s.*) *2*, ustedes (Uds.)(*pl.*) *2*, vosotros,-as (*Spain, informal, pl.*) *2*; (*after a preposition*) ti *8*, usted (Ud.), ustedes (Uds.), vosotros,-as *2*; la, lo, (*d.o.*) *9*, las, los, (*d.o.*) *9*, os (*Spain, informal, pl., d.o.*), le (*formal, i.o.*), les (*pl., i.o.*) *1*, os (*Spain, informal, pl., i.o.*), te (*i.o.*) *5*; *Are you from...?* ¿Eres (tú) de...? *1*; *you are* eres *1*; *you (formal) are* es *2*; *you (pl.) were* fueron
young joven *10*; *young lady* la señorita *2*; *young woman* la muchacha *5*
younger menor *10*
youngest el/la menor *10*
your tu (*informal*) *4*, tus (*informal, pl.*) *7*, su, sus (Ud./Uds.) *7*, vuestro,-a, -os,-as (*Spain, informal, pl.*)

Z

zero cero *1*

Index

a
   after *vamos* and before infinitive 118
   before definite article 91
   for telling time 69
   personal 185
   used with *ir* to express future time 110
abbreviations 20, 26
accent marks 53, 97, 120
adjectives
   after ¡qué! 146, 179
   agreement 64, 135, 137, 142
   descriptive 142, 162
   of quantity 209
   position 64, 135, 137
   possessive 137
   used with *estar* 142, 166
alphabet 8
-ar verbs (see *verbs*)
articles
   contractions with 91, 100
   definite 49, 53, 54, 91
   indefinite 54
classroom expressions 9
cognates 12, 32, 34, 56, 162
contractions *al* and *del* 91, 100
dates 210, 212
days of the week 187, 203
de
   before definite article 91
   uses 61, 137
definite articles 49, 53, 54, 91
direct object pronouns
   forms 182, 185
   position 183
   with negative expressions 183
emphatic forms 159, 192
-er verbs (see *verbs*)
estar
   present tense 72
   uses 72, 142, 166
   vs. *ser* 166
exclamations
   punctuation 8
   ¡qué + adjective! 146, 179
   ¡qué + noun! 179
expressions
   classroom 9
   negative 52, 155, 183
   with *tener* 180
formal vs. informal 20
future tense
   expressed by the present tense 200
   with *ir a* + infinitive 110, 200
greetings 7, 18, 22, 77

gustar
   used with emphatic forms 159
   used with indirect object pronouns 155, 159, 192
hacer, present tense 120
indefinite articles 54
indirect object pronouns
   forms 192
   with emphatic forms 159
infinitives
   after *ir a* 110
   after *vamos a* 118
   definition 67
informal vs. formal 20
interrogative words 96, 97
introductions 90
ir
   followed by *a* (or *al*) + destination 100
   ir a + infinitive 110
   present tense 100
-ir verbs (see *verbs*)
mirar vs. *ver* 158
negative expressions 52, 155, 183
nouns
   after ¡que! 179
   gender 49, 53, 63, 64, 135, 137
   plural 53, 63, 64, 134, 135, 137, 155
numbers, cardinal 12, 25, 210
object pronouns
   direct 182, 185
   indirect 192
personal *a* 185
possession with *de* 61, 137
possessive adjectives 137
prepositional pronouns 159, 192
prepositions
   after infinitives 100
   before prepositional pronouns 159, 192
present tense
   estar 72
   gustar 155, 159, 192
   hacer 120
   hay 78
   ir 100
   irregular verbs (see individual verbs or Appendices)
   regular *-ar* verbs 67
   regular *-er* verbs 116
   regular *-ir* verbs 133
   saber 120
   salir 133
   ser 44
   tener 180

   to indicate future time 110, 200
   venir 199
   ver 120
pronouns
   direct object 182, 185
   indirect object 192
   position in a sentence 41, 183
   prepositional 159, 192
   subject 41, 42, 67, 116, 133
punctuation 8
¡qué!
   ¡qué + adjectives! 146, 179
   ¡qué + nouns! 179
question formation
   punctuation 8
   question words 96
   tag questions 97
   word order 97
saber, present tense 120
salir, present tense 133
ser
   present tense 44
   uses 142, 166, 212
   vs. *estar* 166
subject pronouns 41, 42, 67, 116, 133
tener
   expressions with *tener* 180
   present tense 180
time
   A.M. and P.M. 26
   asking for and telling 26, 69
todo 135
tú vs. *Ud.* 12
Ud. vs. *tú* 12
vamos a + infinitive 118
venir, present tense 199
ver
   present tense 120
   vs. *mirar* 158
verbs
   irregular (see individual verbs or Appendices)
   present tense 44, 67, 72, 100, 110, 116, 120, 133, 155, 159, 166, 180, 192, 199, 200
   regular *-ar* 67
   regular *-er* 116
   regular *-ir* 133
word order
   in exclamations 146, 179
   in negative sentences 52, 155, 183
   in questions 97
   with adjectives 64
   with *gustar* 155, 192
   with object pronouns 183

Credits

Acknowledgments

The authors wish to thank the many people of the Caribbean Islands, Central America, South America, Spain and the United States who assisted in the photography used in the textbook and videos. Also helpful in providing photos and materials were the Argentina Government Tourist Office, *Servicio Nacional de Turismo-Chile (SERNATUR),* Consulate General of Costa Rica, *Corporación nacional de turismo-Colombia, Corporación Ecuatoriana Turismo (CETUR),* Guatemala Tourist Office, Consulate General of the Dominican Republic, Dominican Republic Tourist Office, Mexican Government Tourism Offices, *Ministerio de Turismo de Nicaragua,* Peruvian Tourist Board (FOPTUR), Puerto Rico Tourism Company, the Tourist Office of Spain and the Consulate General of Venezuela. The authors also express their gratitude to Michael C. Kustermann for assistance with obtaining picures of license plates that appear in the textbook. Finally, we would like to thank these publishers, authors and holders of copyrights for permission to include the following copyrighted material in *Somos así EN SUS MARCAS–A:*

Bilingual Press/Editorial Bilingüe, Arizona State University, Tempe, AZ, *Coplas 1* and *9* from *Puentes y Fronteras/Bridges and Borders* by Gina Valdés (1996).

Instituto Nacional de Bellas Artes y Literatura, *"Dream of a Sunday Afternoon in the Alameda." (Sueño de una tarde dominical en la Alameda Central.)* © Diego Rivera; *"Without Hope." (Sin esperanza.)* © Frida Kahlo; *"Self-Portrait with Monkey." (Autorretrato con chango.)* © Frida Kahlo.

Banco de México Fiduciario en el Fideicomiso relativo a los Museos Diego Rivera y Frida Kahlo, Av. 5 de Mayo No. 2. Col. Centro, 06059, México, D.F., *"Dream of a Sunday Afternoon in the Alameda." (Sueño de una tarde dominical en la Alameda Central.)* © Diego Rivera; *"Without Hope." (Sin esperanza.)* © Frida Kahlo; *"Self-Portrait with Monkey." (Autorretrato con chango.)* © Frida Kahlo.

Pedro Martínez autograph courtesy of the Boston Red Sox.

Photo Credits

Anderson, Jennifer J.: 119
AP/Wide World Photos: 4 (bc, br), 46, 87 (b), 127, 149, 213 (l, r)
Balthis, Frank: 3, 59 (r), 194 (r)
Boston Red Sox: 171
C and M Shook Photography: 140 (b)
Chatterton, Carolyn: 217 (tl)
Cohen, Stuart/Comstock: 145 (cr)
Cohen, Stuart: 56 (b), 69, 201 (cl, bl, bc), 219
D'Antonio, Nancy: vi (t), 4 (tr), 26, 89 (b), 90, 104 (l, r), 111, 114 (b), 142, 215 (b)
Daemmrich, Robert: 9, 16, 18, 19 (r), 56 (t), 58, 61, 67, 68, 77 (t), 81 (l, r), 91, 146 (#5, 6), 169 (t), 172, 173, 174 (b), 181, 191 (b), 192, 198, 215 (c)
Dominican Republic's Secretaría de Estado de Turismo: 155
Finefrock, Margaret/Unicorn Stock Photos: 29
Fried, Robert: v (t, b), 1 (c, b), 5 (bl), 7 (tl, tr, c), 11, 14, 21, 31 (l), 36 (tl), 37 (t, c, b), 39 (b), 45 (l), 53, 59 (l), 62, 64 (l, r), 74, 79, 86 (tr), 93 (t), 97 (b), 107 (t, b), 110, 117 (l), 120, 123 (t, b), 128 (tl), 129 (b), 133, 141, 145 (b), 146 (#1, 3, 4, 7), 147 (b), 151 (b), 158 (b), 161, 164, 177 (tr), 179, 201 (c), 209, 210
Garg, Arvind: 0 (tl), 24, 96 (tr), 114 (c), 145 (t), 146 (t), 175 (b)
Goldberg, Beryl: iv, 0 (b), 1 (t), 4 (tl), 7 (b), 35 (t), 42 (b), 48, 128 (tr, b), 129 (t), 136, 140, 144, 151 (t), 154, 158 (t), 159, 162, 166 (t), 168 (l), 201 (t)
Henley, John/The Stock Market: 212
Hersch, H. Huntly: 19 (l), 93 (b), 117 (r), 122, 146 (#2), 174 (tl), 187, 199, 206 (bl, br)
Hill, Justine: 39 (t), 44 (t), 45 (r), 114 (t)
Hodge, Paul C./Root Resources: 100
Holmes, Robert/Robert Holmes Photography: 30, 86 (tl)
Hruska, John: 77 (b)
Johnson, Markham/Robert Holmes Photography: 174 (tr), 178, 183, 195 (tl, b), 217 (r)
Klein, Don: 0 (tr), 97 (t), 214 (c)
Kraft, Wolfgang: 33, 34 (l, r), 96 (tl)
Kustermann, Michael: 128 (c)
Leo de Wys, Inc./Fridmar Damm: viii (t), 153 (t)
Leo de Wys, Inc./Henryk Kaiser: 195 (tr)
Leo de Wys, Inc./Jeanetta Baker: 168 (r)
Leo de Wys, Inc./Jeff Greenberg: 70, 175 (t)
Leo de Wys, Inc./Vecto Verso: 36 (tr)
Leo de Wys/Tom McCarthy: 167
McCarthy, Tom and Dee Ann/Unicorn Stock Photos: 5 (br)
McCarthy, Tom/Unicorn Stock Photos: 129 (c)
McGilloway, Brian/Robert Holmes Photography: vii (b), 109
Mercieca, Anthony/Root Resources: 217 (bl)
Nelson, Alan G./Root Resources: 40
Nielson, Erwin C. ("Bud"): 85
Nicaraguan Ministerio de Turismo: 197 (t)
Peterson, Chip, and Rosa María de la Cueva: 132 (l), 145 (cl), 153 (b), 166 (b), 169 (bl), 191 (t), 197 (b), 200, 214 (l)
Place, Chuck: 39 (c)
Puydak, Robert/Cyr Color Photo Agency: 147 (t)
Rangel, Francisco: vi (b), vii (t), 5 (t), 86 (b), 87 (c), 112, 177 (bl), 185
Sanger, David: 31 (r), 89 (t)
Schalkwijk/Art Resource, NY: 94, 125 (t, b)
Schwartz, Karlene: 147 (c)
Simson, David: 22, 27 (t, b), 36 (b), 42 (t), 44 (b), 52, 63, 78, 87 (t), 96 (b), 132 (r), 148, 158 (c), 169 (br), 177 (tl, br), 182, 194 (l), 201 (cr), 202, 203, 205 (b), 206 (t), 214 (r)
Skubic, Ned: 35 (b)
Slaven, Barry/Cyr Color Photo Agency: 190
Tellus Vision: 215 (t)
Till, Tom: 83
Tourist Office of Spain: 205 (t)
UPI (United Press International): 4 (bl), 165
Wilson, Al/Cyr Color Photo Agency: 2